DIEDERICHS
GELBE REIHE

Kakemono (Rollbild)
Vom aufsteigenden Fisch (vgl. die Anspielung auf S. 41)

Das Weisheitsbuch des Zen

Koans aus dem Bi-Yän-Lu

Ausgewählt, bearbeitet und im Sinn des
Zen erläutert von Achim Seidl
auf der Grundlage von Wilhelm Gunderts
Übertragung aus dem Chinesischen

Eugen Diederichs Verlag

Veränderte Ausgabe des gleichnamigen, 1988 im Carl Hanser Verlag, München und Wien, erschienenen Buchs.
Wilhelm Gunderts dreibändige Übertragung des »Bi-Yän-Lu« erschien ebenfalls im Carl Hanser Verlag, München und Wien 1960/1967/1973.

Mit 7 Abbildungen (alle Vorlagen stellte Achim Seidl zur Verfügung, mit Ausnahme des Kakemonos auf S. 30, das sich im Besitz der Gräfin Dürckheim befindet).

Die Deutsche Bibliothek – CIP-Einheitsaufnahme
Seidl, Achim:
Das Weisheitsbuch des Zen: Koans aus dem Bi-yän-lu / ausgew., bearb. und im Sinn des Zen erl. von Achim Seidl auf der Grundlage von Wilhelm Gunderts Übertr. aus dem Chines. – Veränd. Ausg. des gleichnamigen, 1988 im Hanser-Verl., München, Wien, erschienenen Buches. – München: Diederichs, 1993
(Diederichs Gelbe Reihe; 98)
ISBN 3-424-01128-2
NE: Yüan-wu: Bi-yän-lu; GT

Umschlaggestaltung: Zembsch' Werkstatt
Produktion: Tillmann Roeder, München
Satz: Uhl+Massopust, Aalen
Druck und Bindung: Presse-Druck, Augsburg
Printed in Germany

ISBN 3-424-001128-2

Inhalt

Vorwort

FÜR NICHTS UND WIDER NICHTS

Jemand stöbert in einer Buchhandlung, schlägt in der Mitte dieses Buches eine Seite auf und liest ausgerechnet von einem Zen-Meister, der in seinen Audienzen offenbar zu allen Lebenslagen immer denselben Rat gibt: »Trink erst mal eine Tasse Tee!«

Soll also »Abwarten und Teetrinken« der Weisheit letzter Schluß sein? Nachdenklich blättert der Jemand oder die Jemandin weiter und stößt auf ein *Beispiel**:

Ein alter Mönch fragte Meister Yün-men: »Was für eine Zeit ist das, wenn die Bäume sich verfärben und die Blätter zur Erde fallen?« Yün-men sprach: DANN OFFENBART DER GOLDENE WIND SEIN GANZES WESEN.

Wundersame Lyrik aus dem Fernen Osten? Oder beschwört der altgewordene Mönch mit seiner metaphorischen Frage die Resignation des Herbstes im Alter bis zum nahen winterlichen Tod? Doch den herbstlichen Geistern mit ihrem »Lockruf aus der Totenhöhle« stellt der Zen-Meister entgegen: »Dann offenbart der goldene Wind sein ganzes Wesen«. – Hingesagt in »splitternackter Reinheit, in sprühender Blöße. Das stemmt den Himmel hoch und stützt die Erde. Sein Wort wandelt leicht dahin im Blau des Äthers ...« (bemerkt der Herausgeber: Meister Yüan-wu).

Unversehens gerät man an Hand eines jahreszeitlichen Zwiegesprächs über den Herbst an die bange Frage über den Sinn im Herbst des Alters und erfährt in der weisen Antwort des Meisters neben Tröstlichem etwas Erstaunliches: eine unendliche Wahrheit. Die dunkle Antwort des Meisters erhellt uns insgeheim. Insofern ist ZEN umschrieben mit: *Einweihen in das Insgeheime.*

* s. S. 172 f. (auch ein »Bibelstechen« muß kein Verstoß gegen Zen sein).

Die Spannweite dieser möglichen Initiation durch das Bi-Yän-Lu reicht als riesiger Bogen der Begeisterung von Hermann Hesse bis hin zu Herbert Achternbusch*, vom Existenzphilosophen Karl Jaspers über die heutigen japanischen Zen-Meister bis hin zu den meditativen Praktiken von Gurus allerorten, vom Bogenschießen über Aikido zum Tee-Zeremoniell, ja bis zu den enormen Einflüssen des Zen in unseren modernen Sportarten inklusive Tennis und Golf.

»Dieses gewaltige Werk«, schrieb Hermann Hesse, »ist ein Geschenk höchsten Ranges, dessen Gehalte und vielfache Zauber auszuschöpfen mein Lebensrest viel zu kurz ist. Es würde aber auch ein ganzes, unangebrauchtes Leben dazu nicht hinreichen. Chinas und Japans beste und frömmste Geister haben seit mehr als achthundert Jahren aus dieser Quelle geschöpft, ohne sie auszuschöpfen, haben sich an diesem Weisheitsbuch wund und wieder gesund studiert, an seinen Rätseln gekaut, seine Tiefen ahnend verehrt, seine Süßigkeit geschlürft und seinen hintergründigen Humor mit wissendem Lächeln erwidert.«

Die »Niederschrift von der Smaragdenen Felswand« BI-YÄN-LU wurde erstmals um 1115 in China vom Meister des Dschan (japanisch: Zen) Yüan-wu verfaßt; seine Geheimschrift, später ergänzt durch die Gesänge des Dichters Hsüä-dou und viele Randglossen, vor allem von dem eingangs erwähnten Meister Yün-men, durfte nur von Meister- zu Meisterhand weitergegeben werden. Das von Zen-Kalligraphen handgemalte Bi-Yän-Lu, heute auch bei uns eines *der* Werke der Weltliteratur, umfaßte ursprünglich hundert Beispiele von »Koans«: Aushängen von Frage- und Antwortspielen der Zen-Meister in ihren Audienzen.

Mehr als fünfzig Beispiele aus dem Bi-Yän-Lu hat Professor Wilhelm Gundert ins Deutsche kongenial übertragen,

* Den ich auf einer Chinareise zu den alten Zen-Klöstern in den »blauen Bergen« antraf.

erläutert und in jahrzehntelanger Arbeit herausgegeben. Noch als Neunzigjähriger arbeitete er akribisch bis 1971 am dritten Band.

Gäbe es das noch postum, so hätte sich der alte Weise Gundert, dieser philosophische Glücksfall an Japano-, Sino- und Buddhologie, mit seiner »Bibel des Dschan« das Siegel und den Titel eines Zen-Magisters ehrlich verdient.

Gunderts erster Band dieses umfassenden Werkes erschien 1960, der zweite 1967, das Rudiment des dritten Bandes aus dem Nachlaß 1973. Wissenschaftsgetreu ist bei Gundert jedes Beispiel vor seinem historischen Hintergrund aufgebaut auf einem vorgespannten »Hinweis«, dem lapidaren »Beispiel« selbst, gefolgt von »Zwischenbemerkungen«, »Erläuterungen«, dann dem »Gesang« und dessen Interpretation bis zu »Erklärungen« zum Text und zum besseren Verständnis (des nun nochmal zu studierenden Beispiels). Dieses umfangreiche Werk auf ein Stundenbuch von etwa einem Fünftel zu verkürzen, war ein hohes Wagnis, einzig durch den Versuch zu rechtfertigen, ohne christliche Verpflichtungen den »gottlosen Geist des Zen« aufzuspüren und sich selbst erlösen zu lassen.

Natürlich ist für ein gründliches Zen-Studium das ganze Lebenswerk Gunderts auch und gerade nach dem Erscheinen dieses Weisheitsbuches unerläßlich; denn eine zusammenfassende Verkürzung und Verbindung alles meines Erachtens Wesentlichen im Bi-Yän-Lu kann und will das wissenschaftsbetonte Grundwerk nur ergänzen, nicht ersetzen. Zumal selbst Gundert noch über sein eigenes Werk sagt: »Viele große Fragen, die aus der Berührung eben mit dem Sinn und Geist des Bi-Yän-Lu sich erheben, durften hier nicht ausführlich erörtert werden. Dem übersetzenden THEOLOGEN namentlich und dem, der über sich und seine Anschauungen nachdenkt ... steigt von Kapitel zu Kapitel ein Problem ums andere auf, von der GOTTESFRAGE bis zum Wesen menschlicher Natur ... über die bequem gezogenen

Grenzen weg, auf Sein und Nichtsein, Schein und Wesen, Zeit und Ewigkeit, OFFENBARUNG und Verblendung und zuletzt ... auch das so sehr vernachlässigte Geheimnis Ich und Du, Du und Ich.« (Hervorhebung durch d. Verf.)

Als Herausgeber, Autor und mit einigermaßen gutem Gewissen als »Verdichter« des Gundertschen Vermächtnisses möchte ich zum Geleit drei überaus komplizierten Fragen nicht einfach aus dem Wege gehen. Zunächst der fast unvermeidlichen Frage aller Fragen, WAS eigentlich ZEN sei.

Nach dem unausbleiblichen, bloß mehr oder weniger augenfälligen Scheitern an diesem rationalen »Anliegen« werde ich mich ebenso notgedrungen wie ungern dem Dilemma stellen, wie das an sich unsagbare ZEN dennoch angedacht und angesprochen werden könne, unverblümt unter der frechen, Wittgenstein abwandelnden Behauptung: Worüber man unbedingt schweigen müßte, davon kann man wenigstens etwas aufschreiben. – Schließlich werde ich (nach einem Bi-Yän-Lu-Zitat) »alter Zen-Mann mit meinen Füßen im ärgsten Schlamm waten« und mich dazu versteigen, Beispiele für denkbare Interpretationen von Zen-Koans anzuführen, stets den Kernsatz in den Ohren: »Wer weiß, redet nicht, wer redet, weiß nicht ...«

ZEN, WAS IST DAS ODER IST DAS ÜBERHAUPT WAS?

Unsere zweite Frage hebt die erste schon aus den Angeln: Nicht mehr an Gedanken und Gefühle gebunden ist Zen an sich NICHTS*, jedenfalls von wissenschaftsgläubiger Logik aus betrachtet. Nichts auch aus der Sicht abendländischer Offenbarungs- und Erlösungsreligionen wie Judentum, Christentum und auch des Islam, zumindest insofern, als Gläubigkeit dort unabdingbar auf eine transzendente Gott-

* Wu (japanisch: Mu).

heit bezogen ist. Da manchen Rationalisten diese Antwort nicht genügen wird, fragen wir also weiter, was noch alles Zen nicht ist. Zen ist nach unseren Begriffen KEINE RELIGION und für Zen-Buddhisten ist der Gautama Buddha (oder sind die Buddhas) nicht Gott, schon gar keine den Menschen gleichsam von »Oben« her erlösende Gottheit.

Jeder trägt in sich, in seiner »Hara«-Leibesmitte seinen eigenen seelisch-geistigen Buddha und vermag sich auf den steilen Pfaden des ZEN-WEGS selbst zu erlösen: vom Anhaften an das Ich und vom Fixiertsein auf die »zehntausend Dinge«. Ein WEG, den um 500 unserer Zeitrechnung der große Patriarch Bodhidharma in Person und als unverfälschte Urlehre des Gautama Buddha von Indien, also vom Westen nach China gebracht hat (nachdem der tausend Jahre alte Buddhismus aus dem Ursprungsland Indien gewaltsam von Brahmanen vertrieben worden war, um die Hindu-Kasten-Herrschaft wiederherzustellen).

Zu Beginn unseres Jahrhunderts hatte Sigmund Freud von drei schweren Kränkungen des menschlichen Narzißmus gesprochen: Einmal von der kopernikanischen Wende, die den Menschen aus dem vermeintlichen Weltmittelpunkt rückte – an den Rand eines Universums mit Milliarden und Abermilliarden Milchstraßen und Lichtjahren. Dann die Darwinsche Kränkung durch die so ernüchternde Evolutionstheorie. Und schließlich die tiefenpsychologische Entdeckung, daß unser Ich nicht immer Herr im Hause seiner Gedanken und Wünsche, geschweige denn seines Unbewußten ist. Bald am Ende dieses Jahrhunderts, können wir getrost zwei weitere Kränkungen des Narzißmus der Menschheit hinzufügen: die absolut neue Lage der drohenden Möglichkeit globaler Selbstvernichtung der Spezies Mensch. (Einstein antwortete auf die Frage eines Wissenschaftsjournalisten, ob es wohl eines Tages machbar sei, den ganzen Erdball mit einer einzigen Superbombe zu zerstören, zen-artig: »Nein, so optimistisch bin ich nicht.«) – Aus all dem läßt sich die letzte schlimme Erkenntnis ableiten, daß auch der rettende Himmel über uns und seine Gottheiten nicht mehr das zu halten imstande sind, was sie jahrhundertelang (bis zu Kants Kritik) versprachen.

Zen sagt uns zur möglichen Rettung der Welt in letzter Minute ganz brandaktuell: »Hilf dir selbst, dann hilft dir ein Buddha! Helft euch alle selbst – und im ichlosen Mitleiden allen anderen Lebewesen, Tieren und Pflanzen und aller Natur!« Selbsterlösung statt »Warten auf Godot«.

Zen ist keine beweisbare Wissenschaft, auch keine buddhistische Theologie und schon gar nicht – nach Lexikonjargon – eine buddhistische »Sekte« mit dem Zwang zu glauben, im einzigen Besitz *der* Wahrheit zu sein. Die Wahrheiten des Zen sind eher a-rational, oft antirational, Wahrheitswege zur Erhellung eigenen Seins. Paradox formuliert: zur Erleuchtung im erfüllten Nichts gottloser Religiosität, mythisch, aber statt in Mystik zu verweilen, ganz im Hier und Jetzt auf die banale Welt bezogen. Jedenfalls ist Zen niemals allein objektiv greifbar oder begreifbar, oder, um das christliche Gleichnis vom Kamel zu variieren: Eher kriegt man einen Wasserbüffel durch das Eisenöhr einer Ankerkette – als Zen in den erlösungsreligiösen oder streng rational definierbaren Griff. Die Lehre, genauer gesagt Nicht-Lehre, des Zen ist keine durch Anstrengungen des Kopfes erlernbare Doktrin des Buddhismus. Ja, wenn einer einen Zen-Mann auf Buddha festnageln wollte, könnte der augenzwinkernd sagen: »Einen Buddha? Hat es nie gegeben!« – Und eine theologische Scholastik des Zen? Diejenigen, die das (besser) an sich selbst erfahren haben, schütteln zu wissenschaftlichen Abhandlungen über Zen nur milde den Kopf, sprechen »ßen« nasal aus und kosten weise lächelnd des Wortes bauchgeatmeten Nirvanahauch.

Wer aber arglos Zen mit »Z« beginnt, der mag immerhin an vorwitzige Mönchlein denken, aus heiterem Himmel plötzlich vom Schlagholz getroffen, mag von Zen-Meistern gehört haben, die beim Anblick einer Leiche in schallendes Gelächter ausbrechen – und wenn jemand schon mal was von Susuki, Dürckheim oder Herrigel gelesen hat, so wird er unter einer Zenschrift vielleicht die Unmöglichkeit verstehen, jemals Bogenschießen oder auf japanisch sterben zu lernen. (Wie tragisch, daß Heidegger über die geburtlich-ungefragte »Geworfenheit« ins Dasein und dessen »Hinausgehaltenheit ins Nichts« gar nichts zu lachen hatte!)

Nicht zufällig hat das chinesische Wort Dschan (japanisch Zen) etwas mit Versunkenheit zu tun, mit Sitzen in Versenkung, allerdings nicht ins Träumerische, vielmehr in die *Offene Weite* des Nirvanischen, also in eine Nichts enthaltende LEERE. Indische Heilige ziehen sich dorthin zurück und verweilen darin. Ganz im Gegensatz dazu kehrt ein Zen-Mann nach solchen nirvanischen Todesdurchgängen wieder mit voller Geistesgegenwart in die Welt der Erscheinungen der zehntausend Dinge zurück. Selbst in dem großen Wort einer in ERLEUCHTUNG erfüllten Leere ist Zen demnach offenbar NICHTS: »Wenn einer bis dahin kommt, bis zu jenem nirgends mehr anhaftenden Bewußtsein der erfüllten Leere, dann ist da kein Wissen mehr, auch kein Nichtwissen, kein Alter und kein Tod; dort ist kein Leiden, kein Anwachsen, keine Vernichtung auf diesem Pfad. Wer dort hingelangt, erreicht jenseits aller falschen Fixierungen die ERHELLUNG in der Erkenntnis der LEERE, verweilt in der Geborgenheit des Nirvana und existiert doch auch ganz in der Welt.«

Das zweite Dilemma:
Der Versuch, Unsagbares zu umschreiben

Reden ist allzu oft »versäumtes Schweigen«. Viele Jahrhunderte vor Ludwig Wittgenstein forderten manche Zen-Meister: »Wovon man nicht sprechen kann, darüber muß man schweigen.« Im chinesischen Mittelalter waren einige Zen-Meister so weit gegangen, alle Abschriften des Bi-Yän-Lu, derer sie habhaft werden konnten, im Feuer zu vernichten. Das ist um so leichter zu verstehen, als in allen Richtungen des Buddhismus die liebende Selbstverwirklichung jeder Nächstenliebe vorausgeht; von Seelsorgern, die im Grunde selbst hilfsbedürftig sind, hält der Ferne Osten nur wenig. Lange Zeit hatte der eben erleuchtete Buddha über die Frage nachgedacht, ob er gleich ins Nirvana eingehen oder sich, mit jedermann ichlos mitleidend, in die Wortniederungen des Belehrens von Unerhellten begeben sollte, um vom an sich Unsagbaren dennoch zu reden.

Worüber man eigentlich unbedingt schweigen müßte, davon kann man wenigstens in der chinesischen Bilderschrift etwas malen. Da das alte wie das moderne Chinesisch, anders als die indogermanischen Sprachen, kaum Grammatik und weder Konjugation noch Deklination kennt, entfällt unser (griechisch-lateinischer) Zwang, im Satz Objekt und Subjekt auseinanderzuhalten. Hinzu kommt die kalligraphische Freiheit der höchst persönlichen »Handschrift« jedes Malzeichens. Selbst wenn wir ein ambivalentes Wort wie Haßliebe hernehmen – die Umstellung in »Liebeshaß« ist schon nicht mehr erlaubt. Wie kann da ein alter Chinese damit spielen! Fast beliebig umeinander herumgruppiert können diese zwei Zeichen bei einem Meister der Kalligraphie wie ein gedichtetes Meditationsbild wirken, fast ungeschrieben und auch für Chinesen erst nach längerem Sinnieren erkennbar. Zum Glück ist unser – für leichte Muse recht schwerfälliges – Deutsch *die* Sprache der Philosophie, und Wilhelm Gundert ist ein Sprachgenie gewesen. Wie er mit der Sprache umgehen konnte, ist vor allem angesichts seines wissenschaftlichen und auch missionarischen Bezuges zu ermessen. Insofern hatte ich es leichter: So schwer es fällt, zu kürzen, weglassen zu müssen, zu verdichten, so konnte ich doch mit »heidnischer« Authentizität viel freier umgehen – Gundert vertrat ja schon das Abendland –, auch wenn mir natürlich das rationale Grammatik-Korsett nicht erspart blieb. Ohne der sprachlich bedingten Subjekt-Objekt-Trennung ganz zu entkommen, konnte ich doch viele historisch-theologische Bezüge und Verweise unterlassen. Wie im chinesischen Original braucht der auf Intuition eingestimmte Leser hier gar nicht so genau zu wissen, welcher Kommentator in welchem Jahr was an den Rand der Urtexte geschrieben hat, ob gerade Meister Yüan-wu, der Dichter Hsüä-dou oder die späteren Herausgeber am Wort sind. Es entspricht dem Zen-Geist des Bi-Yän-Lu, weil den alten Meistern ihr jeweiliges Urheber-Ich einfach gleichgültig war, wenn es um die leere Lehre des Zen, um das Nichts und nichts anderes ging.

Von Zen-Erfahrenen abgesehen, würde man auch den zu gewinnenden Zen-Interessierten einen rationalen Bärendienst erweisen, wollte man an sich kaum Sagbares mit logischen Denkvorgängen oder gar im christozentrischen Glauben schildern. Das bedeutende Werk »Zen-Buddhismus« des so integren Jesuitenpaters Enomiya-Lassalle bekennt in schöner Offenheit neben dem Titel: »Dargestellt und christlich erläutert« – vom Autor. Die Gegenfrage sei erlaubt: Was würde ein Jesuitenpater von einer Bibelinterpretation durch einen Hindu-Brahmanen, einen Moslem-Ayatolla oder Buddhisten aus dem Reich der Mitte halten? Wenn es geschähe, wäre es eine hinduistisch, islamisch oder buddhistisch erläuterte Bibel. Ein in Zen-Erfahrungen Eingeweihter jedenfalls müßte zurückweisen, was J. B. Lotz in seinem Buch »Die Christusmeditation als Erfüllung meditativen Lebens« als hybrides Fazit geschrieben hat: »In ihr« (der Christusmeditation, komme) »das zur Vollendung, worauf die Meditation aller Völker und Zeiten zugeht, weshalb auch die Meditation einzig in dem Maße gelingt, wie sie bewußt oder unbewußt Christusmeditation ist«. – ZEN schlägt Jesus, Buddha und sich selbst den Kopf ab.

Gottlob haben inzwischen buddhistische Mönche manches katholische Kloster mit ihrer ideologiefreien Za-Zen-Meditation bereichert.

Wilhelm Gundert übrigens, der an keiner Stelle sein protestantisches Christentum verleugnet hat, begeistert sich oft derart für den Zen-Weg zu Buddha, daß nicht wenige seiner Kommentare wie von einem alten Zen-Magister geschrieben klingen, obwohl Gundert nie im Zen-Kloster war.

Überdies ist nicht a priori jeder buddhistische Zugang zum Bi-Yän-Lu dieser »Niederschrift von der Smaragdenen Felswand« angemessener. Ein großer Teil des Buddhismus, etwa in Sri Lanka oder in Thailand, mag Zen für gottloses Teufelswerk halten, weil Zen mit spätbuddhistischer Anbetung von Bodhisattvas und mit Autoritätskult schlechthin herzlich wenig im Sinn hat. Da stehen dem Zen christliche Mystiker wie Meister Eckehart schon wesentlich näher. Laut Verdammungsbulle von Papst Johannes XXII. aus dem Jahre 1329 konstatiert der 26. Satz Meister Eckeharts: »Alle Kreaturen sind ein reines Nichts: ich sage nicht, daß sie etwas Geringes oder überhaupt etwas sind, sondern daß sie ein reines Nichts sind.« Dieser Satz könnte durchaus in Versalien in einem Beispiel des Bi-Yän-Lu stehen.

Schließlich und endlich wollte ich mich zu der Unverfrorenheit versteigen, einige Beispiele für Zen-Denken in der Vernetzung von Philosophie, religiöser Meditation und Poesie nicht nur anzuführen, sondern darüber hinaus auch Vorschläge zur Interpretation zu machen – wohl wissend, daß unserer normalen Rationalität fast immer gutgemeinte Fehlinterpretationen in den Sinn kommen. Wer einem Zen-Flötenspiel einer »Shakuhachi« zuhört, macht unweigerlich die Erfahrung, daß das an Aufbau, Kompositionsprinzipien und Melos gewöhnte, an Bach und Mozart geschulte Ohr kaum einen einzigen Ton der Zen-Flöte vorauszuhören vermag: Überraschung ist eher die Regel. So auch in den Koans, den Beispielen des Bi-Yän-Lu. Als leicht zugängliches Paradigma möchte ich die schöne Geschichte vom Zen-Ehepaar zitieren: Eines Tages sah der Klosterabt seine Frau weinen. »Warum bist du so traurig?« fragte er. »Weil alle Dinge so vergänglich sind«, erwiderte sie. »Nun, da mußt du noch lernen, härter zu werden«, belehrte der Abt seine Frau, »und dich eben daran gewöhnen, daß alles seinen vergänglichen Gang geht.« Da zog die Meisterin plötzlich aus ihrem Kimono-Ärmel Porzellanscherben hervor, hielt sie ihrem Alten unter die Nase und sagte: »Deine Lieblingsteeschale ist eben ins Vergängliche gegangen...«. Zum Glück war der »Alte« Meister genug, um ins allgemeine Gelächter einzustimmen. – Kommentar überflüssig.

Komplexer schon im Ansatz und gefährlich leicht danebenzuinterpretieren ist die folgende Geschichte aus dem Buch von S. Susuki »Zen-Geist, Anfänger-Geist«, berichtet von dem Professor für Philosophie H. Smith. Als er einige Monate vor dem Tod des Roshi (Meisters) Gelegenheit hatte, diesen zu fragen, warum SATORI, die große Erhellung, in seinem Buch gar nicht erwähnt sei, flüsterte die Frau des Roshi augenzwinkernd: »Deshalb, weil er es nie gehabt hat.« Worauf der Meister, scheinbar verlegen, mit seinem Fächer nach ihr schlug und mit dem Finger an den Lippen zischte: »Scht! Sag' ihm das ja nicht!« Und alle drei lachten.

Renate Valtin, eine Berliner Professorin, der ich an dieser Stelle für Korrekturen herzlich danke, meinte zu diesem Beispiel, besonders emanzipationsempfindsam: »Natürlich wieder die böse Xanthippe, die dem eigenen Mann in den Rücken fällt und sein Geheimnis ›keiner Erleuchtung‹ einem Fremden preisgibt. Oder wie sollte man diese Geschichte anders verstehen?«

Jeder Zen-Begeisterte kennt und verehrt (beide) Meister Susuki*, und aus meiner Sicht, in meiner subjektiven Wahrheitsschau hatte Roshi S. Susuki (was seine Frau wußte und

* Daisetz Teitaro Susuki und Shunryo Susuki.

der berichtende Autor Smith voraussetze) eine ganze Reihe von »Erleuchtungen«, auch wenn er: gerade weil er darüber nicht redete oder schrieb. Nur unter dieser Prämisse hat die meisterhafte Scheinbehauptung der liebenden Frau zum allgemeinen herzlichen Zen-Gelächter führen können. Der skeptische Leser aber verlange bitte nicht von mir, ich solle meine »einzig wahre« Sicht dieser typischen Zen-Geschichte beweisen oder auch nur irgendwie als evident erweisen.

Natürlich vermag ein logischer Skeptiker auch im Alten und Neuen Testament zahllose Widersprüche zu entdekken. Die vielen theologischen Lehrmeinungen und christlichen Gemeinschaften* zeigen dies auf, den Gläubigen jedoch ficht dies alles nicht an. Im Zen ist all das noch erheblich schwieriger, weil es ja keinerlei Rückendeckung in der geglaubten Offenbarung eines Gotteswortes gibt. So lassen sich in den fünf Perioden der in 5048 Bänden gesammelten Lehrsätze Gautama Buddhas (inklusive der späteren Zuschreibungen an Buddha) Tausende von ungedeckten Widersprüchen aufzeigen. Genau darauf zielt ein Beispiel im Bi-Yän-Lu (S. 92).

Ein in buddhistischer Scholastik hochgebildeter Magister fragte Zen-Meister Yün-men: »Wie ist das mit der Lehre des Buddha in den verschiedenen Perioden seines (langen) Lebens?«

Yün-men erwiderte:

Ein einziger Zuspruch

* In einem Stadion von Los Angeles tröstete ein Prediger die Gläubigen in ihrer Angst vor dem atomaren Overkill: Der liebe Gott werde schon deshalb nicht den Untergang von Milliarden Menschen zulassen, da sonst für ihn selbst der exorbitante Andrang am Jüngsten Gericht zu groß würde ...

Der überlieferte Randkommentar bemerkt dazu: Wer so fragt wie dieser Magistermönch, der sitzt noch in seinem geistigen Gewirr von Schlingpflanzen wie eine alte Ratte in ihrem Loch, die ständig an graugrünem Ingwer kaut.

Auf diese Randglosse folgt der Gesang des Dichters Hsüädou:

> Die Antwort: Ein einziger Zuspruch –
> einsam und über alle Zweifel erhaben –
> treibt selbst noch in eiserne Schädel
> den überwärts gerichteten Donnerkeil.
> Unterm Weltenbaum lachen die Geister hell auf;
> denn den schwarzen Gedankendrachen
> brach einer die Hörner aus.

Auch einer, der Zen kaum vom Hörensagen kennt, kann jetzt ahnen, welch unerhörter Größenordnung diese Antwort entspricht. Vielleicht ist es eine hilfreiche Erklärung, zu wissen, daß der den *Zuspruch* erteilende große Zen-Meister Yün-men zum Prinzip erhoben hatte, ein Antwortsatz müsse immer drei Dinge von Gewicht enthalten: eine Aussage, die sich dem (kommunikativen) Wellenschlag anschmiegt (Yün-men weiß alles über die Widersprüche des Buddha), dann eine Aussage, die »Himmel und Erde umfaßt« (»ein Säbel, um zu töten, und ein Degen zum Lebendigmachen«) und schließlich, daß die Antwort alle Ströme der Gedanken und Gefühle versiegen läßt und dem Fragenden »freundlich die Zunge abschneidet«. Jedem anderen Mönch wäre durch die Antwort Yün-mens die Zunge abgeschnitten worden, nicht jedoch jenem hochgraduierten Magister. Dieser fragte in der Tat am nächsten Tag noch einmal (S. 95):

»Was ist es aber dann, wenn es sich nicht um gewöhnliche Zuhörer, sondern solche mit scholastischer Bildung handelt und kein sachhaltiger Gegenstand in Frage steht?«

Yün-men erwiderte darauf:

Ein einziger Zu-Boden-Spruch

Nach dem offenbar vergeblichen Zuspruch bricht bei dem Meister gegenüber der intellektuellen Uneinsichtigkeit der gedrechselten Nachfrage plötzlich die »Mordlust« durch: Der Säbel, um zu töten, springt ihm aus der Scheide und macht den Quatschkopf einfach nieder – um ihn damit der Einsicht, der Erhellung näher zu bringen.

Aus einer anderen transzendenten Welt kommt die Antwort des Großmeisters Ma (S. 39). Sie zu verstehen setzt einiges an Erfahrung auf dem Buddha-Weg nach Innen voraus, eine gewisse Freiheit von psychischen Fixierungen und wohl auch einige Jahre der Za-Zen-Meditation. – Wir legen vor:

Großmeister Ma war unheilvoll erkrankt. Der Vorsteher seines Klosters trat ans Krankenbett und fragte: »Wie ist, Ehrwürdiger, Euer Befinden?«

(Der Herausgeber Yüan-wu bemerkt dazu: Stellt euch den todkranken Meister vor und im korrekten Zeremoniell den Klostervorsteher mit seiner läppischen Frage – dabei muß es gut gehen, wenn es nicht schon morgen eine Mönchsleiche geben soll.)

Großmeister Ma sprach:

Buddha mit dem Sonnengesicht
Buddha mit dem Mondgesicht

Statt irgendeiner beliebigen Redensart: Welch eine Antwort von wahrhaft leuchtendem Glanz. Wer diese Antwort auch nur halbwegs erahnt und versteht, der wandelt still für sich im Himmelsäther der Morgenröte. Doch wer den Springpunkt einfach nicht erkennt, steht ratlos da wie vor einer schroffen Felswand. – Spätestens hier sollten Erklärungsversuche einhalten; denn um die geheime Metaphysik zwischen den Zeilen aufnehmen zu können, müßte der ideale Mitleser mehr als das Seine dazu tun, nicht nur das kleine Welt- und Kopf-Ich schweigend vergessen.

Der ernsthafte Initiant müßte zur Einweihung in die numinosen Wahrheiten und Weisheiten des Zen sich zunächst zwei- bis dreitausend Seiten der Reden Gautama Buddhas mit allen großartigen Wahrheiten, fugenartigen Wiederholungen und Widersprüchen, Tautologien und scheinbar naiven Kalauern zu Gemüte geführt haben. Daran sollte sich ganz zwanglos ein Studium buddhistischer Scholastik anschließen, nicht zu vergessen ein paar Jahre Bettelmönchsleben: »Im Napfe Reis, im Eimer Wasser.«

Nach lockerem (drei-Wochen-nur-Tee-)Fasten sowie ebenso harten wie heiteren Meditationsjahren müßte sich dieser Zen-Novize dann ins Reich der Mitte und des Mittelalters zurückversetzen und sich vorstellen, er komme, nach endloser Wanderschaft von innerem Wissensdurst ausgebrannt, eines Tages an *den* Meister seines chinesischen Jahrhunderts und dürfe, nach langem Warten zur Audienz vor allen Mönchen vorgelassen, endlich auf Gedeih und Verderb eine einzige Frage vorbringen.

Diesen Fragen stellt sich das Bi-Yän-Lu. Seine Meisterantworten, blitzartige Zündfunken für existentielle Erleuchtungen, sind ein herber Zaubertrank, gemischt aus ichloser Philosophie und heiliger Gottlosigkeit, aus gemalten Gedichten, Tiefenpsychologie und todlustigem Spiel. Kaum zu fassen. Nirgends in den Welten der Sprache und Bilder hat man je Gewichtigeres mit einem einzigen Satz verwirkt oder bewirkt – das an sich unsagbare Wort: ein Säbel, um den Ich-Wahn zu töten, und ein Degen, um das wahre Selbst lebendig zu machen.

München/Bali 1988 Achim Seidl

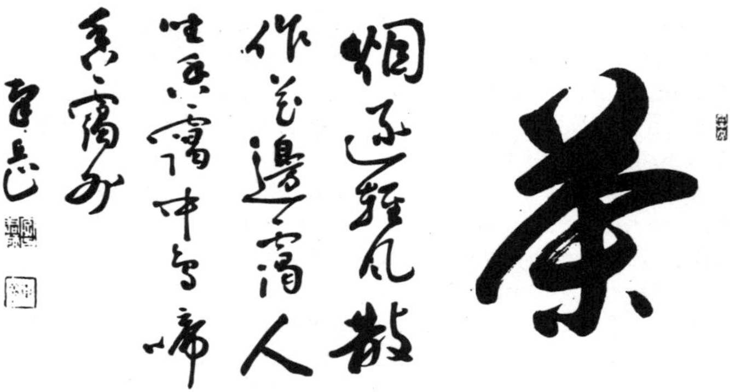

Tee-Rollbild
Kakemono von Navgaku Fujisawa, 18. Jh., zum Thema: Trink erst mal eine Tasse Tee.

Kaiser Wu-Di begegnet einem erstaunlichen Asketen im Gebirge

Hinweis für die Mönche: Der in buddhistischer Scholastik hochgebildete Kaiser ahnt nicht, wen er da vor sich, in Meditation versunken, sitzen sieht. (Es ist der große Patriarch Bodhidharma, der im 6. Jahrhundert aus Indien nach China kam.)

Hinterm Berg Schlieren sehen und schon wissen: dort brennt ein Feuer; durchs Dickicht Schemen erspähen und schon erkennen, welches Vieh da weidet; sich an einem Eckpfeiler gleich die drei anderen deutlich machen; Augenmaß für Gran und Unze: das gehört für den Kuttenbruder zum täglichen Tee und Reis.

Und hat einer auf dem DAU, dem WEG zum Buddhatum, den Strom der mannigfaltigen Dinglichkeiten in sich abgeschnitten, dann mag er, sei's im Osten oder im Westen, bald auftauchen, bald verschwinden, mag kreuz und quer, wie's kommt, sich einmal widersetzen, ein andermal willfahren, mag geben und mag nehmen, beliebig frei auf sich gestellt.

Nun, seht euch selber das Rankengewirr in unserm *Beispiel* an!

Kaiser Wu-Di, hoch zu Roß in den blauen Klosterbergen, nähert sich einem meditierenden Asketen. In Gedanken ist der Kaiser mit dem Problem beschäftigt, wie sich aus der Sutren-Wahrheit die Erkenntnis ergibt, man könne den Dingen um uns kein eigenes Sein zuschreiben; aus der weltläufigen Wahrheit dagegen, daß man ebensowenig das Nichtsein der ja real erscheinenden Dinge behaupten kann.

Fasziniert von der Ausstrahlung des Mönches will der Kaiser einen Prüfstein setzen, um vielleicht ein allen Widerspruch umgreifendes Geheimnis zu erfahren.

Der Kaiser fragte den Asketen:
WAS IST DER HÖCHSTE SINN DER HEILIGEN WAHRHEIT?

Bodhidharma gab zur Antwort:

Offene Weite – Nichts von heilig

Mit einem einzigen Satz schlägt der große Patriarch wie durch einen gewaltigen Schwertstreich hundert Holzbuddhas auf einmal den Kopf ab, schafft im Gewirr des Denkens Klarheit und strahlt eine ungeheure Lichteshelle aus. Der fern von Heiligkeit erleuchtete Bodhidharma – ganze neun Jahre hatte er im Schao-lin-Kloster mit dem Gesicht zur Wand in Versenkung gesessen – faßt unendlich viel mehr in seine fünf Worte, als der Kaiser wissen wollte und ahnen konnte: da bleibt kein Raum mehr für Gottheiten, Geister und Teufel, da gibt es kein ichbezogenes Weiterleben im Himmel, in der Hölle oder auf Erden, keine greifbare höchste Wahrheit; in dieser lichten OFFENEN WEITE finden sich keine weitläufigen Grenzen, kein transzendenter Sinn: NICHTS DA VON HEILIG.

Erstaunt und betroffen fragte der Kaiser da: »Wer ist dieser merkwürdige Mönch vor Uns?«

Bodhidharma sprach:

Ich weiß es nicht

Der Kaiser konnte sich nicht in ihn finden. –

Bodhidharma setzte dann über den Strom und kam nach We. Später fragte ein Edler aus dem Gefolge: »Aber Eure Majestät wissen doch wohl, wer das ist? Oder nicht?«

Der Kaiser erwiderte: ICH WEISS ES NICHT.

Da sagte der Edle Bau-dschi: »Das war der große Patriarch aus dem Westen, der das Siegel des Buddhageistes weitergibt.« Der Kaiser empfand Reue, und er sandte einen Boten ab, um Bodhidharma zurückzubitten.

Bau-dschi aber gab den Rat: »Behalten es Eure Majestät lieber für sich, daß ein Bote ausgeschickt wurde, um ihn zurückzuholen. DEM KÖNNTE DAS GANZE LAND NACHLAUFEN, DER KEHRTE DOCH NICHT WIEDER UM.«

»Einem armen Schlucker«, bemerkte Yüan-wu, »sind zu spät seine Schulden eingefallen; aber Unterarm und Schenkel kann kein Mensch nach außen biegen.«

In Versen klagte Wu-Di:

Weh' mir! Ich sah – und sah ihn nicht!
Ich hab' ihn getroffen und traf ihn nicht
Empfing ihn – und empfing ihn nicht...

Und in einem Gesang sagte er:

HERZ AM SEIN – treibt ewig träg im Strome der Gemeinen.

Herz im Nichtsein

steigt augenblicks empor ins Wunder der Erleuchtung.

Meister Hsüä-dou, der dieses berühmte Zen-Beispiel seinen Kuttenmönchen vorgelegt hatte, schaute in die Versammlung und herrschte sie an: »Könnt ihr den himmelweiten Unterschied dieser beiden ICH WEISS ES NICHT auch nur ahnen? Wenn Bodhidharma von sich sagt, er wisse nicht, wer er sei, so liegt darin unergründliche Tiefe.* Bei Kaiser Wu-Di, der scheinbar dasselbe ICH WEISS ES NICHT sagt, könnte man denken, er wolle es an Tiefsinn dem Großmeister gleichtun; aber wenn Wu-Di das sagt, ist es die reine hilflose Ignoranz.«

* Bodhidarmas: »Ich weiß es nicht«, geht noch über das Sokratische: »Ich weiß, daß ich nichts weiß« hinaus. – Ein Zen-Gung-an (jap. Kô-an) fragte sich: »Weiß ich (wirklich), daß ich nichts weiß?«

Im Gesang dichtete Hsüä-dou:

> HEILIGE WAHRHEIT als Offene Weite!
> Wer kann ermessen, wie weit das trifft?
> Wer der Mann Uns gegenüber?
> Der versetzt: ICH WEISS ES NICHT.
> Dann überquert er heimlich den Strom.
> Dornengestrüpp wächst schützend um ihn;
> Lief' ihm das ganze Land auch nach,
> Solch einer kommt kein zweites Mal –
> Und sehnten ihn Jahrhunderte herbei...

Hsüä-dou fragte weiter: »Ist etwa der große Patriarch, der von sich selbst sagt, er wisse nicht, wer Bodhidharma sei, in diesem Raume anwesend?« Da die Mönche stutzten, gab der Meister in dem Bewußtsein, daß jeder seiner Schüler ein Bodhidharma, ja ein Buddha zu sein vermöge, selber die Antwort: »Jawohl, er ist anwesend; holt ihn sofort zu mir her, daß er mir altem Mönch die Füße wasche!«

Denn in der OFFENEN WEITE gibt es keine Schranken; da weiß man nichts von heilig und gemein. Das hatte ja auch den Kaiser so getroffen, und um seine Verletztheit zu verbergen, ging er zu der Frage nach der Person über. Dabei hatte der Patriarch die Frage nach den Wahrheiten: der höchsten, alle Dinglichkeiten verneinenden Wahrheit und der gemeinen Wahrheit der einfachen Vorhandenheit der Dinge, voll beantwortet: Beide Wahrheiten sind *eins*, sie decken sich: die bunte Vielheit, aufgelöst im Einen (oder, wie Goethe sagt: »Das Ewig-Eine, das sich vielfach offenbart.«). Doch, wer sich aus solcher Erkenntnis »Höchster Wahrheit« ein Dogma bildet und seinen heiligen Sinn daran festmachen möchte, fällt aus der Wahrheit heraus. Das Dogma bindet; Wahrheit selbst macht frei. Der Dogmatiker »überschlägt die Kosten für ein Leben in der Totenhöhle«. Frei greift das Schwert des Bodhidharma im unendlichen Schwung in den Raum der Offenen Weite, nichts von heilig.

Jahre später begegnete Kaiser Wu-Di noch einmal Bodhidharma. Der Kaiser fragte den Abt (im pluralis majestatis): »Wir haben Klöster gebaut und Mönche bestätigt; was für ein Verdienst gebührt Uns dafür?«

Der Großmeister gab zur Antwort:

Kein Verdienst

Weil gute Taten dieser Art, wie sie Menschen und Göttern nachgerühmt werden, in Wahrheit vom Wahne des Ichs befleckt und darum nichtig sind, schüttet Bodhidharma dem Kaiser einfach einen Guß Schmutzwasser über den Kopf.

Natürlich bleibt unter Zen-Meistern auch ein Patriarch nicht ungeschoren: Voll versteckter Bewunderung für die unverblümten Wahrheiten des Bodhidharma sahen wir schon, wie Hsüä-dou jeden Anflug von Heiligkeit dadurch auf den Kopf stellt, daß er vom Großmeister durch eine sofortige Fußwaschung bedient sein will.

Und der mittelalterliche Herausgeber des Bi-Yän-Lu, Yüan-wu, läßt es sich – nach allem Beifall für den kaiserlichen Wasserguß – nicht nehmen, bei aller Verehrung des Großmeisters noch kräftiger ins Horn der Unheiligkeit zu stoßen: er wünscht diesem Bodhidharma recht herzlich eine ordentliche Tracht Prügel. Begründung: Zen: »Am Ende gilt es, all diese Worte wieder zu vergessen.«

P. S.: Der Patriarch aus dem Westen wurde zum Begründer des Zen. Bis ins hohe Alter führte er mit Meistern der Mönchsregeln antidogmatische Streitgespräche, immer dem offenen Geist den Primat zuerkennend. Engherzige spätbuddhistische Nebenbuhler versuchten wiederholt, ihn zu vergiften. Endlich beim sechsten Mal, als seine Mission bereits erfüllt war und er einen Nachfolger gefunden hatte, tat er (auch hier eine Parallele zu Sokrates) schließlich nichts mehr zu seiner Rettung, setzte sich im Lotos-Sitz aufrecht hin, verschied lächelnd in dieser Haltung und wurde im »Entrückungskloster« des Bärenohrenberges begraben.

Hinweis: Um die Buddhaschaft zu erreichen, hatte Bodhidharma bald nach seiner Ankunft in China nicht weniger als neun Jahre lang gegenüber einer weißen Wand meditiert, bis er endlich (in dritter Stufe) ERLEUCHTET zum »Ersten Patriarchen« wurde.

»Erleuchtung« ist als höchste Stufe der Erhellung anzusehen. Die erste Erhellung ergibt sich aus der Durchschauung des Anhaftens (des Ego) an die zehntausend Dinge um uns als LEER. Die gleichsam zweite Stufe des »Enlightments« ist die innere Erfahrung eines »überwärtigen« Seins, in den Erlösungsreligionen eines göttlichen Prinzips (mit der Gefahr der Absolutierung allein seligmachender Offenbarung – z. B. laut Bibel oder Koran – und der Verfolgung ungläubiger Heiden). Aus der Sicht des ZEN: Anhaften an die »Goldenen Ketten des Überwärtigen« – als mächtiger, wenn auch sublimer »Egotrip«.

Das Abendland sieht das innerweltliche Hauptübel im Tod, den es durch Glauben an den Erlöser ewig zu überwinden trachtet. – Das »Morgenland« sieht das Grundübel in der »Geburtlichkeit«* (und dem Rad der Wiedergeburt), das durch »erleuchtetes« Eingehen in das Nirvana überwunden wird. – Aura, Indizium dafür: Erleuchtete haben schon zu Lebzeiten »ein Bein im Nirvana«; im schwebenden Weiterleben gleichsam als Spielbein, und wenn der gewordene Buddha (z. B. im hohen Alter und ganz gesund) lächelnd in die Verwandlung eingehen will: genügt dazu eine tiefe nirvanische Meditation in Anwesenheit der Mönche als letztes untrügliches Siegel des wahren Großmeisters im ZEN.

* Siehe Peter Sloterdijk: Zur Welt kommen. Zur Sprache kommen, Frankfurt a. M. 1988.

Dschau-dschou zu dem Vers: »Der Höchste Weg ist gar nicht schwer«

Hinweis: Wie eingemeißelt in die Smaragdene Felswand ist: »Den einen Pfad, der überwärts in die Offene Weite hinaufführt, kann aller tausend Heiligen Überlieferung dir nicht weisen; bemühen sich Gelehrte, den WEG im Maßstab festzulegen, sind sie den Affen gleich, die nach dem Spiegelbild im Wasser greifen.«

Der höchste WEG: im siebten Grade schwer und doch ganz leicht! Schrecklich einfach. Himmel und Erde sind dagegen eng, Gestirne verfinstern sich.

Mag es auch Stockhiebe setzen und ein Schrei durch die Halle gellen: allein damit wird ein Mönch noch nicht DAS erlangen; und fragt einer ernsthaft »nach dem Weg nach dem WEG«, erwidert der Meister: »Das ist, wie wenn in einem morschen Baum der Winddrache rumort«, und ein anderer setzt hinzu: »Und wessen Ich das hört, muß daran sterben.«

Mancher Kuttenmönch rühmt sich hellwacher Augen und steht doch, wo Weg und WEG sich gabelt, hilflos da wie der Ochs am Berg. Sogar die geistesgegenwärtigen Buddhas der vergangenen und künftigen Äonen konnten und können den Weg nach Überwärts nur für sich selber finden; und die ganze Sutrensammlung mit allen Lehren Buddhas während seines langen Lebens reicht nicht aus, den Weg zu diesem WEG zu erklären.

Ein Mönch fragte seinen Meister: »Wie steht es um einen Menschen, der im WEGE lebt?«

Hsiang-yän antwortete:

Ein Totenschädel mit Augäpfeln darin

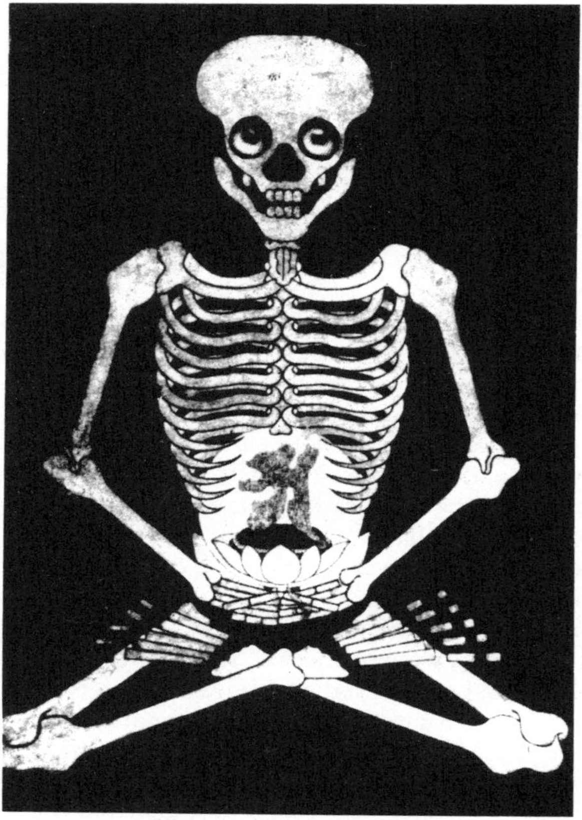

Totenkopf mit Augäpfeln, Lotos-Hara

Vor allem Popper/Eccles erforschten »Das Ich und sein Gehirn« (München 1985), wonach die (im Westen überbetonte) Ratio in der linken Großhirnhälfte, die Intuition in der rechten Hemisphäre lokalisiert ist (vegetatives »subcortical«). – In östlicher Vorstellung hat aller Mythos seinen Sitz im »Hara«, der Mitte des Leibes (etwas unterhalb des Nabels), bei Sokrates im Zwerchfell.

Später kam der Mönch zu Schi-schuang und fragte ihn nach dem Drachenrumoren im morschen Baum. Der Meister sagte: EIN DASEIN, DAS AUF SINNESLUST AUS IST. Und was bedeutet *Ein Totenschädel mit Augpäfeln darin*?

Schi-schuang antwortete:

Ein Sein, dem die Sinne gerade noch geblieben sind

Der Mönch, immer noch »in der Höhle der hungrigen Totengeister gefangen«, wanderte zu Meister Tsau-schan, der ihm die Frage nach dem sonderbaren Totenschädel so kommentierte: DER IST NOCH NICHT GANZ AUSGEDORRT, DENN DIE BLUTADERN PULSIEREN NOCH.

Gibt es da wirklich einen, der es noch genauer wissen möchte? Und komme mir ja keiner mit dem Namen BUDDHA daher: Hier würde das nur heißen, im Schlamm zu waten und mit Schmutzwasser um sich zu spritzen; da fehlte dann nur noch, daß einer das Wort ZEN in den Mund nimmt – ohne jede Schamröte im Gesicht.

In der eisigen Höhenluft der *Offenen Weite* wird einer unversehens zum Totenschädel, und mancher läuft Gefahr, daß ihm die Sinne schwinden. Doch Yüan-wu bemerkte dazu: »Aber im Holzsarg reißt er dann doch die Augen auf.«

Hsüä-dou dichtete:

Vor dem Geländer: tief in die Bergwelt,
kalt die Gewässer.
Dem Totenschädel schwanden die Sinne;
und doch soll ihm Freude ersteh'n?
Im morschen Baum ein Drachengesang
und doch ist er noch nicht verdorrt.

Ein anderer Gesang lautet:

> Erst wenn im dürren Baum der Drache rumort,
> siehst wahrhaftig du den WEG.
> Erst wenn im Totenkopf kaum noch Sinne sind,
> erst dann wird dein Auge klar.
> Wo Freude dir und Leidvolles schwand,
> bleibt von Empfindung nichts.
> Und doch nimmt ein solcher den Unterschied
> alles Reinen im Trüben wahr.

In diesem Sinne zitierte Dschau-dschou bei der Unterweisung seiner Bruderschaft den Eingangsvers des großen Lehrgedichts vom dritten Patriarchen:

> Der HÖCHSTE WEG ist gar nicht schwer,
> Nur fern von Angst und Wankelmut;
> Und – wo man weder haßt noch liebt,
> Herrscht Klarheit, offen, wolkenlos.

Altmeister Gundert weist im zweiten Vers auf die wörtliche Übertragung hin: »fernab von wählerischer Wahl«. Gemeint ist die Qual der Wahl derjenigen, die im logischen Entweder-Oder, im Richtig oder Falsch, Ja oder Nein oder etwa in der begrifflichen Trennung von Haß oder Liebe befangen bleiben. (Beide: Haß- *und* Liebesgefühle sind *ein* starker Bezug, eine Fixierung auf etwas oder eine Person.)

Unser Dilemma: Ratio ist auf Unterscheidungen angewiesen, trennt notwendig das Ich-Subjekt von Nicht-Ich-Objekten, wertet oben/unten, rechts/links, einerseits/andererseits, was durchaus zur Orientierung auf den alltäglichen Wegen vonnöten ist, den höchsten WEG jedoch verstellt.*

* Nahe dem Zen verwandt, erkennt Meister Eckehart auf mystischem WEG: »Gut und Böse sind Eins« und konstatiert, zum Ärgernis Johannes' XXII.: »Alle Kreaturen, auch Gott, sind ein REINES NICHTS.«

Aber ohne möglichst rationale Seilsicherung: wohin trägt es uns, wenn wir auf Widersprüche kaum achten, sie noch nicht einmal ignorieren? Deshalb kriechen viele Menschen, ängstlich wie Kopffüßler, auf allen Vieren am Boden entlang, anstatt endlose Weite über dem erhobenen Haupt zu haben und endlose Weite unter den Füßen, fernab vom kleinen Ich und seinen Nöten. Für Ichzentrierte wird der höchste WEG kaum zu finden sein und ist im Aufstieg entsetzlich schwer; nur für unser wahres Selbst, für die Buddha-Natur in unserer leibseelischen Mitte, ist er geradezu leicht, fast unheimlich einfach.

In der Unterweisung der Mönche fuhr Meister Dschau-dschou fort: »Kaum fängt man an, davon zu reden, so gerät man schon in die logische Unterscheidung: hier ängstlicher Wankelmut, dort offene Klarheit ... – übrigens stehe ich alter Mönch keineswegs in der ›wolkenlosen Klarheit‹. Ihr da, ihr Kuttenbrüder, seid dazu aufgerufen, Klarheit hochzuhalten und zu bewahren – oder ist es nicht so?«

Nun trat ein beherzter Mönch vor und fragte: »Wenn man schon nicht in der wolkenlosen Klarheit steht, was sollte man dann hochhalten und bewahren?« (Welch unerwarteter Angriff: Die Mönche sind sprachlos: Wird es eine Tracht Prügel setzen?)

Dschau-dschou jedoch zuckte lässig mit den Schultern und gab zu: ICH WEISS ES AUCH NICHT.

Da hakte der Mönch nach: »Ehrwürdiger, wenn Ihr nicht einmal *Das* wißt, wie könnt Ihr dann behaupten, daß Ihr nicht in der wolkenlosen Klarheit steht?« (Donnerwetter: ein Doppelkopf mit drei Gesichtern; ein verzwickter Schachzug! Bahnt sich eine Niederlage des Alten an?)

Dschau-dschou richtete sich auf und sprach: DEIN SPIEGELGEFECHT HAST DU NUN GEHABT. VERBEUGE DICH UND GEHE AN DEINEN PLATZ ZURÜCK! (Das Zeremoniell als Krücke: wie gut, daß der Abt noch diesen letzten Zug in der Hinterhand hat, der ausgekochte Gauner! Oder?)

Vom HÖCHSTEN WEG ZUR OFFENEN WEITE oder gar von eigener ERLEUCHTUNG zu sprechen, gilt unter Zen-Meistern als »versäumtes Schweigen«. Sie wissen um die Zwickmühle, daß man, um anderen helfen zu können, aus wolkenloser Klarheit in dunstige Niederungen heruntersteigen muß, wo dann in Rede und Gegenrede der unsagbare höchste DAU nebulös ins Gerede kommt. Vor allem das war der (für Christen verwunderliche) Grund, warum der Buddha nach seiner Erleuchtung lange nachdachte, ob er, sich selbst erlösend, ins Nirvana eingehen – oder, in Nächstenliebe mitleidend, allen anderen Menschen helfen sollte.*

Indem er die Bruderschaft belehrt, stört auch Dschau-dschou die »Reine Stille«. Keiner, der davon redet, kommt ungeschoren an dieser Klippe vorbei; auch nicht, indem er ichlos und gleichmütig sein eigenes Erhelltsein in wolkenloser Klarheit in Frage stellt, ja sogar leugnet, im Wissen, daß im Zen auch ein Meister immer wieder Anfänger ist.

Dschau-dschou braucht und gebraucht weder Schlagstock noch donnernde Scheltrufe; er hockt einfach da, läßt sich ohne geschwellte Brust in den Schultern fallen. Kein Adlerblick, weder hassend noch liebend, für alles und jeden vollkommen offen und durchlässig: leer. Genau in diese Leere geht auch der Seitenhieb des Mönchs; der alte Weise gibt einfach zu: *ich weiß und verstehe das auch nicht.*

* Da jedem Menschen die Buddha-Natur innewohnt, wurden auch schon im frühen Buddhismus neben männlichen Buddhagestalten in gleicher Weise auch weibliche Buddhas verehrt. Auch Bodhidharma bekam oft eine weibliche Gestalt. Politisch und im Bildungsweg konnte allerdings von Gleichberechtigung keine Rede sein. So bejahte zwar Buddha Nonnenklöster, hatte jedoch Bedenken, ob seine Lehre dann statt 1000 vielleicht nur 500 Jahre überdauern werde. – Außer einer Äbtissin kommen im Bi-Yän-Lu die in der Tat wohl öfter vorhandenen großen Meisterinnen des Zen allzu selten vor. Nie allerdings gab es (christliche) Zweifel, ob eine Frau eine Seele habe – und, wenn ja, ob Frauen in der Kirche nicht besser schweigen sollten (s. S. 148ff.). Über eine meisterliche Nonne s. S. 124ff.

Nun, dieser in der Tat blitzgescheite junge Mönch versetzt dem Alten einen noch besser gezielten, scheinbar entwaffnenden Hieb. Aber Dschau-dschou, eingeweiht in das Geheimnis des WEGES, erliegt nicht der Versuchung logischer Gegen-Argumentation; als wahrer Meister hat er die königliche Freiheit, eine Sache quer von der Seite anzufassen, sie auf den Kopf zu stellen, mal gegen den Wind zu steuern, ein andermal sich von ihm treiben zu lassen. Darum kann er dem streitbaren Mönch freundlich die scharfe Zunge abschneiden und ihm durch die Blume sagen: Gieß' zu deiner Spucke Wasser nach; oder besser: Verschluck deine Stimme, bis dein kleines Ich eines Tages den »Großen Tod« gestorben ist und du ein Totenschädel mit Augäpfeln sein wirst, dem gerade noch die Sinne geblieben sind. Dann fallen alle Gegensätze zusammen in DAS EINE, DAS NICHT BLOSS EINS UND NICHT SCHON ZWEI IST: die Köstlichkeit offener, wolkenloser Klarheit. Denn im Gegensatz zum leben (mit dem kleinen Buchstaben l) und zum kleinen Jedermanns-Tod erfährt jener, der den »Großen Tod« zu Lebzeiten gestorben ist, auch das »Große Leben«.*

Bodhidharmas OFFENE WEITE ist alles andere als ein anvisierbares Ziel, das sich durch Askese oder gar mit dem Kopf erzwingen, hochhalten und bewahren ließe. Der kleine Welt-Ich-Verstand wird zum Totenschädel, ohne den Verstand zu verlieren.

Im Vergleich zu der eher stufenförmigen Vorbereitung auf die »rechten Pfade«, wie mönchische Verzichte, Demut, Meditation, ist *Die Erhellung* fast immer ein blitzartiges Geschenk, todbringend – und das wahre Leben zugleich: unendlich schwer und wunderbar leicht.

* »La petite mort« heißt im Französischen der sexuelle Orgasmus. Im geistigen Eros eine Stufe sublimer ist der Große Tod, der meditative Übersprung ins »Totenland«, eine unbeschreibliche, transzendente »Orgastik«, überweltliche Ekstase, Erhellung, Satori – um das Wort Erleuchtung nicht zu sehr zu strapazieren.

Graf Dürckheim sagte zu einem jungen, stolzen Zen-Mann: »Na und, was ist schon ein Enlightment?« Und als eines Tages, zwanzig Jahre später, sein eigener Zen-Meister ihn im Hochschwarzwald besuchte, tranken beide lächelnd und ganz und gar schweigend einige Tassen Tee.

Ähnlich umschreibt und akzentuiert zugleich Yüan-wu in seiner »Smaragdenen Felswand« ebenso das UNGEHEURE wie die LEICHTIGKEIT im höchsten WEG, dessen Auffinden ein »Geschenk« ist, das die eigene Buddhanatur sich gleichsam selbst macht. Nicht von ungefähr stellte schon im chinesischen Altertum der große Lau-dse an den Beginn seines Testamentes vom DAU den Satz: »Der Weg, den man zum Weg erheben kann, ist nicht der EWIGE WEG.«

Wem auch nur einmal dieser Ewige Weg erhellt wurde, der muß zwar wieder in den Alltag, den Beruf oder das, was Hegel das »Hauskreuz« (der Familie und Kinder) nannte, zurück – der Zen-Meister in den klösterlichen Alltag. Doch für einen schon einmal Erhellten ist ein nächster Durchgang weniger schmerzhaft, und rückblickend erscheint ihm der höchste WEG gar nicht schwer. Es kam »wie von selbst«, innerer »Logik« folgend, gegen jede allgemeine Logik. Ganz in diesem Sinne sagte ein Patriarch: »Der schlichte, gewöhnliche Geist ist der WEG; möge jeder einzelne für sich glauben: meine eigene Seele, meine Magengrube (Hara), mein Herz ist Buddha.« Und zum »Sterben lernen« lautet ein Bericht von Meister Bai-dschang: »Auf einmal macht alles, Worte, Reden, Berge, Flüsse, die ganze große Erde, jedes einzelne Ding: all das macht kehrt und kommt auf dich zu.«*

* Wie heutzutage das »wunderbare Erlangen der Leere des Geistes« sich ereignen kann, darüber berichtet ein japanischer Firmendirektor, der viele Jahre Za-Zen (Meditation im Sitzen) sozusagen ergebnislos praktizierte. Nach einem Klosteraufenthalt fuhr er mit dem Zug nach Hause, ging zu Bett. Nachts erwachte er. »Urplötzlich war mir, als ob ein elektrischer Schlag durch meinen Leib ginge und im

Grenzenlos ist dann die Offene Weite, nirgendwo darin ist ein fester Punkt; die Gegensätze schweigen, der Geist ist ruhig, in Frieden mit sich und der Welt, und kann gerade so sich der alltäglichen Welt der zehntausend Dinge wieder zuwenden. Im Totenland läßt sich auf Dauer nicht leben. Wolkenlose Klarheit ist ein Schwebezustand, der zwischen Tod und Leben, zwischen der Auflösung im nirvanischen Nichts und dem lebendigen Auf-und-Nieder der Tagessorgen ständig oszilliert. Schon Plato verlangte von seinen Schülern, *Sterben zu lernen* – und nicht um endlich tot zu sein, vielmehr um frei zu leben: »si vis vitam, para mortem«.

Im WEGE leben setzt voraus, auf dem WEG gestorben zu sein. Tod und Leben sind gleich-gültig geworden: DAS SEIN UND DAS NICHTS IST DASSELBE. (Übrigens ein Kernsatz des Philosophen Hegel.)

Dschau-dschou, die Füße fest am Boden, das Haupt in der Erhellung wolkenloser Klarheit, ist, weit entfernt, von steinernen Buddhabildern, ein Mensch wie du und ich. Immer geistesgegenwärtig für alles Transzendente wie in jeder Tages-Sekunde ist er ein Vorbild des echten lebendigen ZEN, das eine Fixierung im Nirvanischen ebenso verwirft wie ein Verhaftetsein an die Welt.

gleichen Augenblick stürzten mir Himmel und Erde ein ... ungeheure Freude wallte in derselben Sekunde gleich Sturzwellen in mir auf, ein wahrer Orkan von Begeisterung, und ich lachte unmenschlich laut aus vollem Halse ...: ES GIBT ÜBERHAUPT KEINE VERNUNFT! Der leere Himmel barst entzwei, öffnete seinen Schlund und lachte brüllend; vor Lachen schlug und trampelte ich mit Händen und Füßen mit voller Wucht auf mein Bettzeug ... Meine Familie hatte zunächst geglaubt, ich sei wahnsinnig geworden.« (Gekürzt aus Ph. Kapleau, Drei Pfeiler des Zen, München 1979.)

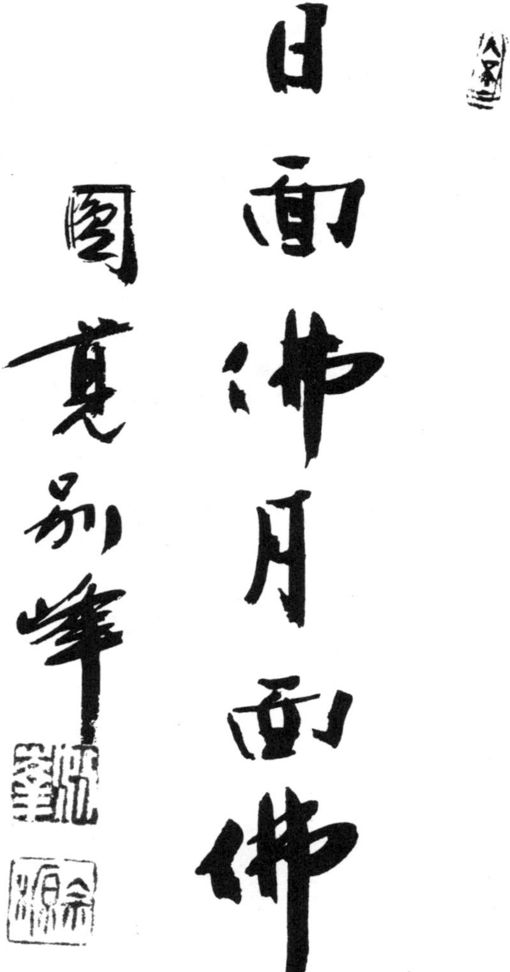

Buddha mit dem Sonnengesicht
Buddha mit dem Mondgesicht

Großmeister Ma bedenklich krank

Hinweis: Bloß Ja vom Nein zu trennen, führt nicht zum Weg. Ja ist recht und Nein ist recht, klingt schon besser: da wird alles nur Mögliche schlicht und klar bis ins Feinste.

Ja ist falsch und Nein ist auch falsch: so gedacht kann alles unnahbar und gefährlich werden.*

Wie soll man nun vorgehen, ohne sich auf Holzwegen oder in Sackgassen zu verirren und blind im Leben zu tappen? Irgendeinen Anstoß sollte es geben, ein Wort oder einen Ausspruch, auch wenn dabei Wunden in gesundes Fleisch gebohrt und Fallgruben erstellt werden.

Das Beispiel:

Großmeister Ma war unheilvoll erkrankt.

Der Vorsteher seines Klosters trat ans Krankenbett und fragte: »Wie ist, Ehrwürdiger, Euer Befinden?«

(Yüan-wu bemerkt dazu: stellt euch den todkranken Meister vor und im korrekten Zeremoniell den Klostervorsteher mit seiner läppischen Frage; dabei muß es gut gehen, wenn es nicht schon morgen eine Mönchsleiche geben soll.)

Der Grossmeister antwortete:

Buddha mit dem Sonnengesicht
Buddha mit dem Mondgesicht

Statt irgendeiner beliebigen Redensart: welch eine Antwort von wahrhaft leuchtendem Glanz! Wer diesen Wahrspruch auch nur halbwegs begriffen hat, der wandelt still für sich im

* Von den alten Griechen kennen wir die Zwickmühle: Ein Mann aus Kreta sagt: »Alle Kreter lügen.« Logisch zweideutig ist sogar die Aussage: Ich lüge.

Himmelsäther der Morgenröte; doch wer den Springpunkt nicht erkennt, der steht ratlos da wie vor einer unbezwingbaren Felswand.

Heutzutage meinen einige, Großmeister Ma nehme den Klostervorsteher in seelsorgerische Behandlung. Freut mich! hat aber leider mit der Sache überhaupt nichts zu tun. Und in unserer Bruderschaft gibt es manche, die große Augen wie ein Buddhabild machen, von nichts Ahnung haben und bedeutsam sagen: Darin liegt es: das linke Auge ist das Sonnengesicht, das rechte das Mondgesicht. Doch was soll dies mit Ma zu tun haben? Die werden noch nicht einmal im Traume gewahr werden, was Ma* wirklich ausgesagt hat.

Gesang:

Buddha mit dem Sonnengesicht,
Buddha mit dem Mondgesicht. –
Was gelten da fünf Kaiser uns,
Und was die drei Erlauchten!
Gut zwei Jahrzehnte sann ich nach,
Erpicht auf hymnische Verse.
Stieg dafür oft in die Höhle tief
Hinab zu dem blauen Drachen ...

Ihr Mönche mit dem hellen Blick! Richtet euch nicht in der Höhle des blauen Drachen häuslich ein. Je näher einer dem Sinn der Worte des Großmeisters kommt, um so unheimlicher werden sie.

Den Tod vor Augen, gibt Ma ein Beispiel, wie man selbst in dieser Lage Durchblick, Frieden und ruhige Festigkeit gewinnen kann. *Buddha mit dem Sonnengesicht, Buddha*

* Neuchinesisch hat die Silbe Ma je nach Tonlage vier verschiedene Bedeutungen. Der geflügelte Satz: Ma, Ma, Ma, Ma, heißt: Mutter Han schimpft auf das Pferd.

mit dem Mondgesicht. Daneben verblassen selbst fünf Kaiser und drei Heilige. Ein großes Wort, aber im Vergleich nicht zu hoch gestochen: Ma wirft seine Angel ins Weltmeer, auf nichts Geringeres als auf Drachenfang aus.

Hört einmal her, ihr Kuttenbrüder, wie Meister Pou einst zum Privatgelehrten Fa-yüan über den Drachenmythos sprach.

Fa-yüan trat vor den Meister mit den Worten: »Wenn der Drachengott aus der Tiefe des Meeres aufsteigt, dann erzittern Himmel und Erde. Hier, vor Euren Augen, steht er da! Was sagt Ihr dazu?«

Pou erwiderte: »Garuda, der goldglänzende Vogelkönig, nimmt es mit dem ganzen Weltall auf. Wer wagte es, ihm vor die Augen zu treten?«

Fa-yüan sagte kühn: »Was aber, wenn unverhofft doch einer vor ihm steht?« Pou versetzte: »Dann geht es ihm wie einer Taube, die der Habicht stößt. Falls du es nicht glauben willst, so mach' die Probe vor deinem Totenschädel! Erst dann wirst du die ganze Wahrheit wissen.«

Fa-yüan zog sich mit den Worten: »Ja, dann ...« drei Schritte zurück und faltete dabei die Hände über der Brust.

Pou hakte nach: »Du Bastard einer Rabenschildkröte, komm' bloß nicht noch einmal auf die Idee, hier den Karpfen zu spielen, der glaubt, er könne den Wasserfall emporschnellen, um so zum Drachen zu werden, und der ganz kläglich danebenspringt, abstürzt und auf den Kopf kracht.«

Im ständigen Bemühen, andere zu ihrem eigentlichen Selbst, also schonungslos zur Wahrheit und zur Buddhaschaft zu führen, ist den Meistern jedes Mittel, jeder Notbehelf recht. Der innere Widerspruch: Dem anderen etwas zeigen zu wollen, was er selbst in sich hat und auch nur selbst finden kann, ist ihnen dabei sehr wohl bewußt. Und wer anderen helfen will, deren Welt-Ich noch an den Dinglichkeiten haftet, muß sich selbst in eben diejenigen Widersprüchlichkeiten begeben, die den Alltag unseres Daseins bestimmen.

Wenn es aber darum geht, steil empor ins Ungewisse vorzustoßen, ist es den Meistern bitter ernst: Sie schlagen dem Suchenden zwischen den zwei Welten alles aus der Hand, woran er sich klammern könnte, bis er letztendlich nackt und leer in der Einöde auf sich selbst gestellt ist.

Lebendiges ist in ständiger Bewegung zwischen Alltagswelt und überwärtiger »Transzendenz«; da oder dort anzuhaften führt zu tödlicher Erstarrung: man kann im Sichverlieren an das Weltliche ebenso geistig tot sein wie in weltverachtender Verstiegenheit. Jeder große Meister weiß um das Geheimnis der Schwebe zwischen Tageswelt und Nirvana.

Ein Meister fragte den Scholaren Huai-jang: VON WOHER KOMMST DU? »Vom Kloster Sung-schan«, gab der sachgemäß zur Antwort. UND WAS FÜR EIN DINGWESEN IST DAS, WAS VON DORT ZU MIR HERKOMMT?

Der Scholar spürte, wie sehr ihn diese Frage am Grunde seiner Existenz anfaßte, blieb die Antwort schuldig und stumm. Später wurde der Scholar einer der zwölf besten Schüler des Meisters Hui-neng.

Nach ganzen sieben Jahren traf der Novize Huai-jang den Meister im Klostergarten und sagte unvermittelt: »Jetzt habe ich Eure Frage von damals begriffen.« – INWIEFERN, fragte der Meister.

Huai-jang sprach:

Worüber man reden kann, das sieht nur so aus,
als wäre es etwas – und trifft doch nicht den Kern

(Dieser Ausspruch wurde unter Zen-Leuten zum geflügelten Wort.) Meister Hui-neng fragte freundschaftlich:

»Brauchst du dann noch solche Zen-Behelfe wie körperliches Training und Meditation?«*

Huai-jang antwortete: »Ich will nicht sagen, daß ich Leib und Seele nicht mehr übte und keine Erhellungen hätte; aber das ist ein unbeschriebenes Blatt meines Tagebuchs: Ich mach mir nicht viel daraus und beschmiere es nicht mit Farbe.«

Hui-neng stimmte zu:

Eben dieses nicht-mit-Farbe-Beschmieren ist
Kennzeichen aller Buddhas!

JETZT BIST DU ALSO SO WEIT, UND ICH BIN AUCH SO.

*

Als Mönch war der hochgewachsene Ma im Jahre 734 dem Meister Nan-yüä dadurch aufgefallen, daß er unablässig auf einer Felsplatte sitzend meditierte – als wäre er aus Stein gehauen. Einmal fragte der Meister beiläufig: »Was hat es eigentlich damit auf sich, daß du immer in tiefem Schweigen aufrecht dasitzt?« Ma sagte: »Nichts weiter als Meditieren.«

»Und was willst du damit erreichen?« – »Durch konsequentes Sitzen in Versenkung möchte ich zum Buddha werden.«

Der Meister sagte dazu nur: »Ah, so«, und ging weiter. Später hob er im Hof ein Stück Dachziegel auf und fing nicht allzuweit von Ma entfernt an, es ständig auf einem Steinblock hin- und herzureiben. Nach einiger Zeit fragte Ma verwundert: »Ehrwürdiger, was macht Ihr eigent-

* Neben körperlicher Arbeit mußte meditative Erhellung im Zen immer auch leibbezogen sichtbar in den Tag gebracht werden, von Kung Fu bis Tai Chi.

lich?« – »Ich reibe diesen Ziegel hier, wie du siehst.« – »Was wollt Ihr denn damit erreichen?« – »Ich möchte durch das Hinundher-Fummeln einen Spiegel daraus schleifen.« Ma lachte und rief: »Wie soll aus einem Ziegelstein je ein Spiegel werden?« Da lachte auch der Meister, warf den Ziegel weg und sprach: *Aus einem Ziegelstein wird allerdings auch durch noch so vieles Polieren nie ein Spiegel. Und niemand wird auch durch noch so vieles Sitzen in Versenkung je zum Buddha.*

Ma sprang von seinem Sitz auf und fragte tief betroffen: »Was? Durch eiserne Beharrlichkeit im Sitzen soll man nicht zum Buddha werden können?« Statt einer Antwort fragte Nan-yüä zurück: »Wenn Ochs und Wagen nicht vorankommen, haut man dann auf den Wagen ein oder auf die Ochsen ...? *Wer das Sitzen in Versenkung um der Buddhaschaft willen betreibt, schlägt den Buddha damit tot.* Durch Fixieren auf das Sitzen als Form der Meditation wird der Sinn, der eben darin liegen soll, in sein Gegenteil verkehrt.«*

Bei diesen Worten wurde es dem Mönche Ma mit einem Male weit ums Herz, in seinem Innern ging ein Licht auf, und er verneigte sich vor dem Meister: »Wodurch läßt sich solche gestaltlose Versunkenheit erreichen?«

Nan-yüä legte ihm die Hand auf die Schulter: »Das, was *du* dazu tun kannst, den Seelengrund zu finden, gleicht dem Ausstreuen der Samenkörner in den Acker; das, was ich dazu beitragen werde, indem ich mir deutlich mache, worauf es im GESETZ ankommt, entspricht dem Naß des Himmels, das den Boden befeuchtet. Mir geistig verwandt, wirst du deinen Weg sehen und gehen.«

* »Bi-Yän-Lu« gilt als »Bibel des Zen«, vor allem für die japanische Rinzaischule. »Soto« hält weniger von »Koans« und akzentuiert Za-Zen (Meditation im Sitzen) ohne dadurch die Buddhaschaft unbedingt erzwingen zu wollen: »Zen des schweigenden Leuchtens.«

Ma war sich dessen nicht so sicher und fragte: »Wenn aber der WEG weder Form noch Erscheinung ist, wie ist er dann überhaupt zu sehen?«

Der Meister gab zur Antwort: DAS WAHRHEITSAUGE AUF DEM SEELENGRUNDE KANN DEN WEG SEHR WOHL SEHEN; SO ist es auch mit der gestaltlosen Versunkenheit.

Ma, dessen Erkenntnis immer heller wurde, erbat sich noch eine Antwort: »Gibt es auch im innigsten Erkennen ein Werden und Vergehen?«

Der Meister antwortete: »Unangebracht wäre es, auch den WEG noch im Licht der Gegensätze von Werden und Vergehen, Sammlung und Zerstreuung, zu betrachten. Mein Vers lautet dazu:

> Im Seelengrunde ruht ein Quantum Samen.
> In Himmels Feuchte sprießt es voll und grün.
> Versunkenheit als ewige Blume ungestaltet,
> Wie sollte jemals welken sie, und wie erblühn?«

In dieser Unterweisung gewann Ma den erhellten, übergeordneten Standpunkt jenseits des Unterschiedes zwischen Ich und Nicht-Ich und der Trennung zwischen Subjektivem und der Außenwelt.

Jahre später, als eines Tages ein riesengroßer Mönch zu Meister Ma kam, staunte der ihn an, sah ihm prüfend in die Augen und sagte: »Welch gewaltiger Buddha-Tempel! Bloß kein Buddha drinnen!« Auf die Frage des Mönchs nach dem Weg zur Buddhaschaft sprach Ma: DER WAHRE WEG IST KEINEM ALLER FÜHLENDEN WESEN FREMD UND FERN ... DIE WAHRE NATUR DER MILLIONEN DASEINSELEMENTE ENTSTEHT NICHT UND VERGEHT NICHT: SIE IST STILL UND LEER. BUDDHAS SIND SOLCHE, »DIE SIND, WIE SIE SIND« UND DIE AN JENEM ORTE WOHNEN, WO ES KEINE WOHNSTATT GIBT, DENEN LEERE STILLE ZUR HÜTTE DIENT.

Wer, wie der große Meister Ma, in der Überlieferung des »Großen Fahrzeugs«* verwurzelt ist, dem sind die tragenden Dinge unserer Innen- und Außenwelt leer und wesenlos. Die Verblendung der meisten Menschen besteht eben darin, dies nicht einzusehen; und daraus resultiert das Anhaften am Ich, das Fixiertsein auf tausend Dinge – und daraus alles Leid in der Welt. Wer jedoch Ich und Nicht-Ich als leer erkennt, dem kann man auf den Kopf zusagen: DU SELBST, SO WIE DU BIST, BIST BUDDHA. DAS IST DAS DHARMA, DAS GESETZ DER WAHRHEIT. Dies Gesetz erhebt den Anspruch, dem menschlichen Dasein an die tiefste Wurzel zu gehen, sie auszugraben und ins Leere zu stellen, aber eben dadurch den Menschen vom Bann des unheilvollen Irrwahns zu erlösen – und so erst in offener Weite eine völlig neue, unabhängige Existenz zu ermöglichen.

Darum klingen im Namen des Buddha von Anfang an zwei ganz verschiedene Töne zusammen: der tiefe hohle Ton der Nichtigkeit, verbunden mit dem Ruf zur Selbstverleugnung und Weltverneinung, und hoch darüber, wenngleich wie ein Geheimnis pianissimo, ein seraphischer Gesang des Sieges und der königlichen Freiheit: zwei Motive, die sich lange Zeit hart gegenüberstehen, bis sich im urbuddhistischen Gefühl des Erbarmens beide zu einer Weltbejahung neuer Art vereinen.

»Erlösung« kann aus christlicher oder islamischer Sicht nicht aus eigener Kraft entstehen: dazu bedarf es eines göttlichen Erlösers. Insofern ist der Hinduismus, dann der Buddhismus, nur bedingt »Erlösungsreligion« – schon gar nicht der »gottlose« Zen-Buddhismus, der den »selbsterlösenden« Buddha nur in sich sucht und findet, gerade weil auf

* Statt des »kleineren« Strebens, möglichst ein Einzelbuddha zu werden, führt Mahâyanâ, das Große Fahrzeug, zum Stand des Bodhisattva, der seine eigene Erlösung zurückstellt, um im egolosen Mitleiden dem Heil anderer Mitmenschen zu dienen.

»fremderlösende« Buddhas radikal verzichtet wird. Die Seligkeit der Buddhaschaft, wie sie aus den Worten des todkranken Meisters Ma spricht, ist echt eben da, wo Ich und Welt in sich versunken und vergessen sind. Buddha überstrahlt Leben, Krankheit, Tod; das alles sind nur verschiedene Gesichter des einen Namens, der in der Buddha-Namen-Sutra nicht weniger als 11093 Buddhas und Bodhisattvas enthält.

Die Quintessenz der Antwort des Meisters Ma liegt nicht so sehr im Sonnen- oder Mondgesicht; das sind nur Facetten ein und desselben Lichtleibs: Der Schwerpunkt ist allein im Wort BUDDHA.

Was sich zu den Worten des Patriarchen Ma überhaupt sagen läßt, fand in kongenialer Größenordnung Hsüä-dou mit den Versen:

Buddha mit dem Sonnengesicht
Buddha mit dem Mondgesicht –
was gelten da fünf Kaiser uns, und was die drei Erlauchten

Wu = Nichts (jap. Mu), gemalt von Yuho Seki

Dö-schan mit dem Wanderbündel unterm Arm

Hinweis: Das soll irgendein Mensch versteh'n: Das eine Mal ergreift »das große Wirken« am WEG einen Grashalm und macht ihn sich zum Goldbuddha von sechzehn Fuß, das andere Mal nimmt es den Goldbuddha von sechzehn Fuß und macht sich daraus einen Grashalm. Ein und derselbe Meister hält einen Novizen zur jahrelangen Meditation im Sitzen an, und bringt einen anderen Mönch, der jahrelang wie aus Stein gehauen auf einem Felsen meditierte, durch ein spaßhaftes Gleichnis davon ab; denn das eigene Herz, das sei schon Buddha.

Wolkenlos blauer Himmel, strahlende Mittagssonne: da kannst du nicht mehr zeigen, wo es nach Osten geht, oder den Weg nach Westen abstecken. Und wenn dazu noch ein Drache einem Tiger über den Weg läuft, was ist da besser: festhalten oder freien Lauf lassen? Schauen wir uns dazu ein Beispiel an:

Der Wander-Gelehrte DÖ-SCHAN kam zum Kloster des WESCHAN. Das Bündel unterm Arm stieg er zur Lehrhalle hinauf, durchquerte sie nach Westen, ging zurück von West nach Ost, sah die Mönche, sagte:

Nichts da, nichts da

und verließ die Halle.

(Am Rande kommentiert Meister Hsüä-dou dazu: DURCHSCHAUT!)

Beim Hoftor angelangt, zögerte der Privatgelehrte Dö-schan und sprach zu sich: Ich darf auch nicht vorschnell sein. Dann rückte er sein Pilgergewand zurecht, trat zum zweiten Male ein und meldete sich an der Pforte zum Besuch an.

(Zeit und Stunde, Grund und Anlaß – da mußt du eben auch die Arznei je nach der Krankheit geben.)*

Als in der Audienz Meister WE-SCHAN Platz genommen hatte, hob DÖ-SCHAN feierlich sein Knietuch in die Höhe mit der Anrede: EHRWÜRDIGER!

We-schan machte eine Handbewegung, als wolle er nach seinem Jakschweif greifen (ursprünglich Fliegenwedel, später Symbol der Meisterwürde).

Da brüllte Dö-schan: Ho'! – klopfte sich die Ärmel ab und schritt zur Halle hinaus. (Hsüä-dou gibt als Kommentar dazu wiederum: DURCHSCHAUT!)

Dort band sich Dö-schan die Sandalen wieder an und ging seines Wegs.

Am Abend fragte We-schan den Vorsitzer der Bruderschaft: »Wo ist eigentlich der Wanderpriester von vorhin geblieben?« Der Vorsitzer erwiderte: »Der hat dann gleich die Halle verlassen, sich die Sandalen umgebunden und ist hinaus und fortgegangen.«

* Als der Herausgeber dieses Zen-Breviers, Band I des Bi-Yän-Lu im Seesack, sich vor fünfundzwanzig Jahren das erste Mal in ein Rinzai-Kloster in den Bergen bei Kyoto begab, machte der Zen-Meister zur Bedingung: sich im Klosterleben, wie jeder andere, als einfacher Mönch einzuordnen. Das bejahte ich, und mich verneigend wollte ich mir gleich die übliche Glatze scheren und mich rasieren lassen. Der Meister überlegte kurz und gab mir dann zu verstehen, die Haare könnten ungeschoren bleiben. Einige Wochen später kam ein Dozent aus Oxford, um auch einige Zeit im Kloster zu verbringen. Beim Aufnahme-Zeremoniell, alles hier Mönchsübliche mitzumachen, wollte der junge Dozent sich zwar grundsätzlich einordnen (auch was das Einverständnis mit dem Schlagholz betraf), nur seine Haare müsse er unbedingt behalten, da er bald internationale Vorträge halte. Der Meister lächelte katzenfreundlich und bestimmte: »Ihre Haare kommen sofort runter oder der Vorsteher wird Sie hinausbegleiten«. Innerlich wütend verwies der Engländer auf meinen behaarten Kopf. Der Meister winkte nur ab und sagte so nebenbei: »Dem waren die Haare gleichgültig ...«, und wiederholte nunmehr unerbittlich: »Haare runter – oder raus!«

We-schan sprach darauf zu seinen Mönchen: Dieser Ehrenmann wird einmal den einsamsten Berggipfel aufsuchen; sich oben auf der Spitze eine Binsenhütte flechten und von da aus auf den Buddha schimpfen und alle Patriarchen schmähen,

Hsüä-dou bemerkt abschließend dazu: Auf Schnee noch Reif!

Wenn ein Drache einem Tiger über den Weg läuft, glotzen alle Kuttenbrüder wie die Hornochsen. Und heutzutage gibt es ganz gescheite Leute, die machen über diesen öffentlichen Aushang ein sehr bedeutungsvolles Gesicht – wie zenerfahrene Mönche mit dem richtigen Durchblick; stößt man jedoch von hinten nur ein wenig ans Knie, so klappen sie im Hüftgelenk zusammen, spreizen ihre Schenkel und zerfallen in sieben, acht Stücke, so daß sie nichts mehr zusammenhält.

Ihr Mönche! Worauf läuft diese Begegnung wohl hinaus? Kann das keiner sagen? Besinnt euch ruhig nur noch dreißig Jahre lang weiter!

Hat auch nur einer von euch eine klare Vorstellung von dem zweimaligen Durchschaut des alten Hsüä-dou, zu dem übrigens der Herausgeber Yüan-wu jedesmal anmerkt: Falsch, richtig, Tupfen!?

Dö-schan, Jahre später selber Klosterabt, sagte in solchen Fällen: Behauptest du, du hättest dieses ominöse Durchschaut begriffen und selber durchschaut, bekommst du dreißig Stockhiebe; sagst du nein, erhältst du auch nicht weniger Prügel.

Aber – was meint ihr Mönche –, hätte der unverschämte Dö-schan, der einfach durch die Lehrhalle latscht und Meister und versammelte Bruderschaft mit seinem Nichts provoziert, nicht auch mindestens dreißig Stockhiebe verdient?

Fast unheimlich, wie sein Drachengeist am Himmel anstößt. Und dann das Durchschaut des Hsüä-dou, das nach zwei Richtungen weist und doch nicht auf diesen beiden Seiten stehenbleibt. Hat er nun die Absicht von Dö-schan oder hat er den We-schan mit seinem ganzen Kloster durchschaut oder blickt er bei beiden, dem Drachen wie dem Tiger und auch noch bei sich selber durch?

In einem Sutra des »Großen Fahrzeugs« heißt es: »Wo ein Verstand über den der Vögel hinausgeht, fängt er Vögel; wo ein Verstand über den wilder Tiere hinausgeht, fängt er wilde Tiere; und wo ein Geist über den anderer Menschen hinausgeht, fängt er Menschen.«

Dö-schan, am Hoftor angelangt, wollte dann doch der Sache ganz auf den Grund gehen: irgendwie verlangte ihn danach, vor dem großen We-schan alle seine Eingeweide, Herz und Leber bloßzulegen und mit ihm einen Waffengang auf Gedeih und Verderb um das GESETZ des BUDDHA zu bestehen.

We-schan, als gewiegter alter Meister, macht sich nicht viel daraus, ob Dö-schan eben kommt oder wieder geht. In allem durchlässig, sitzt er einfach aufmerksam in Ruhe da. Doch was ein junger Drachenlöwe sich schuldig ist: Dö-schan greift an. Mit der übertrieben feierlichen Geste und der ironischen Anrede EHRWÜRDIGER wagt er den Versuch, dem Tiger We-schan einfach über die Schnurrhaare zu streichen.

We-schan, in seiner überlegenen Weisheit weit davon entfernt, auf konventionellen Schabernack einzugehen, bedarf in seiner Kunst der wortlosen Belehrung nur der Andeutung einer Handbewegung in Richtung Jakschweif als Symbol geistiger Macht. Bei aller Geistesgegenwart in jeder Zehntelsekunde ruht We-schan, jeden kleinsten Muskel entspannt, ganz in sich, mitten in seinem HARA und seiner Buddhanatur. Er ist einem erfahrenen Strategen zu vergleichen, dessen Gespür und Denken im Feldherrnzelt den noch hundert Meilen entfernten Feind schon im voraus in seine Falle zwingt. Dö-schan, nicht minder präsent, spürt, wie kläglich seine feierliche Finte ins Leere ging und daß sich nun der Waagbalken der Gewichtigkeit dem We-schan zuneigt. Als letzte Chance, sich ohne deutliche Niederlage in Ehren zurückzuziehen, nutzt er ein donnernd gebrülltes Ho', um We-schan zu überraschen und mit dem letzten Wort auf seiner Seite abzutreten.

Verfügte der alte We-schan nicht längst über das große Zeug zum Zen, dann hätte er es bei diesem Löwenabgang vielleicht doch noch mit der Angst gekriegt oder auch nur mit dem Unbehagen, wie er selbst denn nach diesem Ho'-Gebrüll und Abgang vor seinen Mönchen dastehe, die sich recht ratlos anschauen und fragen, ob ihr Meister nicht das Gesicht verloren habe. Aber ein alter Chinese, den die Höhe des Zen bis in die offene Weite wolkenloser Klarheit erhellt hat: mag die ganze große Erde in der Fülle ihrer Formen und Gestalten, der Himmelsdom wie auch die Hölle, da mögen Pflanzen, Bäume, Tiere und Menschen allesamt und im selben Augenblick ihn mit ihrem Ho' überfallen –

Er macht sich nichts daraus.*

Selbst wenn ihm einer den Zen-Sitz umstieße und mit einem gewaltigen Ho' die ganzen Mönche auseinanderjagte, so würde er nicht einmal den Kopf nach ihm umdrehen.

Auch wenn seine eigenen Mönche fragend rätseln, kümmert das We-schan nicht einen Deut; er läßt sie zappeln. In aller Gemütsruhe wartet der alte Fuchs den Abend ab, fragt dann ganz beiläufig den Vorsitzer, wo denn der Wander-

* Ein erfahrener Zen-Meister ist auch heutzutage unglaublich durchlässig und transparent, so daß er für Aggressionen an sich gar keine Angriffsfläche bietet. Wer je Gelegenheit hatte, z. B. im streng geführten japanischen Soto-Kloster Eiheiji das ritualisierte Frage-und-Antwortspiel mitzuerleben, erfährt: Ein Mönch tritt vor die anderen, stellt eine meist kurze Frage, der Meister antwortet lapidar; der Mönch bedankt sich für die »wertvolle Belehrung« und denkt oft sehr lange über den Vorgang nach. Und auch bei Rinzai-Mönchen ist kaum je einer so frei und frech wie hier Dö-schan.

priester von vorhin geblieben sei; ah, der ist schon gegangen. Und obwohl We-schan offenbar genug Anlaß hätte, dem Anschein von Hilflosigkeit entgegenzuwirken und seinen Mönchen sein Verhalten plausibel zu machen, spricht er auch am Abend von sich selbst kein Wort. Er weiß und spricht es aus: Dieser Mann wird seinen Weg über die Vielfalt der Erscheinungswelt hinaus bis dorthin, wo kahles Felsgestein ins Blaue stößt, so unbeirrt verfolgen, daß er zuletzt nur noch im Gestaltlosen zu Hause ist und jedes Wort, sei es auch das des Buddha oder der Patriarchen, als Abweichen vom Unsagbaren schmähen kann.

Zu abendländisch gedacht wäre hier, eindeutig nach Sieg oder Niederlage zu fragen. Beiden Meistern geht es um die Sache des ZEN, nicht um persönliche Profilierung. Und wenn ein Drache und ein Tiger sich begegnen, also an sich gegensätzliche Naturen, sind beide im Geheimnis des Sicherkennens im Geiste des Buddha doch am selben Hang unter dem höchsten Berggipfel anzusiedeln. Gewiß hatte der alte We-schan beim Schlagabtausch einige Punktvorteile; und seinen Epilog könnte man vergessen, wenn da nicht noch die Bruderschaft der Mönche zu belehren gewesen wäre. Insofern kommentiert Hsüä-dou, der nach dem Abtreten von Dö-schan an sich schon genug hat: »Auf Schnee noch Reif«. Schnee ist kalt und rein genug, um das Höchste anzudeuten. Durch Reif darüber wird er nicht weißer und nicht reiner. Die Mönche aber brauchten noch »Reif«.

In seiner Lebensgeschichte kam der junge Mönch und spätere Meister Dö-schan zum Kloster des Lung-tan (»Drachenpfuhl«); kaum hatte er den Fuß über die Schwelle gesetzt, sagte er: *Ich sehe hier weder Pfuhl noch Drache.* Meister Lung-tan erwiderte: IHR BEFINDET EUCH PERSÖNLICH MITTEN DRIN IM DRACHENPFUHL!

Dö-schan verneigte sich und zog sich zurück. Als es Nacht geworden war, betrat er Lung-tans Zimmer, um die

Stimme des Meisters zu vernehmen und sich belehren zu lassen. Am Ende des Gesprächs wünschte Dö-schan gute Nacht, hob den Vorhang auf und ging hinaus. Da es draußen stockfinster war, kam er zurück. Lung-tan zündete eine Kerze mit Papierdocht an und wollte sie ihm geben. Doch in dem Augenblick, als Dö-schan sie entgegennahm, blies Lung-tan sie aus. In Dö-schan wurde alles weit und offen: Plötzlich war das innere Licht über ihn gekommen.

Tags darauf verkündete Lung-tan in der Buddha-Halle: *Jetzt haben wir hier einen, der hat Zähne wie die Schwertbäume in der Hölle und einen Mund wie eine Schale Blut. Haut man ihm das Schlagholz ins Kreuz, dreht er nicht einmal den Kopf um.* Und ähnlich wie We-schan sagte Lung-tan noch: *Der wird eines Tages unser* Zen *bis auf den höchsten Gipfel tragen.*

Dö-schan nahm daraufhin seinen Lieblingskommentar zum Diamantsutra und begab sich vor die Lehrhalle. Dort hielt er eine brennende Fackel in die Höhe mit den Worten: Aller Tiefsinn in der Rede ist wie ein dünnes Haar, in den leeren Raum geworfen; alles Wissen um den Angelpunkt der Welt wie ein Tropfen Wasser, der ins Meer fällt. Dann verbrannte er die Schriften.

*

Wer über die Herde hinaus will, der muß schon ein Mordskerl von überragender Geisteskraft sein, einer, der längst nicht mehr in den Grenzen von Ja oder Nein lebt. – Ein junger Drache, der sich den Buddha auserkoren hat, muß auch die Augen und die Krallen dazu haben, sonst kommt er selbst in tausend Jahren nicht ans Ziel. Warum das? Weil am Gesetz des Buddha nicht viel dran ist, nicht rational und nicht emotional: Das ist, wie wenn im Herbst der Mond sich im Teiche spiegelt und in der Stille der Nacht die mächtige Tempelglocke ertönt.

Drachen kennt man leicht von Schlangen.
Kuttenmönche täuscht man schwer...

Wer, wie der alte We-schan, längst den Großen Tod gestorben ist und mitten im Nirvanischen das Leben wiedergewann, der hat das Zeug in sich, einen Schlangenmenschen ohne mit der Wimper zu zucken totzuschlagen; und er vermag einen Drachenmenschen auf der Stelle, wo er gerade steht, ohne Augenblinzeln zum Buddha zu erheben: frei zum Töten und zum Lebendigmachen.

Buddha selbst jedoch setzte »auf Schnee noch Reif«: Er hat jene Stimme, die ihm nach seiner Erleuchtung riet, im Zustand dieser Seligkeit für immer zu verharren und ins Nirvana einzugehen, als Versuchung abgelehnt. Er ist nach langem Nachdenken bewußt wieder in das Elend dieser Welt zurückgekehrt, um das Licht, das ihn erhellt hatte, anderen Menschen zu zeigen – und hat sich so wieder unter das Gesetz von Ursache und Wirkung, von Unterscheidungen und Gegensätzen, Liebe und Haß begeben.

In der Belehrung seiner Mönche über den künftigen Höhenweg des Dö-schan (der bei allem Höhenflug durch Essen und Verdauen, Wachen und Schlafen doch immer auch ans Nichtige gebunden bleibt) geht We-schan den Weg niederwärts und setzt sich leutselig zu seinen Kuttenbrüdern ins Gras.

In der meisterlichen Schwebe zwischen überwärts und niederwärts laufen in beiden Richtungen die Fäden so blitzartig hin und her, daß unser Verstand niemals einen einzelnen Faden auch nur eine Sekunde festhalten und fixieren kann. Da wird der Buddha ganz plötzlich zu einem einfachen Grashalm, und auch in jedem Grashalm vermag sich auf einmal alle Weisheit und Herrlichkeit des Buddha zu offenbaren. Meisterliche »Narren in Buddha« spotten daher jeder theologischen Beschreibung mit dem kardinalen (Nicht-)Satz:

Es gibt nichts, was Buddha –,
nichts, was nicht Buddha wäre!

Dieser Zen-Satz kommt aus unergründlicher Tiefe. Hochstudierte Antworten sind dagegen untief; es ist, wie wenn ein Bohrwurm zwischen Stamm und Rinde seine gewundenen Gänge gräbt: sie sehen aus wie eine Schrift und ergeben doch keinen Sinn. Und doch wäre es wiederum verkehrt, auf irgendeinen Zen-Satz wie: Alles ist Buddha, nichts ist Buddha, draufzuspringen und sich wie der Hund in seinen Knochen zu verbeißen. Was in unsere hergebrachte Logik nicht hineinpaßt ist Arznei und Gift zugleich: es läßt sich nur mit einem Tupfen des Tuschpinsels andeuten. Konventionell und von der Vernunft aus gesehen, verhält sich Dö-schan bei seinem ungebührlichen Auftritt falsch – und doch in diesem *Existentiellen Augenblick* (Jaspers) richtig. Zen empfiehlt in solchen Fällen: Denke und überlege da nicht lange hin und her: WO ETWAS WIRKLICH ZU SEHEN IST, SIEH' MIT DEM INNEREN AUGE HIN!

*

Meister We-schan war Schüler des Bai-dschang, berühmt durch seinen Grundsatz: Ein Tag ohne Arbeit, ein Tag ohne Reis. Eines Tages trug er einem begabten Schüler auf, das eingeschlafene Feuer in der Asche des Kohlenbeckens wieder zu entfachen, was dem mißlang: Es sei keine Glut mehr zu finden. Da blies Bai-dschang selber die Holzkohlen mächtig von unten her an, bis sie in all der Asche aufglühten, und fragte: »Da – ist das etwa kein Feuer?« Bei diesem Vorgang wurde im Mönche selbst das große Feuer entfacht. Und zu den Mönchen sprach der Meister: »So kann ein Augenblick zum Scheideweg werden. Im Sutra steht: WER SEINE BUDDHANATUR SEHEN WILL, DER MUSS GENAU AUF GRUND UND ANLASS, AUF ZEIT UND SEKUNDE ACHTEN.«

Wer die *Sekunde der Wahrheit* ergriffen hat, ist wie ein Herumirrender, dem plötzlich die Einsicht in seinen Weg kommt.

Darum auch sagen die Patriarchen, der Zustand *nach* der lichtvollen Einsicht sei dem *vor* dieser Einsicht gleich, und der Erleuchtete sei ganz genau derselbe wie zu der Zeit, als er noch nicht erleuchtet war. Das bisher Unbewußte hat eine unfaßbare Erhellung erlangt. Nun trügt keine Einbildung mehr:

Gewöhnlicher Mensch und Heiliger sind im Herzen, im Hara, ganz von derselben Art, im Grunde Ein-und-Dasselbe.

*

Nach Dö-schans Tod (im Jahr 865) ging der spätere Abt Hsüä-feng mit einem Gleichgesinnten auf Pilgerschaft. Im Hochgebirge eingeschneit, öffnete er seinem Freund Yän-tou sein Herz: »Weißt du, unter dem blitzschnellen Stock Dö-schans war es mir, als sei dem Seelenfaß der Boden ausgeschlagen...«.

Yän-tou schrie gellend »Ho'!« und schimpfte: »Hast du denn noch nie was davon gehört, daß alles, was von außen durch das Tor ins Innere des Hauses hereinkommt, noch nicht und nimmermehr das Wahre ist?* Es muss von innen, aus eigenem Herzen so herausströmen, dass es den Himmel überschattet und die Erde zudeckt!«

Diese Worte warfen Hsüä-feng um: Alles um ihn wurde

* Auch in einer schönen jiddischen Geschichte gibt es zu diesem Thema Zenartiges. Der gelehrte Dr. Grün kommt mit einem Problem zum Rabbi: »Du bist ein berühmter Seelsorger; sag mir bitte: lebt der Mensch mehr von innen nach außen oder von außen nach innen?« Darauf sagt der große Rabbi: »Wenn du mich so fragst, kann ich nur sagen: Ja!«

licht und klar. Dem ERFÜLLTEN NICHTS auf den Knieen dankend rief er: MEISTER-BRUDER, IN DIESEM AUGENBLICK IST ES GESCHEHEN: DIE ERHELLUNG IM AU-SCHAN-GEBIRGE!

Yün-mens fünfzehn Tage

Sinnspruch: Nur wer die Nichtigkeit der Welt und seiner selbst erkannt hat, sieht gleich-gültig in ihr auch Schönheit und ewiges GEHEIMNIS: DAS WISSENDE LÄCHELN DES BUDDHA.

YÜN-MEN richtete bei der Unterweisung folgende Worte an seine Hörer: »Nach den letzten fünfzehn Tagen frage ich euch nicht. Sagt mir einen Satz zu den nächsten fünfzehn Tagen.«

In das Schweigen sagte er an Stelle der Gefragten dann selbst:

Tag um Tag ein guter Tag

Die vergangenen vierzehn oder fünfzehn Tage kann man im Zen ohnehin vergessen und zur heutigen Tagesordnung übergehen. Und zu den nächsten fünfzehn Tagen soll mir einer kommen und was unerhört Gescheites daherreden; doch da ist auch nicht viel anderes zu sagen, als daß sie am Morgen anfangen und am Abend zu Ende gehen und daß der nächste Tag danach der sechzehnte ist. Alle Tage und die Monde, die fließen uns nur einfach so dahin.

Wer an den zehntausend Dingen haftet, für den kann Tag für Tag ein schlimmer Tag werden. *Den* vorherbestimmt guten oder schlechten Tag gibt es nicht. Geistesgegenwart heißt Gegenwart im Hier und Jetzt, in Tag, Stunde, Sekunde. Und da wird Tag für Tag ein guter Tag. (Yün-men spottet auch auf die Afterweisheit des chinesischen Kalenders, der astrologisch jedem Tag seinen genauen Ort im Spiel der kosmischen Kräfte anweist, als ob sich für jeden Tag genau berechnen ließe, ob er Glück bringt oder Unglück und wieviel von jedem. – Überwärtig gesehen, kann Unglück zur Erhellung werden. Glück ist oft ohne Dauer und leer.)

Tag um Tag ein guter Tag? Nicht nur Tag um Tag ein anderer oder neuer Tag: Ein guter Tag. Hol mich die Pest und der Teufel. Wie soll das einer auch nur halbwegs kapieren, der nicht wenigstens einmal in seinem Leben – und zwar möglichst langsam – den Großen Tod gestorben ist?

Den Weg gibt es nicht. Das Wasser sucht sich Tag um Tag, Sekunde für Sekunde, seinen Weg. Der gute Weg ergibt sich beim Gehen.

Leute, die nur ihr kleines Ich im Visier und den kleinen Tod im Auge haben, würden sagen: die letzten vierzehn Tage waren voller Streß, vorgestern ist alles Erwartete zusammengebrochen; hoffentlich kommt übermorgen das und das Geschäft zustande, dann wäre das die halbe Miete für den nächsten Monat und ich aus dem Schneider ... aber wenn auch das noch schief geht ... oder doch gut geht ...: Freut mich, hat jedoch mit Zen überhaupt nichts zu tun. – Mag ein Tag endlich Erleuchtung, meinen Tod oder den gesamten Weltuntergang bringen; der Satz »Tag um Tag ein guter Tag« ist und bleibt gültig.

Gesang:

> Dem ist nichts oben, unten, ringsum zu vergleichen.
> Feierlich schreitet des Meisters Fuß
> Im Rauschen des strömenden Wassers ... –
> Verschwinde böser Geist der leeren Tage ...

– begeistert sich Dichter Hsüä-dou für den Kernsatz von Yün-men.

Da kommt einer ausgerechnet durch einen Beinbruch zur großen Einsicht (der Meister hatte vor seinem Fuß das Klostertor brutal zugeschlagen), ein anderer bricht sich, um der Erleuchtung willen, beide Beine und bringt es in Richtung Buddhaschaft außer Schmerzen um keinen Schritt weiter.*

Auch Yün-men selbst, noch auf der Suche nach dem Weg, richtete eines unvermeidlichen Tages an Meister Hsüä-feng die Frage, welche Bewandtnis es mit Buddha habe. Der antwortete: SPRICH DOCH NICHT IM SCHLAF! Yün-men verneigte sich tief und blieb volle drei Jahre bei Hsüä-feng. Endlich, eines Tages, fragte ihn dieser: »Wie steht es denn jetzt um deinen Durchblick?« Yün-men erwiderte: ER WEICHT VON DEM DER HEILIGEN DER FRÜHEREN ZEITEN NICHT UM EINEN FADEN AB.

*

Meister Ling-schu, der bei seinen Mönchen heimlich »der heilige Alleswisser« hieß, wußte fast immer, was sich ereignet hatte, und sah präkognitiv alles Künftige voraus. Zwölf Jahre hindurch hatte er nicht daran gedacht, sich um einen Vorsitzer** zu bemühen. Darauf angesprochen, pflegte er zu sagen: »Mir ist ein Vorsitzer schon geboren.« Oder: »Mein Vorsitzer hütet gerade seinen Büffel« (übt sich in Meditation). Eines Tages ließ er in aller Frühe die große Glocke schlagen und versammelte die ganze Bruderschaft am Tor, um *den* Vorsitzer zu empfangen. Da niemand zu sehen war, warteten alle; verwundertes Gemurmel. Bis aus der Ferne ein Mönch daherkam: Yün-men. Ling-schu führte ihn wortlos in die Klause für den Klostervorsitz.

* Ein ebenso ungeduldiger wie übereifriger Novize hackte sich, um der Erleuchtung näher zu kommen, an jeder Hand zwei Finger ab. Nicht ohne Stolz auf sein Opfer erschien er beim Meister, um sich beraten zu lassen, wie er der Erleuchtung noch näher kommen könne. Der sagte: »Am schnellsten kommst du dahin, wenn du dir schleunigst den Kopf abhackst.«

** Der »Vorsitzer« leitet die Meditation, kümmert sich um alle organisatorischen Belange des Klosters.

Zur selben Zeit suchte König Liu höchst persönlich Ling-schu auf und bat den Meister, zu entscheiden, ob er bei einem beabsichtigten Kriegszug Glück oder Unglück haben werde. Ling-schu, der auch das vorausgesehen hatte, kam das gerade recht. Froh lächelnd setzte er sich im Za-Zen, dem Lotos-Sitz, in tiefe Versenkung – und ging in die Verwandlung über. Indigniert fragte der König, seit wann Ling-schu denn schon krank gewesen sei? Der Aufwärter antwortete: »Der Meister war noch nie krank; und ich soll dem König einen versiegelten Brief geben.« Darin stand: »Der, auf den der Menschen und der Götter Augen blicken, ist der wahre Vorsitzer in dieser Halle.« Der König überlegte, begriff, wie es gemeint war, sah von seinem Kriegsplan ab und machte den Vorsitzer Yün-men zum Abt des Klosters »Am Wunderbaum«.

Zum Antritt hielt Yün-men eine meisterliche Vorlesung über das Gesetz des Buddha, den Friede-Liebenden. Der General des Königs, der lieber den Kriegszug ausgeführt hätte, richtete an den Meister die Fangfrage: »Ist jetzt das Obst ›am Wunderbaum‹ wohl reif geworden, oder noch nicht so ganz?« Yün-men zog sich ungerührt diesen Pfeil aus dem Hinterkopf und schoß ihn auf den Gegner zurück: »In welchem Jahr haben Sie denn sagen hören, es sei unreif?«

Im Sommer lud König Liu neben anderen Äbten und Gelehrten auch Meister Yün-men in seine Burg. Alle disputierten über Gott und die Welt und über das Buddhagesetz. Nur Yün-men sagte kein Wort. An diese Audienz erinnert ein Wandgedicht:

Die Kunst des vielen Redens verfehlt, was wirklich ist,
Sie räumt das Feld vor Yün-mens Geist, der überhaupt
nicht spricht.
Nur Stille nährt in uns der großen Weisheit Licht.
Versenkung ist zum Schweigen gut, zum Disputieren nicht.

Später wählte Yün-men den *Wolkentorberg* zum Klostersitz. In seinen Unterweisungen war er schroff wie eine Steilküste, an der es fast unmöglich ist, ein Fahrzeug anzulegen.

Ein wißbegieriger Mönch diente Yün-men achtzehn Jahre lang als Aufwärter. Die ganze Anleitung, die der Meister ihm gab, bestand darin, daß er ihn von Zeit zu Zeit anherrschte: »Aufwärter Yüan!« Wenn der darauf »Jawohl« rief, sagte Yün-men nur: »Was soll das heißen?« So ging das Spiel der beiden achtzehn Jahre lang, bis Yüan eines Tages endlich begriff – und schwieg. Da sagte Yün-men lapidar: »Künftig rufe ich dich nicht mehr so« (im Chinesischen drei Silben). Yün-men bevorzugte, was er das »Zen der drei Worte« nannte. Viele Fragen parierte er mit dem dreifachen Zuruf: WAHRNEHMEN, BEDENKEN, DURCHBLICK! Nicht selten schienen ihm auch ganze drei Worte noch zu viel und er pflegte dann das ZEN DES EINEN WORTES. Als einer – Elitäres im Auge – ihn fragte: »Was ist die Vollendung echter Wahrheitsschau?«, antwortete Yün-men: LU! was OFFENKUNDIG bedeutet (d. h. allgemein erkennbar, obwohl und weil sie doch unergründliches Geheimnis ist). Yün-men hatte das Zeug und die Beißzange, den Leuten Flausen wie Nägel aus dem Kopf zu ziehen. Schon der Beginn: »Nach den letzten fünfzehn Tagen frage ich euch nicht. Zu den nächsten fünfzehn Tagen komme mir einer mit einem Satz und rede.« Diese Worte gehen durch Vergangenheit und Gegenwart glatt hindurch. Und als er an Stelle der Hörer selbst antwortete: *Tag um Tag ist ein guter Tag* – dann schneidet das jede Unterscheidung von zuvor und nachher an der Wurzel ab und geht souverän über heilig und gemein einfach hinweg, wie die ganz großen Patriarchen.

*

Vordergründige Menschen bleiben in ihren Glücksmomenten wie im Leid der Alltagssorgen ganz an ihrer Bewußtseinsoberfläche hängen. Darum bedachte Buddha nach Vollendung seines Wegs noch dreimal sieben Tage Folgendes. Der Aspekt der stillen Nichtigkeit der Daseinselemente läßt sich mit Worten nicht beschreiben. Wäre es nicht besser, alsbald ins Nirvana einzugehen und solche Wahrheiten gar nicht erst zu verkünden?

Buddha wandte dann aber erzieherische Notbehelfe zur Belehrung an (predigte erst fünf Mönchen, dann in dreihundertfünfzig Versammlungen) und öffnete das Tor einer Wahrheit zweiter Ordnung, »in Lumpen statt in kostbare Gewänder« gekleidet. Mit der totalen Wahrheit hätte ihn auf der ganzen Welt nicht ein einziger Mensch, ja nicht einmal ein halber Heiliger verstanden.

Unser Verstand neigt dazu, plausiblen Richtigkeiten nachzugehen, anstatt nach dem eigentlichen Grund, der Wahrheit, zu suchen. Hat man erst einmal den wahrhaftigen Ursprung erkannt*, so geht alles, was sich begibt, ganz nach seiner innersten Natur natürlich zu: wie der Wind einfällt, neigt sich das Gras; wo Wasser sich sammelt, gibt es ein Rinnsal.

Im Augenblick des großen Erwachens dichtete Hui-leng:

Jahrelang am Saum des WEGES,
Suchte ich nur fremdes Gut,
Sehe jetzt: ich war ein Brocken
Eis in Feuerglut.

* Bevor Spinoza zur »Erkenntnis der Einheit der Seele mit der ganzen Natur« gelangte, hatte die Erfahrung ihn gelehrt, »daß alles, was den gewöhnlichen Inhalt meines Lebens ausmacht, eitel und nichtig ist«. Aus seiner ETHIK, »Traktat über die Verbesserung der Vernunft« (Stuttgart 1982).

Wer dann von der transzendenten Offenen Weite auch den ernüchternden Rückweg aus jenen Gefilden absoluter Leere in den Alltag gefunden hat, dem tun sich alle Erscheinungen der bunten Außenwelt in einer Weise auf, daß in der Tat Tag um Tag ein guter Tag wird. Fernab von jedem aufgesetzten Optimismus ist diesem in jeder Sekunde präsenten Erhellungszustand wirklich »nichts oben, unten, ringsum zu vergleichen«. Kaum ist, durch Erkennen aller Nichtigkeit, der Gott der Leere, Schunyata, erschienen, hat es schon zu heißen: Tust uns leid, Geist der Leerheit, es ist an der Zeit, dich wieder wegzuschnalzen. Erst dann stimmt das in ganz Asien geflügelte Wort: Tag um Tag ist – aus letzter Einsicht in die All-Einheit – jeweils ein guter Tag.

Fa-yän antwortet Hui-tschau auf die Buddhafrage

Hinweis: DAS EINE WORT, das der Stimme vorausgeht, das können all die Tausend Erleuchteten dir nicht ins Ohr einsagen. Solange du es nicht selbst, in ganz persönlicher Audienz mit dir vernommen hast, trennen dich noch Welten von ihm. Erst da, wo man für sich allein und ohne Buddha sich selbst erhellt, da mag es einigermaßen angehen.

Aber auch das ist es vielleicht noch nicht. Wenn aber eines guten Tages auf einmal große Lichteshelle strahlt, so daß du sie bis auf die Spitze jedes Haares durchleuchten siehst, dann kannst du siebenfach geradeaus und achtfach in die Quere schreiten und frei mit allen Dingen verfahren, kannst nehmen, was die Hand erfaßt: und nichts ist, was ein Nein enthielte.

Gesang:

Im Land am Strom der Frühlingswind, er soll doch endlich weh'n,
Ein Rebhuhn lockt, tief im Versteck, wo Blütenbüsche steh'n.
Ein Fisch am dreigestuften Fall steigt hoch, fliegt auf, wird Drache.
Nur Toren kannst du nachts am Wehr noch Wasser schöpfen seh'n.

Wie aber steht es mit der Aufgabe, die der Dichter euch vorlegt?

Ein Mönch verbeugte sich vor Fa-yän mit folgenden Worten: Hui-tschau erlaubt sich, den Ehrwürdigen zu befragen: WAS IST ES MIT BUDDHA?

Fa-yän erwiderte:

Du bist Hui-tschau

Zwischenbemerkung: Ein Mönch tritt vor Fa-yän... Was erwartet er – trägt er doch sein Strafurteil bereits auf dem hölzernen Halskragen. Schon daß er mit einer Frage daherkommt, zeigt, daß es mit ihm nicht zum besten steht; denn wer mit sich im reinen ist, braucht nicht, auch nicht mehr nach dem Äußersten zu fragen. Was es mit Buddha auf sich habe? Schweiß auf seiner Stirn; ihm treten die Augäpfel aus den Höhlen. Fa-yän springt aus sich heraus: Du bist Hui-tschau! Das ist wie im Go-Spiel: Willst du einen Stein von *mir*, nehm' ich *dir* einen weg. Des Meisters Antwort zeugt von königlicher Freiheit, die Leben nehmen oder schenken kann, je nach Erfordernis. Wunderbar, wie Frage und Antwort ineinandergreifen. Die Frage ist in Ordnung, ohne Falsch; genauso die Antwort, ohne Arg. Wenn der Mönch auf dieses Wort des Meisters hin noch nicht in sich geht, in welcher Ewigkeit will er dann Erleuchtung finden?

*

Manche späteren Deutungen dieses wegweisenden Beispiels gehen bloß vom Wortlaut aus und erklären: Hui-tschau sei eben selber ein Buddha, das sei der Sinn der Antwort. Andere sagen, dieser Hui-tschau sei wie ein Bauer, der auf der Suche nach seinem Wasserbüffel eben auf diesem Büffel reite, so, als ob in der Frage des Kuttenmönchs schon der ganze Buddha stecke. Doch, was soll das mit der Sache des ZEN zu tun haben? Überliefert ist, daß der Zen-Mönch Hui-tschau mit hellem Licht im Herzen von Fa-yän wegging. Doch, wie konnte es geschehen, daß ein Wort des Meisters ihn so durchfuhr, als sei dem Faß der Boden ausgeschlagen?

Es war ähnlich wie im Fall des Klosteraufsehers, der von Fa-yän eines Tages beiläufig gefragt wurde. »Dsö, warum kommst du nie zu mir ins Zimmer?« Der Aufseher meinte darauf, er habe schon im Kloster *Zum grünen Gipfel* seinen Kopf hineingesteckt und auf die Buddha-Frage zur Antwort erhalten: »Die beiden Yang und Yin kommen daher und fragen nach Feuer.« Fa-yän sagte: »Ein gutes Wort. Hast du's verstanden?« Dsö meinte: »Nun, das Yang-Yin-Paar gehört zum Feuerelement; also suchen da welche Feuer, die es ja selbst in sich haben«. Fa-yän schüttelte nur den Kopf. Gekränkt darüber nahm Dsö seinen Abschied und ging fort. Fa-yän bemerkte nachher zu seinen Schülern: »Wenn dieser Mann je wiederkommt, kann er gerettet werden – sonst ist es aus mit ihm.«

Je weiter sich Dsö vom Kloster entfernte, um so mehr dachte er: So ein Meister von fünfhundert Mönchen wollte mich doch sicher nicht zum besten haben – und kehrte um. Wieder vor Fa-yän nahm Dsö all seinen Mut zusammen und stellte die große Frage nach Buddha. Fa-yän antwortete: DIE BEIDEN YANG UND YIN KOMMEN DAHER UND FRAGEN NACH FEUER – und im selben Augenblick ging dem Aufseher Dsö das große Licht auf.

In der Schule von Fa-yän pflegte man in einem solchen Glücksfall zu sagen: »Die Pfeile trafen mit den Spitzen aufeinander.« Jedoch nicht jeder Pfeil eines Meisters trifft ins Schwarze – und manchmal geht ein Pfeil daneben – oder einem anderen mitten ins Herz. – Eines Tages, als Fa-yän seinen Lehrstuhl eingenommen hatte, trat ein Mönch aus der Reihe vor und fragte: »Was ist es um einen Tropfen Wasser aus der berühmten Quelle Tsau?« Fa-yän skandierte: ES IST EIN TROPFEN WASSER AUS DER QUELLE TSAU! – Sichtlich enttäuscht über diese Tautologie ging der Mönch unwillig auf seinen Platz zurück. Ein anderer Mönch dagegen, der in der Versammlung saß und von ferne Fa-yäns Antwort hörte, sah mit einem Schlag in sich das große Licht aufgehen. Es war der spätere Meister Dö-schan. Er hatte Fa-yän ein Gedicht gewidmet:

Tung-hsüän – des Gipfels Höhe,
Die verträgt nicht jedermann. –
Herz ist alles, nichts bleibt draußen;
Auge Berge fassen kann.

Fa-yän setzte auf diesen Gesang sein Siegel, indem er sprach: Den *einen* Vers, nichts weiter braucht es, um unsere Schule weiterhin zu erhalten.

*

An der Kernfrage nach Sinn und Inhalt des Namens Buddha erläutert Meister Gundert den grundlegenden Unterschied zu den Erlösungsreligionen, vor allem zur Frage: Was ist es um Christus? Kurz gefaßt: ein Christ »glaubt« an Gott – ein Buddhist »glaubt« nicht an Buddha; er ist an sich »Atheist«. Das harte Gegenüberstehen von menschlichem Subjekt und göttlichem Objekt in den Erlösungsreligionen ist dem Buddhismus fremd. Das zeigt ein Wort an seine Jünger: »Ich bin *gewordener* Buddha, ihr seid *werdende* Buddhas.« Also: Nicht was Buddha *war*, es zu *werden* ist entscheidend: in einer Art Selbsterlösung – gegenüber der »Fremderlösung« durch Christus (bzw. Gottvater). Daß Leben im bloßen »Ich-Wahn« besonders leidbehaftet ist, darüber ist man sich allseits einig. Das Christentum »entschärft« das ICH durch Aufgehen in Gott* und Auferstehung im Jenseits. Der Buddhist, insbesondere im ZEN, erkennt alle Vorstellungen, Erscheinungen, an denen das Ich ängstlich anhaftet, als vergänglich, unsubstantiell, als Nichts. Durch Abbau, Auslöschen des Ich wird im Leben Nirvana erreichbar. Jeder

* Aus buddhistischer Sicht sind große Menschen wie der zu früh verstorbene Jesus, wie Mohammed oder Meister Eckehart »Buddhas« geworden. Eckehart erkennt: »Jeder, der alles Ich losläßt, trägt Gott in seiner Seele«, und scheinbar häretisch fährt er fort: »Ja, wird Gott selber«.

kann und soll ein Buddha werden durch Überschreiten des Leids in den vergangenen, zukünftigen und gegenwärtigen Welten: »Erhaben über dem Himmel und unter dem Himmel« in lächelnder Ruhe. Ein Zen-Meister ist seiner Buddha-Natur näher als ein Novize, ja, aber er ist ihm gleichwertig, kein Halbgott.*

In aller Schärfe darf ich ergänzen: Das Bi-Yän-Lu zeigt uns, daß auf dem meditativen Weg zur Buddhanatur nur der frei wird, der allen »objektiven« Göttern, selbst einem Allah, Buddha oder Christus – sofern er nicht in ihm selbst ist – radikal den Kopf abschlägt – in eigener Selbstsetzung und Nichtigkeit. So wird verständlich, warum Meister Da-hui, Nachfolger von Yüan-wu, fast alle vorhandenen Niederschriften des Bi-Yän-Lu dem Feuer übergab. Da-hui hatte in seiner ungezügelten Kampfeslust bemerkt, wie Schüler ganze Passagen aus der »Smaragdenen Felswand« aufsagten ohne selbst zu denken. (Daher der Spitzname für Rinzai-Mönche: »Anekdoten-Nachbeter«, während die Rinzai-Schule die »ständig auf dem Hintern sitzenden« Soto-Mönche als »Meditanten des schweigenden Leuchtens« ironisierte.)

Der abendländische Denkansatz, dem auch unser Leser wohl unbewußt unterliegt, ist aus ostasiatischer Sicht einseitig rational »Yang-betont«, immer Ich vom Nicht-Ich, Gott und Welt trennend. Das nach der Intuition entscheidende, nichtlineare Yin-Denken durchschaut die disjunktiven Manipulationen des kleinen, ängstlich absichernden »Welt-Ichs« als flüchtigen Schein, der im Zen erst einmal zusammenzuschlagen ist. Nicht absurd dabei ist, daß ein hoch aufgeblähtes Ich besonders leicht zu »schlachten«

* Ein Zen-Abt über Hunderte von Mönchen gibt sich als einfacher Mönch; so ist z. B. die »Rangordnung« bei Tisch durch das längere Verweilen im Kloster bestimmt, nicht irgendwie hierarchisch.

ist.* Auch Begrifflichkeit läßt sich erst dann gut verwerfen, wenn man lange die »Anstrengung des Begriffs« (Hegel) exerziert und durchlitten hat. Und für nicht wenige sehr gebildete Europäer wirklich haarsträubend ist die Vorstellung, daß ein wahrer Lehrer, gleich welcher Provenienz, den Schüler erst jahrelang anhält, die Bibel, Hindu-Texte, den Koran oder buddhistische Philosophien zu studieren, bevor es an der rechten Zeit ist, all die heiligen Texte profan an die Wand zu schmeißen.

Ein Zen-Meister wie ein Hindu-Guru sieht im »verkopften Ich« den Grundfeind. Hierarchischer Pomp, auch von Gottes Gnaden, ist einfach lächerlich, oder muß dringend, auch gegenüber dem Kaiser von China, entlarvt, ja sarkastisch zerschlagen werden. Der geschockte Leser möge sich, in Zen-Art umgesetzt, als Sakrileg vorstellen:** Angenommen der Papst im einfachen Pilgergewand in Indien zu Besuch, wo er die (nun wirklich als heilig zu bezeichnende) Mutter Teresa nach Zen-Art mit den Worten begrüßen würde (bitte Pardon): »He, da, du zahnlose alte Kuh, findest du noch immer nichts anderes zu beißen als die Ärmsten der Armen aufzufressen?« – Und (Zen-)Mutter Teresa

* Wie schlagartig einem anderen Menschen durch ein Meisterwort »das Licht aufgehen« kann, durfte ich Ende der sechziger Jahre in Kalifornien noch bei S. Susuki miterleben. Beim tagelangen Einüben »Stillhalten des Geistes im Za-Zen-Sitzen« war unter uns auch ein ungeheuer lustiger amerikanischer Entertainer, der mit seinen Einfällen alle spontan zum Lachen bringen konnte. Nach langem Sitzen unterbrach Susuki das »Seshin« durch ein rituelles Frage- und Antwortspiel. Als der Roshi, nach uns erschienen, sich endlich bequem hingesetzt hatte und alle den Meister erwartungsvoll anschauten, fragte der Entertainer unter allgemeinem Gelächter: »Susuki, hast du eine Frage an mich?« – »Ja«, sagte der ganz einfach: »Warum bist du so unendlich traurig?« Der Mann war in der Tat wie vom hellen Blitz ins Herz getroffen.

** Verständlich, daß nicht wenige orthodoxe Richtungen des Buddhismus Zen als unbotmäßig oder als überhaupt nicht mehr buddhistisch empfinden.

würde mit einem unbotmäßigen Kniefall zurückschießen: »Halt besser deine Nüstern zu, du alter polnischer Ochse, sonst müßten wir dir einen Eisenring durch dein großes Maul ziehen«, und zu den Betschwestern gewandt, würde sie beiläufig erklären: »Das ist, in Sachen Jesus, unser Generalvertreter; vor lauter Herumreisen begegnet er bald nur noch sich selbst.« (All das als versteckte Ehrerbietung im Zen, fernab von Majestätsbeleidigung!) Kaum zu begreifen, daß solch ein Dialog »liebevoll« sein soll – ganz anders zu verstehen und zu deuten, als wenn beispielsweise Schopenhauer den ihm verhaßten Hegel als »Afterphilosophen« beschimpft. – Durchaus ehrwürdig ist selbst die Antwort eines Zen-Meisters auf die Buddha-Frage eines zu sehr »anhimmelnden« Schülers: »Dein Buddha ist ein Arschwischer!«

*

Im Traktat des Mönches Dsau (384–414) heißt es von jedem Menschen: Er hat dieselbe Wurzel wie Himmel und Erde, er ist mit allen Dingen EINS.

Bevor Fa-yän Meister wurde, hieß er als Mönch Wen-i. Sein Meister Di-tsang fragte ihn: »Bist du nun mit Bergen, Flüssen und der großen Erde ein und dasselbe oder etwas anderes?« »Anders«, erwiderte Wen-i. Ohne ein Wort zu sagen, hielt ihm Di-tsang zwei Finger seiner Hand ausgestreckt entgegen. Wen-i verbesserte sich schnell und sagte: »Dasselbe«. Wieder streckte Di-tsang ihm die zwei Finger entgegen, ging wortlos davon und ließ den verwirrten Schüler in langem Schweigen sitzen.

Später Vorsitzer geworden, wollte Wen-i doch noch weiterwandern. Di-tsang fragte: »In welche Richtung willst du gehen?« Wen-i sagte, er habe kein bestimmtes Ziel: »Ich weiß nicht«. – »Ich weiß nicht«, wiederholte Di-tsang nachdenklich und bestätigte dann: »ICH WEISS NICHT, diese Antwort trifft es am genauesten.« Bei diesen Worten brach in Wen-i (Fa-yän) auf einmal das auf, woran er bisher nicht im Traum zu denken gewagt hatte. Dennoch blieb in ihm statt »Herz ist alles, nichts ist draußen« ein Stück »Stein in seinem Herzen«, und Wen-i quälte sich Jahre mit den buddhistisch-philosophischen Problemen ab, vor allem mit der »allseitig-gegenseitigen Durchdringung und Erhellung«. Aber sooft er dem Meister seine Gedanken darlegte, lachte Di-tsang nur und gab ihm zu verstehen, daß er vom Buddhatum noch kaum Ahnung hätte. Eines Tages warf sich Wen-i stöhnend vor dem Meister auf die Knie; er sei am Ende und finde keine Worte mehr. Di-tsang in strenger Würde sprach: »Rede ganz einfach nur vom ECHTEN BUDDHATUM, dann ergibt sich alles von selbst.« Wen-i war es, als zerrissen diese Worte ihm das Trommelfell. Schweiß trat ihm aus allen Poren. Dem Wasserbottich war der Boden ausgeschlagen, das Wasser ausgelaufen; kein Mond mehr konnte sich darin spiegeln. Endlich, in seinem sechsten Jahrzehnt, fand er sich mit einem Schlage in der leeren, OFFENEN WEITE. Di-tsang übertrug ihm das Meister-Siegel. Fa-yän war geboren: Ein Fisch am dreigestuften Fall stieg hoch, flog auf, ward Drache …

Die vier Tore von Dschau-dschou

Hinweis: Ein indischer Brahmane (also Nicht-Buddhist) trat mit einem Sperling in der Hand zu dem vortragenden Erhabenen und fragte ihn: Sage mir doch, ist der Spatz hier in meiner Hand lebendig oder tot? Buddha durchschaute die Falle: Sagt er »tot«, wird er den Sperling fliegen lassen, und auf »lebendig« drückt er ihn zu Tode.

Zur Antwort setzte sich der Erhabene rittlings auf den Balken, der die Schwelle des Tores bildete, und fragte zurück: Gehe ich jetzt hinaus oder hinein? Der Brahmane hatte begriffen, daß es da nichts zu erwidern gab, und schließlich kniete er vor dem Erhabenen nieder und wurde sein Schüler.

Sagt mir einmal, was werdet ihr Mönche tun, wenn ihr in solch eine verzwickte Lage kommt? Ohne ein diamantenes Auge, das jeden Hinterhalt durchdringt, und ohne Freiheit zu jeder Wendung ist hier gar nichts zu machen, soviel ist sonnenklar.

Seht her! Und versucht euch an folgendem Beispiel:

Ein Mönch (im Hinterkopf die nahe Stadt Dschau-dschou) fragte den gleichnamigen Meister, indem er ganz bewußt die Anrede »Ehrwürdiger« wegließ: WAS IST ES MIT DSCHAU-DSCHOU?

Spontan sagte Dschau-dschou:

Tore im Osten, Westen, Süden, Norden!

Die Fangfrage des hintersinnigen Mönches ist wie scharfe Dornen tief im Schlamm des Reisfelds. Und nur allzuleicht stecken heutige ZEN-Alleswisser die heißen Köpfe zusammen, disputieren und schwadronieren mit schlinggewächsigen Mäulern drauflos und erklären, wie »geistreich« der Mönch und Dschau-dschou seien. Wie vordergründig! Anstatt zu begreifen, daß hier der große Meister des »Höchsten Weges, gar nicht schwer, nur fern von Angst und Wankelmut«* unbedingt und sofort Wort und Rede ganz an der Wurzel abschneidet. Erinnert euch an den großen Patriarchen aus dem Westen: er gibt einfach das Siegel des Geistes weiter. Darum sagt Yün-men: Wenn das, worauf es ankommt, dieses EINE, auf Worten stünde, wozu hätte dann Bodhidharma aus dem Abendland herkommen müssen? Er weist mit ausgestrecktem Finger auf das Herz im Menschen, damit er im Anblick seiner innersten Natur zum Buddha werde. – Worte sind nur ein Notbehelf in Rücksicht auf Novizen.

Des Mönches Falle durchschaut Dschau-dschou blitzartig und er hätte sich, ebenso scheinheilig, auf die Stadt beziehen können, zum Beispiel mit der Antwort: »Wenn es nicht im Süden des gelben Stromes liegt, dann muß es nördlich davon sein.« Auch etwa so hätte der Meister seinen Kopf aus der Schlinge ziehen können, und Yüan-wu meint, so ein Satz wäre nicht schlecht pariert. Doch Durchblick und Parieren ist *eine* meisterliche Sache – ein großer Lehrer aber geht weit über das hinaus: Dschau-dschou versteht und verzeiht alles Aufmüpfige der zweideutigen Frage und gibt als wahrer Meister dem Mönch die Chance, DAS TOR zu durchschreiten: was immer mit Dschau-dschou gemeint sei: es bieten sich offene Tore nach allen Himmelsrichtungen.

Leider war der unbußfertige Mönch nicht so weit wie der indische Brahmane: es fehlt ihm an Mut und Größe zur Kapitulation. Statt in ehrenvoller Unterwerfung die ausgestreckte Hand des Meisters anzunehmen, bringt sich der blinde Mönch um Kopf und Kragen, indem er nachmaulte: »Nach diesem Dschau-dschou frage ich nicht.« Dem längst

* s. S. 32.

am Boden Zerstörten gibt Dschau-dschou dann den milden Gnadenstoß mit dem Satz: »Nach welchem Dschau-dschou fragst du denn?«

Meister Fa-yüan kommentiert dazu: Wenn am letzten Ende solcher Unterweisungen ein kurzes Wort des Meisters fällt, dann erst gerät der Mönch in die allerstärkste Sperre, ausweglos ... Erst muß der Riegel an dieser Sperre aufgebrochen sein, dann mußt du dich durch das Dickicht von eigenen Dornen durchgeschlagen haben, bevor du rein dastehst, splitternackt und frisch, vom kalten Wasser besprengt. Erst dann, aller Dinge ledig, gilt: »In zehn Tagen einmal Wind –, in fünf Tagen einmal Regen –, Ruhe haben wir im Land –, Freude macht das Werk der Hand –, trommelt auf den Bauch und singt.«

Wie schade, daß der Mönch sich etwa so verhält, wie wenn einer einen Edelstein (das alles umgreifende Meisterwort) mit einem Fischauge vergleichen wollte. Dschau-dschou läßt den Ärmsten mit leerem Bauch auf seinem angeschlagenen Hochmut einfach sitzen, damit er sich, am allerletzten Tag im Jahr, mit beiden Händen die Haare raufen und wechselweise auf die Brust schlagen kann. Es war aber auch ein unverschämtes Bubenstück, einem so großen Tiger einfach über den Bart streichen zu wollen.

Was aber sagt ihr Mönche mir vom Sinn des Ganzen? Erklärt einer, die Stadt sei gemeint, versteht er nicht; erklärt einer, die Person sei gemeint, versteht er wieder nicht. Denn es ist BEIDES in offener (Tor-)WEITE erfaßt, und an diesem winzigen Springpunkt hängt die ganze ZEN-Einsicht in das Wesen von Geist und Welt.

Das Wesentliche bleibt in Worten unsichtbar: ZEN ohne Worte, doch auch ohne Schweigen. Ein Gleichnis sagt:

> Solange wir nichts verstehen, sind
> die Berge Berge, das Wasser eben Wasser.
> Wenn wir anfangen zu verstehen, sind die

Berge nicht mehr Berge, Wasser nicht Wasser.
Sobald wir verstanden haben, sind die Berge
wieder Berge, das Wasser ist wieder Wasser.*

*

Eines Tages, als Dschau-dschou gerade seinen Lehrstuhl eingenommen hatte, meldete der Aufwärter aufgeregt: »Der Große König ist gekommen.« Dschau-dschou reckte bestürzt seinen Hals nach rechts und links und rief: »Heil dem Großen König vieltausendfach!« Der angerufene Aufwärter sagte sichtlich betroffen: »Er ist angekommen, Ehrwürdiger, aber er ist noch nicht hier.« Da lachte Dschau-dschou schallend und meinte zum Aufwärter: »Jetzt sagst du schon wieder: Er ist gekommen!« – Ist das alles nicht verrückt? Wenn ihr eines Tages auch das versteht, das wäre schon was: Dschau-dschou sucht den Menschen auch im innersten Gestrüpp und achtet nicht darauf, ob er sich dabei selbst mit Schlamm beschmutzt:

Springt eine Falle dem Meister ins Gesicht,
blickt sein Shakra-Auge makellos und licht.
Osten, Westen, Süden, Norden – Tore über Tore,
blinden Hammerschlägen aber öffnen sie sich nicht.

* Das erinnert in christlicher Mystik an die Verse des Angelus Silesius: »Die Ros' ist ohn' warum; sie blühet weil sie blühet, sie acht nicht ihrer selbst, fragt nicht, ob man sie siehet.« Erläutert bei Heidegger: »Satz vom Grund«, Pfullingen 1957, S. 77f.

Mu-dschous »Hohlkopfräuber«

Verlangt einer kategorisch: Deine Rede sei: Ja, so ist es, oder: Nein, so ist es nicht, hört sich das (tertium non datur) gut an; macht man aber aus richtig-falsch, gut-böse ein Rede-Duell, bleibt jeder auf seinem eingeschworenen Standpunkt in der Luft hängen, unbeweglich, sich um sich selbst rechthaberisch drehend. Wer sich allerdings in der Himmelsrichtung nach Überwärts auskennt, kann jeden, auch Lehrmeister und Heilige, dazu bringen, daß sie auf seine – Drittes einschließende – Rede den Atem einziehen und ihre Stimme verschlucken. Und wenn so einer sich irgendwann einmal nach Niederwärts bewegt, dann strahlen ihm selbst Würmer und Fliegenschwärme wie alles, was sich an Beseeltem auf Erden krümmt und windet, ein großes Leuchten aus.

Was aber, wenn einer weder auf- noch abwärts steigen will, wie wägt man das dann gegeneinander ab? Seht her, dazu ein Beispiel:

MU-DSCHOU fragte einen Mönch: »Von welchem Ort kommst du her?« Zur Antwort schrie der gewitzte Mönch aus Leibeskräften: »Ho'!« Mu-dschou konstatierte: NUN HABE ICH ALTER MÖNCH EIN GELLENDES HO' VON DIR ALS ANTWORT BEKOMMEN ...

In die erwartungsvolle Stille schrie der Mönch abermals: »Ho'!« Mu-dschou konterte darauf: EIN DRITTES HO'!, EIN VIERTES HO'! – UND WAS DANN ...? Der Mönch brachte kein Wort mehr heraus. Da versetzte Mu-dschou ihm einen Schlag mit dem Flachholz ins Kreuz und schimpfte ihn: DU HOHLKOPFRÄUBER!

Der Mönch wittert sofort die Tigerfalle, die sich hinter der scheinbar harmlosen Frage nach seiner »Herkunft« verbirgt. Und der Panther im Mönch faucht Ho'! – Bravo, offenbar ein heller Bursche. Doch allein davon läßt sich ein alter Tiger noch keineswegs aus der Ruhe bringen, und seine trockene Feststellung: »Nun habe ich alter Mönch ein Ho' von dir zu hören bekommen«, gleicht einem Brombeerdornendickicht, in das die Hand nicht greifen und der Fuß nicht treten kann, es sei denn, ein richtiger Drache durchteilte diesen Dschungel. Statt dessen zeigt das zweite Verlegenheits-Ho' zwar vorne einen Drachenkopf, doch hinten nur ein Schlangenschwänzchen. Da hakt Mu-dschou nach: ein drittes Ho', ein viertes und was dann? Wohin kann der Mönch sich da noch verkriechen? Nirgendwo! Sein Rest ist Schweigen.

Auf diesen Punkt anspielend unterwies Mu-dschou seine Mönchsgemeinde mit den Worten: »Wenn ihr die Stelle, an der es in euren Schädel hineingeht, noch nicht genau gefunden habt, dann müßt ihr diesen Punkt, an dem es euch eingeht, eben rauskriegen. Und wenn ihr diesen springenden Punkt, an dem es in euren Kopf eingeht, endlich gefunden habt, dann könnt ihr es auch ruhig bleiben lassen, mir altem Mönch dauernd zu widerreden.«

Das erste Ho'! war in Ordnung, das zweite ging in die Hose. Nach einer derart kläglichen Attacke müßte selbst ein Stier damit rechnen, »daß ich alter Chinese daherkomme, ihn in die Nüstern fasse und am Leitseil festmache – um ihm dann ›auf Grund seines eigenen Geständnisses‹ sein gehöriges Urteil auszustellen«.

Zum Gesang:

> Gewaltig donnert ein zweites Ho'!
> Und doch fällt kein Tropfen Regen...

Nur ein winziger Schritt trennt den erhabenen Ruf vom lächerlichen Nachgeplärre. Darum sagt Lin-dji (japanisch Rin-zai): Manches Ho' klingt und wirkt richtig wie ein Ho'! Manch anderes Ho' klingt und wirkt überhaupt nicht wie ein Ho'; das hört sich dann an wie das Maunzen eines kauernden Löwen, während ein Ho', das stimmt, dem edlen Schwert des Königs mit dem diamantenen Donnerkeil gleicht ... Wer sich das anmaßt, ist ein Hohlkopfdieb. – Ein anderer Hohlkopf meint in seinem Kommentar zu diesem Beispiel: Wieso macht sich der Mönch aus dem dritten oder vierten Ho' ein Problem; er hätte immer weiter Ho' rufen sollen und irgendwann einfach fortgehen ... Sollte da vielleicht zwanzig- oder dreißigmal Ho' gebrüllt werden, bis ein Buddha der künftigen Welt extra vom Himmel auf die Erde kommt? Das bedeutet nichts anderes, als von dem Mönch zu verlangen, er hätte dem Tiger einfach auf den Kopf steigen sollen, wie total blind.

»Was wollt ihr Kuttenmönche denn damit, blindlings immer nur Ho' zu schreien«, fragt Meister Hsing-hua und wettert: »Mögt ihr mich mit eurem Ho' bis zu den dreiunddreißig Himmelsgöttern hinaufjagen, daß ich, abgestürzt, keinen Hauch mehr von mir gebe; ihr könnt euch darauf verlassen, daß ich mich erhebe und euch zurufe: ›Es ist noch nichts mit euch.‹«

Besonders im echten und falschen Ho' zeigt es sich, daß es Wahrheiten verschiedener Ordnung gibt: wie schnell sich eine Wahrheit erster Ordnung ins Banale wendet. Wer das GESETZ erkannt hat, fürchtet die Sekunde der Wahrheit wie die der Wende. Hsin, Meister der Schule vom Gelben Drachen, sprach: Wenn es zum Äußersten kommt, wendet sich das Blatt; hat es sich gewendet, so ist der alte Weg versperrt, ein neuer Durchgang frei.

Ein wahrer Meister brüllt hier kein zweites Ho'. An solchen Winzigkeiten einer Sekunde (an diesem exakten Gefühl für die Wendepunkte des Lebens) liegt es, daß unsere Patriarchen imstande waren, jedem Irrtum auf der Stelle die Zunge abzuschneiden – oder dem Verirrten im großen Mitgefühl die Richtung des WEGES zu weisen. Darin beruht der Herzschlag des Buddhismus, das ist DAS (Eine Große) oder auch die winzige Kleinigkeit, um die es den Zen-Meistern geht.

Wer die Buddhaschaft erstrebt, kann sich dem Gegensatz der beiden Pole Ja und Nein, Nein und Ja zum Leben nicht entziehen ... Ist er vom Nein zum Ego, zu dieser nichtigen Welt erfüllt und intendiert mit aller Macht den WEG empor ins Reine, Leere, droht er sich im Nichts zu verlieren. Der abstrakten Verneinung abgewandt, kann ein wahrer Meister zu anderer Stunde genauso vom Ja zu allem, zur ganzen bunten Welt mitsamt einem Stück Ego erfüllt sein – denn kein Pol kann auf Dauer ohne den anderen bestehen, entweder sind sie zu zweien oder sie heben sich beide auf. Und wenn der Weise zur rechten Stunde Ja sagt, zu sich und zur ihn umgebenden Bilderwelt, begegnet er dem Buddha überall, im geringsten Lebewesen, im kleinsten Wassertropfen ...

Wahre Meisterschaft erkennt in der Sekunde, ob es um Ja ODER Nein, Ja UND Nein, oder um: weder Nein noch Ja, weder auf- noch abwärts geht ... ZEN, Versenkung, hat kein anderes Ziel, als DAS zu erreichen. Hier liegt das Feld der Übung und Meditation, auf dem es Meister, Könner, Kenner, Eingeweihte gibt und jene, die noch in den Anfangsgründen stehen: das alles ohne jeden »Stufenplan«!

Ein Könner war der Mönch im Durchschauen der Frage: wo kommst du her, als einer Erforschung: Wes Geistes Kind bist du. Dem Meister ebenbürtig ist das erste Ho'. Die Schwäche des zweiten Ho' raubt dem Mönch die innere Wahrheit; im schweigenden Unterwerfen nach seiner anfängerhaften Niederlage zeigt er sich als ziemlich weit im ZEN Fortgeschrittener: Er erkennt, keine Chance mehr zu haben, nutzt die Sekunde: er findet noch im letzten Augenblick den Mut zur Wendung, nimmt die Kraft des Meisters hin – und in sich und seine Geistigkeit auf.

Mu-dschou versetzt dem Mönch den üblichen, hierher gehörenden Schlag und sagt: »Du Hohlkopfräuber!«. Das hört sich an wie rauhe Schelte, als ob der Mönch ein Strauchdieb wäre, der den Meistern ihren geheiligten Kraftruf stiehlt, selber nichts als Luft in seinem hohlen Schädel. Der Mönch wird sich nicht weigern, die darin liegende Zurechtweisung anzunehmen. Wörtlich besehen heißt aber Hohlkopfdieb auch, daß einer einem anderen seinen Hohlkopf raubt. Und was will denn das Zen, genau besehen, anderes, als den Menschen alle Vorstellungen, Gefühle und Gedanken erst einmal wegnehmen, ihnen den Kopf ausräumen, bis er leer und hohl ist? So betrachtet sind die »hohlsten Köpfe« nirgends besser anzutreffen als bei den großen Meistern. Und für den Schüler gibt es nichts Wichtigeres, als sich das, was der Meister an Lehre und Leere hat, selbst anzueignen. Nach einem meisterhaften Schachzug hatte sich der Mönch im Überschwang verrannt, hatte das erkannt und sich in der Sekunde vom Blinden zum Sehenden gewandelt (indem er auf ein drittes Ho' bewußt verzichtet). Das verdient beim Meister Anerkennung. Mu-dschou gewährt sie, so merkwürdig das klingen mag, mit dem Schlagholz und der Schelte dazu.

Heute noch wird in japanischer Zen-Kloster-Meditation das Umgehen mit dem Schlagstock praktiziert: Wird ein in Versenkung Sitzender beispielsweise unaufmerksam, bleibt der umhergehende Schlagholzmann vor ihm stehen und verneigt sich; der Meditierende neigt seine Schulter, empfängt den flachen Schlag und bedankt sich gleichfalls durch eine Verneigung.*

*

* Bei einem meditativen Ozesshin in Japan landete zu meinem Entsetzen eine große Schnake auf meiner Nase: Hände bleiben im Hara!

Buddha, von einem Jünger befragt, ob man die Menschen nicht in bestimmte Kategorien einteilen könne, lehnte dieses Ansinnen zunächst als zu grob ab. Als der Fragende weiter bat und insistierte, alle Menschen irgendwie zu unterscheiden, antwortete Buddha: »Wenn überhaupt, dann erstens in solche Hohlköpfe, die andere Menschen quälen; zweitens in jene Hohlköpfe, die sich selbst quälen; drittens in Hohlköpfe jener Kategorie, die sich selbst und auch andere quälen; viertens Gibt es da die wenigen Menschen, die weder sich noch andere quälen.«

Nase wartet auf den bohrenden Stich: Da erlöste mich das knapp an der Nase vorübersausende Schlagholz. Verneigung – freundlich –, beiderseitiges Grinsen. Der »Schläger« mit seinem »Keisaku« ging weiter um.

Zenmeister Huang-Bo

Abt Huang-bo, »Mutterperle auf der Stirn, von Wuchse sieben Fuß«, konstatierte bei der Unterweisung seiner Mönche: »Wißt ihr satten Kuttenbrüder überhaupt, daß im ganzen großen Tang-Reich kein einziger Zen-Meister aufzufinden ist?«

Da trat ein Mönch, der nicht um sein Leben bangte, vor den alten Tiger und fühlte ihm mit der Frage auf den Zahn: »Warum existieren dann überall im Reich Bruderschaften und Klöster?« Ein wahrhafter Geistesblitz. – Der alte Chinese wußte das auch und erklärte:

Ich sage nicht, es gäbe kein Zen.
Nur: Es gibt keinen Meister!

Yüan-wu schrieb um 1115 hier an den Rand seines »Bi-Yän-Lu«: »Mit einem Schluck aus dem Glas reinen Zen-Wassers verschlingt er sie alle, mitsamt seiner eigenen Meisterschaft. Auf einen gut gelandeten Mönchshieb hin schlägt der große Huang-bo lachend mit einem einzigen, vernichtenden Schwertstreich allen Mönchen und auch sich selbst den Kopf ab.«

Eine wahre Begebenheit erweist im nachhinein, wie sehr Huang-bo mit dem radikalen Ausspruch *es gibt keinen Meister* in der Hauptsache an sich selbst dachte und nichts anderes im Zen-Sinn hatte, als seine Mönche wahrhaft frei zu machen.

Eines Jahres stattete Gouverneur Pe dem großen Buddha-Tempel »Zum Drachenaufstieg« einen Besuch ab. In einem Raum sah er das Bildnis eines Meisters, das ihn faszinierte. »Wer ist das?« – »Ein angesehener Mönch«, war die Antwort. Niemand konnte genauer Bescheid über das Rollbild geben. Beim Nachforschen brachte man schließlich einen Alten herbei, der die Aufgabe hatte, das Kloster und den Garten täglich zu kehren; man sagte, der sehe ganz wie der Zen-Mann auf dem Bild aus. Der Gouverneur wandte sich an den Alten mit einem Blick auf das Wandbild: »Diesen Meister muß ich selbst sehen. Wo finde ich ihn?« Da sprach der Alte mit einer Stimme, die den hohen Herrn im Tiefsten traf: »Gouverneur Pe! Wo wird dieser Meister wohl sein?« Da erkannte Pe in dem Klosterfeger den Meister Huang-bo wieder, der sich hier in aller Stille verborgen und von Abtbürden erholt hatte – und verneigte sich lächelnd vor ihm.

Ba-lings silberne Schale

Deva, der spätere fünfzehnte Patriarch, hatte zunächst zu den »draußenstehenden« Nichtbuddhisten gezählt, hatte dann aber den vierzehnten Patriarchen, den großen Nagarjuna, aufgesucht und nach seinem Eintreten ohne Worte eine Nadel in dessen Wasserbecken versenkt. Nagarjuna gewann dadurch die Gewißheit, es mit einem echten »Gefäß« zu tun zu haben, und weihte ihn in den Sinn des Buddhageistes ein.

Nagarjuna begründete mit indischem Scharfsinn die Philosophie der Mittleren Lehre (Madhyama). Als junger Mann hatte er die Wahrheit von Buddhas Lehre, daß Lust Leiden bewirkt, dadurch am eigenen Leibe erfahren, daß er mit drei Freunden in den königlichen Harem eingebrochen war; während die drei anderen hingerichtet wurden, entkam er mit knapper Not dem Tode, wurde Mönch und erkannte die Bedeutung des Großen Fahrzeugs. Seine Philosophie der Mitte macht zunächst (wie im Kleinen Fahrzeug) die Vollkommenheit der Erkenntnis davon abhängig, daß ein Buddha im sittlichen Wandel zwischen Askese und Sinnengenuß die Mitte hält, und von da aus in der grundsätzlich mitfühlenden Einstellung zu allen Menschen und Wesen in der ganzen Welt lebt.

Sein Nachfolger, Patriarch Deva, führte seine Lehre vom »Ich-Wahn« und der wesenlosen Leere aller Erscheinungen im Sinne des *Mittleren Weges* fort, der es für falsch hält: sich auf sich selbst etwas einzubilden, und ebenso: sich selber zu verachten; ferner ist beides falsch: an der Welt anzuhaften und sie zu hassen. – Dogmatische Studien der Deva-Schule begründeten eine systematische Theologie buddhistischer »Scholastik«, die der Großmeister Ma wie folgt kommentierte: »Wenn irgendeiner nach Worten oder Argumenten sucht, er wird sie bei der Deva-Schule finden«. Diese verstehende Ironie wird erst durch eine Stelle in der Lankavatara-Sutra ins rechte Licht gerückt, in der geschrieben steht: Des Buddhawortes Geist ist Quintessenz unseres Erbguts, und gerade, daß in dieses kein Lehrsystem als Tor hineinführt, eben das ist unser »Leersystem«* und Eingangstor.

Wenn auf den Blütenrispen des Uferschilfs im Winter Schnee liegt, ist auch ein stattlicher Schimmel darin kaum auszumachen. Der Seele Tiefe zu erschauen, hat auch ein Buddha-Auge Mühe.

Schaut euch das Beispiel an. Wir legen vor:

Ein Mönch fragte BA-LING: »Was ist von der Deva-Schule zu halten?«

Ba-ling erwiderte:

Auf silberne Schale häuft sie Schnee

Ihr Zen-Beflissenen! Auf solch einen Ausspruch, der jedem die Kehle zudrückt, könnt ihr wohl gar nichts mehr vorbringen? Und wie steht es denn damit? Ihr wißt doch: Sagt ihr, Worte und Argumente seien vonnöten, so ist es falsch. Sagt ihr, Worte oder Argumente könne man weglassen, ist es auch falsch. Haltet euch an den Sinn und laßt euch nicht von Argumenten einfangen. – Ja, um die Tendenz, sich an Worte anzuklammern, mit der Wurzel auszurotten, widerruft der Buddha sozusagen all das, was er in seinem Leben geredet hat, indem er sagt: VON DER NACHT DER ERLEUCHTUNG AN BIS ZU DER DES EINTRITTS INS NIRVANA HABE ICH NICHT EIN EINZIGES WORT VERKÜNDET.

*

* Vgl. Achim Seidl u. Klaus Holitzka: Die Leere des Zen, München 1992.

Von Jugend an war Ba-ling ein sehr eigenständiger Geist. Seine Begegnung mit Yün-men war zwar für sein Leben und Wirken entscheidend, doch hat er sich selbst bei diesem Meister nie längere Zeit aufgehalten. Als selbsternannter Zen-Meister hatte er sich nicht einmal ein Siegel oder Beglaubigungsschreiben ausstellen lassen, sondern übersandte Yün-men lediglich drei seiner Kernsätze. Der erste betraf seine Antwort auf die Frage: Was ist es um den Weg? Antwort: Ein Mensch mit hellen Augen fällt in den Brunnenschacht. Die zweite Antwort galt der Frage: Wie scharf ist ein Schwert, das ein ihm entgegengeblasenes Haar durchtrennt? Seine Antwort: Alle Verästelungen der Korallen leuchten dem Mond entgegen. Der dritte Kernsatz war die Antwort auf die Frage nach der Deva-Schule: Auf silberne Schale häuft sie Schnee.

Yün-men (der natürlich auch die meisterhafte Führung des Tuschepinsels würdigte) sagte dazu: Zu meiner Totenfeier wünsche ich mir, daß jemand diese Koans vorträgt. –

Die Welt des entstandenen Seins
Ist mit dem seligen Nirvana eins;
Weil nichts jemals entsteht oder vergeht,
Spurlos verschwindet oder immer besteht.

Bekanntlich hat Buddha metaphysische Spekulationen über Sein, Nichtsein der Welt, über die Fortdauer persönlichen Lebens, über Gott und Jenseits beharrlich abgelehnt.* Statt

* Vgl. den entfernten Anklang zu den Kantischen Antinomien der reinen Vernunft, die jeglichen Beweis Gottes verunmöglichen. H. Heine: Kant »hat den Himmel gestürmt, er hat die ganze Besatzung über die Klinge springen lassen, der Oberherr der Welt schwimmt unbewiesen in seinem Blute«, und dem Diener Lampe rinnen dabei Angstschweiß und Tränen vom Gesichte; da erbarmt sich Kant und spricht: »Der alte Lampe muß einen Gott haben, sonst kann der arme Mensch nicht glücklich sein«, in praktischer Vernunft (s. O. Marquard: Skeptische Methode in Blick auf Kant, Freiburg i. Br./München 1982).

einer Theologie erging als einzig Übrigbleibendes an alle die Einladung, ohne Grauen in das völlig Unfaßbare: in die LEERE einzutreten und dann sich auch noch vom absolut Leeren zu lösen, um in Offener Weite frei zu sein.

Wer so sich selbst als leer begreift und leer auch von der Leere wird, der hat die Buddhaschaft erreicht – die dem Sonnengesicht und dem Vollmond gleicht: OFFENE WEITE, LEER UND HELL.

Der Leib, in voller Mondsgestalt erschienen,
Zeigt aller Bodhisattvas Wesen offen vor.
So merkt euch: Lehre ist im Innern Leere,
Ist NICHTS im Auge, NICHTS im Ohr.

*

Schwer wie ein Senkblei ist die Frage: Gibt es eine Möglichkeit, das Sagen dem Unsagbaren derart anzugleichen, daß in ihm das Unsagbare hörbar, verstehbar wird?

Meister Tai-sui nahm oft den gemalten oder angedeuteten Kreis als Symbol des einen Ganzen. Einmal war da ein Mönch, der sich von Tai-sui verabschieden wollte. Auf die Frage des Meisters, wohin er jetzt gehe, erwiderte der Mönch: »Ich will zum Heiligtum des Weisen Bodhisattva pilgern.« Tai-sui hob seinen Jakschweif und sagte feierlich: »Hier drin sind alle Weisen versammelt«. Statt einer Antwort zeichnete der Mönch einen Kreis in die Luft, gestikulierte so, als nehme er ihn auf die Hände, um ihn Ta-sui zu geben, riß ihn dann mit einer weiteren Geste dem Meister wieder aus der Hand und warf ihn hinter sich. (Mit dem angedeuteten Kreis wollte der Mönch anzeigen, daß Tai-sui ihn in seinen Kreis zu ziehen versuche. – Bis dahin ist es, als wenn ein angepirschter Löwe plötzlich kehrt macht und sich nach dir umdreht; doch dann langt der Mönch zu tief in die »Zeichentrick-Kiste«, um seine Fortgeschrittenheit und Freiheit zu dokumentieren.)

Tai-sui rief den Aufwärter: »Bringe eine Tasse Tee und setze sie diesem Mönch vor!« – Fürwahr, ein Bescheid von besonderer Feinheit. Wie Ba-lings silberne Schale: Beide weisen auch nicht die geringste Spitze auf, nehmen Freund und Feind rundum von allen Seiten an und bahnen sich behutsam und unerbittlich ihren ZEN-WEG: Hier wird das gleichsam unmögliche Sagen des Überwärtigen praktiziert!

Vor etwa siebzig Jahren wurde ein (in China unbekanntes) Fragment in Indien entdeckt, das dem Patriarchen Deva zuzuschreiben ist:

Fern sich halten erst von allem Unrecht,
Dann sich ferne halten von sich selbst;
Alles ferne halten letzten Endes:
Wer sich darin auskennt, ist erhellt.

Yün-men sagt: Ein einziger Zuspruch (als Degen zum Lebendigmachen)

Hinweis: Meister Yün-men machte es sich zum Prinzip, zu verlangen, daß ein Antwortsatz immer drei Dinge von Gewicht enthält: Eine Aussage, die »sich dem Wellenschlag anschmiegt« (d. h. in Raum und Zeit auf den Fragenden und seine Frage genau eingeht); eine Aussage, die »Himmel und Erde umfaßt«; drittens, daß die Antwort alle Ströme der Gedanken und Gefühle versiegen läßt und dem Fragenden freundlich die Zunge abschneidet.

Versucht es hier in diesem Beispiel zu erfassen. Wir legen vor:

Ein Magister fragte Yün-men: »Wie ist das mit der Lehre des Buddha in den verschiedenen Perioden seines Lebens?«

YÜN-MEN erwiderte:

Ein einziger Zuspruch (DUI I SCHUO)

Wer so fragt wie dieser Mönch, der sitzt noch in seinem Gewirr von Schlingpflanzen wie eine alte Ratte in ihrem Loch, die ständig an grauem Ingwer kaut. Die hochstudierten Herren Magister können es einfach nicht begreifen, daß sich in den fünf Perioden aller 5048 Bände der Lehre des Buddha Tausende von Widersprüchen aufzeigen lassen* – wenn man Worte logisch an Worten mißt.

* Die bei »überwärts« gerichteten Texten unvermeidlichen Widersprüche (auch der Bibel, des Korans) führten, wie im Christentum oder Islam, zu Dutzenden verschiedener Sekten und Richtungen auch des Buddhismus. Z. B. glauben viele Buddhisten an Reinkarnation, im Gegensatz zum »reinen ZEN«, das jede jenseitige Spekulation offenläßt.

Gesang:

> Die Antwort: Ein einziger Zuspruch,
> Einsam und über alle Zweifel erhaben,
> Treibt selbst noch in eiserne Schädel
> Den überwärtigen Donnerkeil
> Unterm Weltenbaum lachen die Geister hell auf;
> Denn den schwarzen Gedankendrachen
> brach einer die Hörner aus ...

Yün-men weiß: der gesamte Sutrenkanon ist nichts weiter als eine Masse hilfreicher, aber unzureichender Worte; hätte der Meister sich auch nur auf einen einzigen Widerspruch eingelassen, dann hätte der alte Chinese denselben Fehler wie der Magister gemacht, nämlich versucht, einen »Erdklumpen in Schmutzwasser zu waschen«. Das einzigartige DUI I SCHUO: ein einziger Zuspruch, schafft lebendige Klarheit, ist eine Wand von tausend Klaftern Höhe, gilt mehr als ein Millionengewinn. Darum dichtete einer der Alten: »Zermahlene Knochen, zerstückelter Leib reichen nicht hin zum Dank für ein einziges Wort, das kristallene Klarheit schafft.«

Ein Wort noch zu: Ein Säbel, um zu töten, und ein Degen zum Lebendigmachen. – Schwert und Degen gelten als Sinnbild der Entschlossenheit des Meisters (Yün-men), in jedem Augenblick nach beiden möglichen Seiten auszuholen, zu nehmen und zu geben, zu binden und freizulassen, im Nein schon ja und im Ja schon nein zu sagen. Bis in unsere Tage war in Japan die Kunst des Schwertes und des Fechtens mit dem Geist des ZEN in inniger Verbindung, heute natürlich mehr symbolisch als martialisch. Bei einem Schwertmeister des 17. Jahrhunderts, Taku-an, heißt es in seiner Schrift unter anderem: »Der Meister braucht das Schwert nicht, um zu töten, sondern um zum Leben zu verhelfen. Er tötet nur da, wo etwas den Tod verdient; wo etwas leben soll, da weckt er Leben. Beim Töten ist er ganz in das Töten versunken, beim Lebenerwecken ganz ins Lebendigmachen. Er achtet dabei nicht auf gut oder böse, obwohl er um die Unterschiede genau Bescheid weiß. Er tritt auf Wasser wie auf festen Boden, auf festen Boden wie auf Wasser. Hat einer diese freie Meisterschaft gewonnen, vermag ihm auf der weiten Welt niemand mehr etwas anzuhaben.«

*

Zur Erläuterung der »großen Frage« des Mönchs:

Er erweist sich mit seiner Frage als Kenner der buddhistischen Scholastik und der sich nicht selten widersprechenden Lehren, welche der Sutrenkanon enthält. Jedes Sutra – und all die vielen erheben den Anspruch, Lehrreden von Gautama Buddha selbst zu sein – beginnt mit dem schlichten Satz: »Das hab' ich gehört ...«, und fährt zum Beispiel fort: »Einst weilte der Erhabene« in dem und dem Haine oder auf jenem Berg; die Szene und die Hörerschaft werden geschildert; dann tritt ein Jünger oder auch ein Gegner vor, stellt eine wichtige Frage, und daraus entwickelt sich ein Gespräch, das schließlich in eine ausführliche Lehrrede des Buddha mündet, bis die Zuhörer danken und auseinandergehen. Sutren also nach mündlicher Überlieferung, die es mit den historischen Tatsachen, nicht nur bei übersinnlichen Erfahrungen, nicht allzu genau nehmen. Das ist nicht anders als in der abendländischen Religion. Vor allem später gut erfundene Sutren vergeistigten den Buddha mehr und mehr und erhoben ihn über das Menschliche ins Überirdische. Gerade bei solchen Vergöttlichungsversuchen schlugen alte Zen-Meister unerbittlich irdisch zu, übersahen aber auch blumige Widersprüche IM EINZIGEN ZUSPRUCH.

Ein einziger Zu-Boden-Spruch

Dieses Beispiel (als Säbel, um zu töten) schließt, offenbar mit demselben Fragesteller, unmittelbar an den vorhergehenden Aushang an.

Ein einziger Zuspruch. – Yün-men, Säbel und Degen in der Hand, war immer bereit, sich auf sein Gegenüber voll und ganz einzulassen; er riskierte sogar, mit dem Fragestellenden nötigenfalls ins Schmutzwasser zu gehen, mit ihm zu sterben und mit ihm zu leben. Ganz im Sinne der alten Meister: »Wer auf einsamem Gipfel steht, dem helfen wir herunter ins struppige Gras – wer ins struppige Gras gefallen ist, dem helfen wir hinauf zum einsamen Gipfel. Bist du ins kochende Wasser oder in den brennenden Ofen geraten, so muß auch ich zu dir ins kochende Wasser oder in den brennenden Ofen. Und das zu keinem anderen Zweck, als dir den Gehirnkleister aufzulösen, die Nägel aus dem Kopf zu ziehen, den Maulkorb abzuhalftern und die Sorgenlast abzuladen.«

Sagt mir einmal: Gebraucht Meister Yün-men auch im folgenden Fall den Degen zum lebendigmachenden Zuspruch?

Das Beispiel:

Tags darauf fragte derselbe Mönch Yün-men: »Was ist es aber, wenn es sich nicht um gewöhnliche Zuhörer, sondern um solche mit gelehrter Vorbildung handelt und kein sachlich bestimmter Gegenstand in Frage steht?«

Yün-men erwiderte:

Dau i schuo: Ein einziger Zu-Boden-Spruch!

Zwischenbemerkung zur Frage des Mönchs: was macht dieser Magister bloß für akrobatische Luftsprünge? Dem gestraften Yün-men hängt das komplizierte Sündenregister schon aus den Ohren heraus und unter der Folter der gedrechselten Frage bricht bei dem Meister mit einem Male die Mordlust durch: Der Säbel, um zu töten, springt ihm aus der Scheide und macht den Magister einfach nieder. Die höchste Wahrheit ist nun einmal leer und unergründlich; stellt man sich mit wichtiger Gelehrten-Miene dazu an, hat man sie längst schon verfehlt.

Daß der Magister in dieser Form zu fragen versteht, zeigt natürlich den Könner: auf den ersten Blick gleicht seine Frage einer Bitte um weitere Belehrung. In Wirklichkeit hält er den Dolch unter seiner Kutte bereit und bringt zum Ausdruck: Das gestern mit dem Bescheid »ein einziger Zuspruch« ist bestenfalls für einfache Mönche eine einzigartige Antwort. Wir Magister, die wir uns, wie das Examen ausweist, in den fünf Perioden Buddhas und den acht Sutrengruppen jedes Zeitalters des Erhabenen nach den vielen Jahren gründlicher Scholastik auskennen, wir brauchen uns doch wohl im Ungegenständlichen nicht mit gewöhnlicher Rede abspeisen zu lassen. Was also sagst du zu hochgebildeten Zen-Erfahrenen? Was ist dann das meisterliche Transzendieren ins Überwärtige?: »Ein einziger Zu-Boden-Spruch«. Mit einem einfachen Handkantenschlag stößt Yün-men den Angreifer vom Pferd, schwingt sich aufs Roß des Räubers und verjagt ihn.

Ein Großmeister wie Yün-men ist wie ein klarer Spiegel auf dem Prüfstand. Kommen Tataren daher, erscheinen Tataren darin. Ein Chinese spiegelt eben einen Chinesen. Und kommt ein wortgewaltiger Magister mit seinem scholastischen Kauderwelsch, dann muß auch die Antwort Entsprechendes spiegeln, »Wort in Wort gefügt«. Vorher hatte Yün-men gesagt: *Dui* i schuo, was wörtlich etwa »ein einziges Antworten« bedeutet, ganz im Gundert'schen Sinne von »Zuspruch«. Hier aber sagt er, im unerhört feinen Wortspiel, das krasse Gegenteil: Dau i schuo, das heißt ein Wort zum Niedermachen: »Ein einziger Zu-Boden-Spruch«.

Manche Zen-Meister hatten nie eine Universität von innen gesehen; aber auch so hochgebildete Meister wie Yün-men waren für ihr Infragestellen der Schriftautorität bekannt. Yün-men sagt: Wo es um DAS geht, handelt es sich nicht um Worte. Soweit es der Worte bedarf, haben wir dafür ja die drei Fahrzeuge* und die zwölf Gattungen von Lehrformen. An Worten fehlt es also nicht! Aber wozu wäre Bodhidharma dann persönlich vom Abendland zu uns gekommen?

Gesang:

EIN Zuspruch, EIN Zu-Boden-Spruch
So fügt sich Wort zu Wort.
Mit dir sterben, mit dir leben,
Heißt mein einziges Zauberwort...
Ruhelos der Mond im Wasser
Flimmert mit den Wellen fort.

Was den Magister angeht, so hatte der trotz des ersten einzigartigen Zuspruchs immer noch jenes ruhelose Mondgeflimmer auf der eigenen Wasseroberfläche. Statt den nächsten Stein im Spiel einmal ungesetzt zu lassen, hört er aus Yün-mens Antwort bloß das heraus, was er bei den Dogmatikern oft genug gelesen hat, daß nämlich der Buddha sich jeweils nach der Fassungskraft der Zuhörer gerichtet hat und den Gegenstand seiner Predigt je danach auswählte. Dem Hochintellekt des Magisters schien der »Zuspruch« zu einfach; für den weit tieferen Sinn der Meisterantwort fehlt ihm das Herz.

* Die Lehren für »Hörer«, für »Einzelbuddhas« und für »Bodhisattvas«.

Der Dichter Hsüä-dou erinnert dazu an die vierundachtzigtausend auf dem Berg bei Benares versammelten Hörer Buddhas, der dort, eine Blume zwischen den Fingern drehend, wortlos sein Geheimnis kundtat. Nur ein einziger, Kashyapa aus der Schar der Jünger, hatte durch ein seliges Lächeln gezeigt, daß er begriffen hatte. Ihm übergab daher der Buddha das Siegel des Geistes.

*

Meister Dung-schan erklärt: Wer Menschen, welche überwärts gerichtet sind, auf echt und unecht prüfen will, der soll dreierlei Arten von »Sinter« beachten (von Niederschlag der Unreinheiten im Gemüt): Den Sinter der AFFEKTE, den Sinter des THEORETISCHEN STANDPUNKTS und den Sinter der WORTE.

Der *Sinter der Affekte* besteht darin, daß die Erkenntnis sich ständig zwischen gefühlsmäßiger Zuneigung und Abneigung bewegt und die gewonnenen Ansichten einseitig und ebenso starr sind. Der *Theoretische oder Standpunktsinter* besteht darin, daß der innere Denkansatz sich nicht von seinem Ich-Standpunkt trennen kann; so stürzt man in ein Meer von Gift. Man sieht z. B. die Leerheit der Erscheinungswelt, bleibt aber selbst angefüllt von dieser Überzeugung, wird nicht selber auch davon leer. Oder: Man weiß um das Höchste, Reine, verweilt aber dabei, bleibt daran haften, pocht ständig darauf. Der *Wortsinter* schließlich besteht darin, daß vor lauter Wörtlichem das Geheimnis des Wesens hinter den Worten verloren geht: der innere Sinn für Ende und Anfang, für DAS, den WEG, wird blind.

Nach Überwindung dieser Sinter unterschieden die Alten auch noch drei Tiefen: die Tiefe im Wesen, die im Wort und die »Tiefe in der Tiefe«. Wer so weit vordrang, der konnte sich jedem Tiger quer in den Rachen legen und sich von ihm forttragen lassen und sei es auch tausend Meilen weit. Einer von solchem Schlag ist Yün-men. Darum läßt er es sich auch gefallen, wenn einer ihm, dem alten Tiger, über die Schnurrhaare zu streichen versucht. Das ist schon etwas; denn die Leerheit der Erscheinungswelt bedeutet nicht NICHTS. Yün-men lebt darin, unerhört lebendig und geistesgegenwärtig.

Djing-tjings Grashocker

Den Zen-Weg kreuzen keine Gassen, so steil ist diese Direttissima. Wer sie erklimmen will, steht einsam und gefährdet in der Felswand. Um des Gesetzes willen läßt er Worte und Gedanken weit hinter sich.

Da tut es immerhin gut zu wissen, daß man innerhalb des *Tores der Verwandlung* (das heißt in den Zen-Klöstern, in die jedermann für eine gewisse Zeit gehen kann, um in das Insgeheime initiiert zu werden) einen Zen-Erfahrenen finden kann, der dem Schüler auf seinem Weg je nachdem bald freundlich zustimmt, bald aber auch durch Schelte oder Schläge von Holzwegen abhält. Meister Djing-tjing verglich den Vorgang des Auf-die-Beine-Helfens öfter mit dem rätselhaften Einklang in der Natur zwischen Vogelmutter und Jungvogel; sobald das Küken im Ei ausgereift ist, versucht es mit seinem zweckdienlichen Hornaufsatz am Schnabel die Eischale von innen her anzufeilen, aufzupicken. Dem kommt die Brüterin entgegen und hackt das Ei von außen auf.

Seht es an diesem Beispiel:

Ein Mönch sagte zu Djing-tjing: *Euer Schüler wetzt den Schnabel innen an der Eischale. Bitte Meister, brecht meine Schale auf.* Djing-tjing fragte: *Will das da drinnen denn auch mit aller Kraft ins Leben?*

Der Mönch erwiderte: Wenn's nicht kräftig auf die Welt käme, würden wir ja von allen Leuten ausgelacht.

Djing-tjing sagte darauf zu dem Mönch: Du komischer Grashocker!

Was zum Teufel rührt der Kuttenbruder Wellen auf, wo doch überhaupt kein Wind ist? In der Tat bringt der Mönch mit seiner fast rührenden Bitte sich ohne Not an den Rand des Ruins. Nan-yüan kommentiert entsprechend: »Unter wahren Könnern braucht's kein Gefeile von innen und kein Aufpicken der Schale mehr.« Wäre dieser Mönch ein naiver Anfänger, dann hätte es wirklich keines meisterlichen Schwertstreichs bedurft, ihn einfach umzubringen. Statt dessen sondiert Djing-tjing und gibt dem Mönch, dessen Fortschritte er natürlich vom täglichen Umgang kennt, eine existentielle Chance mit der Frage, ob »es denn auch genug Leben habe«. Und mit einem Schlag ist von dem Mönch das Schülerhafte abgefallen, der junge Vogel bricht selbst durch die Schale, ist vom Geheimnis des Lebens plötzlich erhellt – wie sein Meister: »Wenn's nicht kräftig auf die Welt käme, würden wir ja von allen Leuten ausgelacht.« Weil er schon DURCH ist, vermag er die gesamte Situation von einer höheren Stufe her verstehend zu ironisieren: ein meisterlicher Höhepunkt im endlichen Durchbruch des Mönchs ins Überwärtige.

Djing-tjing wäre kein echter Zen-Meister, wenn er nun mit dem plötzlich erhellten Mönch gemeinsam Jubel anstimmen würde. Im Gegenteil, mitten in der geheimnisvollen Initiation ist jetzt der Augenblick da, den Mönch zu ernüchtern: ein Guß kalten Wassers in das Hochgefühl; denn Geheimnis muß Geheimnis bleiben. – Erinnern wir uns an eine andere, weithin bekannte Zen-Situation: In der Meditationshalle überfällt einen Mönch plötzlich das große Licht, sein Haupt bekommt eine strahlende Aura; da springt der Mönch auf, rennt auf den Meister zu, um ihm von dem unerhörten Geheimnis ... der Meister packt ihn, hält ihm den übervollen Mund zu und befördert den »jungen Heiligen« mit einem kräftigen Fußtritt aus der Halle.

*

Die hochverehrte Legende berichtet, Buddha habe als neugeborener Knabe mit der einen Hand zum Himmel, mit der anderen zur Erde gedeutet, habe sich nach allen Windrichtungen hin umgeblickt und dann gesprochen: ÜBER DEM HIMMEL UND UNTER DEM HIMMEL BIN ALLEIN ICH ERHABEN. Yün-men, über das allzu hoch himmelnde Überirdische in Rage geraten, polterte: »Wäre ich zu jener Zeit dabeigewesen, ich hätte dieses Kind mit meinem Stock erschlagen und es den Hunden vorgeworfen, allein schon deswegen, damit diese Welt, von sowas verschont, in Ruhe und Frieden weiterleben kann«.* – Da soll einer noch begreifen, daß Yünmen den Ausspruch des Knaben auf diese Weise bewundert und auf dessen Worte den richtigen »Dank« findet. »Denn auch ich, Yün-men der Mönch vom Berge hier, mit diesen meinen Reden, bin so ein Grashocker«.

*

Eines anderen Tages trat ein anderer Mönch vor Djing-tjing, der eben die Unterweisung der Mönche wie folgt beendet hatte: »Wenn es das Huhn drängt, die Schale aufzupicken, dann kann das Küken gar nicht anders als von innen feilen. Und wenn es das Küken drängt, von innen an der Schale zu kratzen, dann kann die Henne gar nicht anders, als die Schale aufzupicken.«

Der Mönch trat vor und fragte: »Angenommen, ich sei das Küken, das von innen feilt; Ihr, Ehrwürdiger, seid die aufpikkende Henne. Was hat eigentlich der ehrwürdige Meister davon für einen Gewinn?«

* Man stelle sich im unchristlichen Vergleich z. B. Augustinus mit einem adäquaten Ausspruch über das Jesukind vor. Grauenhaft!? Doch wenn man an die Umkehr der Jesusworte in den Kreuz- und Eroberungszügen und an den blutigen Geschichtsfaden der Juden- und Hexenverfolgungen denkt? Wer folgt schon dem Johannesevangelium oder dem »achtfachen Pfad«?

Djing-tjing erwiderte: »Eine schöne Berufung.« Der Mönch fragte weiter: »Wenn nun Ihr als Bruthenne aufpickt, und ich, Euer Schüler, als Küken feile, was habe dann ich davon?« Djing-tjing antwortete: »Das Wesen erscheint.« Der Mönch verneigte sich und ging.

Warum bloß erhielt dieser naseweise Mönch nicht acht Stockschläge? Weil bei Buddha-Meistern einfach besondere Hausluft weht. Es ist an sich immer dasselbe: schon daraus, *wie* einer vor den Meister hintritt, zeigt sich sofort, wie gut oder schlecht ihm das Sich-dem-Tiger-Nähern gelingt. Auch wenn es dir zu gelingen scheint, stehst du doch in der Audienz wie in einer unheimlichen Landschaft vor lauter schroffen Felsen. Vermeinst du endlich (wie hier der kühne Mönch mit seiner Unbotmäßigkeit) dich vor dem Meister zu behaupten, so bist du bereits, links liegen gelassen, ins Gras gefallen: weil er auf all deine Vorstöße und Seitensprünge kaum einen Finger gerührt hat.*

Auf den oben erwähnten Kommentar von Meister Nan-yüan (»Unter Experten wird nicht gefeilt und aufgepickt«) und den Zusatz: »Denn wenn zuviel gefeilt und gepickt wird, kann die Sache schiefgehen«, meldete ein Mönch als »Euer Schüler« Zweifel an. Nan-yüan fragte: »Woran zweifelst du?« Der antwortete: »Daran, daß es schiefgehen könnte.« Da schlug ihn Nan-yüan zweimal mit dem Schlagholz. Als der Mönch aufbegehrte, weil er die Schläge nicht verdient habe, jagte ihn der Meister aus dem Kloster.

Später trat der Mönch in das Kollegium von Yün-men und, dazu aufgefordert, berichtete er von seinem Erlebnis mit Nan-yüan. Als er mit seiner Geschichte zu Ende war, ließ einer der anwesenden Mönche in die darüber entstan-

* In Kleists »Über das Marionettentheater« tritt ein leibhaftiger Bär als Fechtmeister auf, der jeden Rapierstoß lässig mit einer Tatze pariert und bei Scheinausfällen und Finten sich in Ruhe überhaupt nicht rührt.

dene Stille die Bemerkung fallen: »Dem Nan-yüan war wohl sein Schlagholz abgebrochen...« Bei diesem Ausspruch gingen dem Mönch mit einem Mal hell die Augen auf; es durchfuhr ihn eine umfassende Einsicht.

Der besagte Mönch beschloß daraufhin umzukehren, um wieder vor Nan-yüan zu erscheinen. Inzwischen war jedoch jener schon in die Verwandlung eingegangen. Der Mönch trat aus diesem Grunde vor den Nachfolger Feng-hsüä, der ihn sofort mit dem Satz begrüßte: »Du bist doch der Mönch mit den ›schiefgehenden Zweifeln‹ am Picken und Feilen?« Der Mönch bejahte. Da fragte der Meister: »Sag mir, wie hast du Nan-yüan damals mißverstanden?« Der Mönch gab zur Antwort: Ich war zu jener Zeit wie einer, der im Lichtschatten geht. Feng-hsüä nickte: Du hast es begriffen.

Hsiang-lin zum Sinn des »Kommens aus dem Westen«

Hinweis: Wer jedem Pfeil ausweicht, vor jedem Schwert sich duckt: wie soll das den Zen-Mann geben, der in allem DURCH ist? Wo Meister und Schüler im *Eigentlichen* auseinanderklaffen, schlägt weißer Wellengischt gen Himmel; wenn Meister und Schüler übereinstimmen, bleibt zwischen beiden allerdings für keine Nadel auch nur eine Ritze, um hindurchzufallen.

Wie ist es nun mit diesem Beispiel:

Ein Mönch fragte Hsiang-lin: *Was ist der Sinn davon, daß fern vom Westen her der Patriarch (Bodhidharma) zu uns gekommen ist?*

HSIANG-LIN erwiderte:

Vom langen Sitzen müde

Was ist denn das nun wieder? Wie sollte man aus einem irrationalen »gelben Geräusch auf der Zunge« schlau oder gar erhellt werden. Glotzt mich nicht an, ihr Wasserbüffel im Tümpel! Fangt wenigstens mit eurem Spatzenhirn im Kopf an zu überlegen: Ist etwa der Patriarch vom allzu langen Sitzen auf seinem Allerwertesten so müde geworden, daß er von Indien her sich auf den Weg zu uns machte? Oder ist der Meister vor lauter krummgekreuzten Lotusbeinen derart ermattet, daß er der Frage des Mönchs gar nicht mehr folgen konnte, und nur noch stöhnt: vom langen Sitzen müde? Oder ist es so, daß ihm die zweihunderteinundzwanzigste Frage nach dem »Warum des Kommens aus dem Westen« längst zum Halse heraushängt? Fragen über Fragen.

Vielleicht sollten wir uns erst einmal mit dem Werdegang dieses »müden« Meisters befassen. Station seiner langen Wanderschaft (und »Wanderschaft« ist nicht immer gleichbedeutend mit Askese, Meditation, vielmehr auch ausgefüllt mit Arbeit, Sinnengenuß, Liebschaften*, Einsamkeit und Entbehrungen in der Eremitage) war vor allem sein Aufenthalt bei Meister Bau-tsi, um später bei dem schon damals weitgerühmten Yün-men in die Klostergemeinde einzutreten. Yün-men sah auf den ersten Blick, daß ihm in diesem Mönch ein brauchbares »Werkzeug des GESETZES« gegenüberstand, und machte ihn mit Namen »Yüan« zu seinem Famulus. Achtzehn Jahre lang an Yün-mens Seite, widerfuhr dem Famulus von Zeit zu Zeit als einzige Belehrung der Anruf: »Aufwärter Yüan!« Sobald der dann zurückrief: »Ja!« fuhr ihn der Meister jedesmal an: »Was soll das heißen?« Der spätere Hsiang-lin brachte dann immer irgendetwas vor, strengte dabei ständig ganz unnötig all seinen Verstand an mit der Folge, daß es all die Jahre nie zu einem »reinen Zusammenklingen« kam. Endlich kam der Tag, an dem der Famulus auf einmal erklärte: ICH HABE ES BEGRIFFEN. Yün-men sagte dazu nur: »Warum sagst du das nicht mit Worten, die aus der Höhe kommen?« Dafür blieb der Mönch weitere drei Jahre, und ab da durfte er immer im Zimmer des Meisters anwesend sein, wenn Schüler diesen persönlich befragten. In dieser Lehrzeit notierte der Famulus heimlich alle Worte, jedes Diktum des Yün-men, das eine WENDE in den Novizen bringen sollte oder herbeiführte.

Meister geworden, sagte er des öfteren zur Unterweisung der Mönchsgemeinde: »Wer irgendwohin wandert, um Meister aufzusuchen und von ihnen zu lernen, der muß vor

* Wen das aus christlicher Sicht befremdet, der sei an den indischen »Tantrismus« erinnert, der gezielt auch die unpersönliche sexuelle Ekstase als eine Art Sprungbrett ins Überwärtige nutzt.

allem seine Augen mit auf die Reise nehmen und offen halten, muß hell und dunkel unterscheiden und durchblikken können, wo es untief ist und wo tief. Nur so wird er den wirklichen und auch für ihn richtigen Meister finden. Ist der gefunden, dann gilt es, einen Entschluß fürs Leben zu fassen, wie ihn Buddha als junger Mann unter dem Baum der Erleuchtung gefaßt hatte.« Eines Abends besuchte ein erfahrener Mönch den Meister und fragte beim Eintreten: »Wie hell ist das Licht im Raum des Ehrwürdigen?« Hsiang-lin antwortete: WENN DREI FACHLEUTE EINE MEERESSCHILDKRÖTE LANGE BEGUTACHTEN, WIRD EINE LANDSCHILDKRÖTE DARAUS.

Ein anderer Mönch fragte: »Was ist das Herz aller Dinge unter der Kutte?« Hsiang-lin erwiderte: »Im Herbst brennen Feuer an unseren Berghängen.«

Bei solchen Antworten bleibt keine Stelle, an der du mit deinem üblichen Räsonnement ansetzen könntest, um eine vernünftige Doktrin herauszuholen. Denn Hsiang-lin schneidet allen Fragenden unter dem Himmel gründlich die Zunge ab: VOM LANGEN SITZEN MÜDE! Da läßt sich nur sagen: Ein Statement, in dem weder das einzelne Wort noch der ganze Satz irgendeinen Geschmack hergibt. Das verschließt den Menschen einfach den Mund und es verschlägt auch dir den Atem.

WER ZU SEHEN vermag, sieht; wer wirklich ein OHR hat, hört. Und wer es weder zu sehen noch zu hören vermag und DAS immer noch nicht erfaßt hat, der möge jetzt um alles in der Welt nicht nach weiteren Erklärungen herumsuchen. Da hat es doch einen theologischen Klugscheißer gegeben, der meinte: »Nachdem Bodhidharma vom fernen Westen her in unser China gekommen ist, saß er ja neun Jahre lang vor einer weißen Wand in Versenkung; wie sollte er da vom langen Sitzen nicht müde geworden sein!«

Da schießt einer im Dunklen einen gewaltigen Pfeil ins Dickicht, nachdem der Räuber längst über alle Berge geflohen ist. Daß ich nicht lache! Wo böte Hsiang-lins Satz für solchen Unsinn irgendwelchen Anhaltspunkt. Gerade weil dieser Meister an sich scholastisch hochgebildet war – er hat ich weiß nicht wie viele Theorien und Doktrinen über Buddha und den Dharma in der Kopfschublade –, gerade deshalb steht seine überlegene Meisterschaft mit den Füßen am Boden. Vom Kot bis in die Wolken reicht sein spontaner Geistesblitz: frei, leicht, einfach losgesagt, unabhängig. Hier hat aus dem ganzen Kreislauf von Geburt und Tod nichts mehr abgefärbt, hier haftet kein gefühlsbestimmtes Vorurteil an dem Unterscheiden von *gewöhnlich* und *heilig*. Da bleibt nach unten nichts von Ich und eigener Persönlichkeit – und da ist nach oben kein Sichklammern an *Eigentlichkeit* und kein Augenaufschlag zum Himmel. »Frei und leicht« ist der Meister, dieses schleichende Ungeheuer (chinesischer Spitzname für Tiger), weder am Boden angeschraubt, noch irgendwelche Götter anhimmelnd.

*

Wer auf das hin, immer noch nicht müde, weiter am Wortlaut des Meistersatzes kaut, dem soll es genauso ergehen wie der Nonne Liu, genannt der Mühlstein, weil sie unbedingt immer das letzte Wort haben mußte. Und es gab kaum einen Mönch, der gegen ihr Mund-Mahlwerk aufkam.

Meister Dsi-hu, auch so ein schleichendes Ungeheuer, hörte davon, suchte die Nonne in ihrer Klause am We-schan auf und sprach: »Das ist doch Liu, der eiserne Mühlstein, oder irre ich mich?« »Zu viel der Ehre«, erwiderte die Nonne. Dsi-hu fragte weiter: »Dreht er sich links herum oder nach rechts?« Der Mühlstein gab zur Antwort: »Herr Abt, stellt doch die Dinge nicht auf den Kopf!« (will sagen: *Ihr* seid der Wortklauber, nicht ich). Doch während sie das sprach und mit »Herr Abt« begann, bearbeitete, ganz im Takt ihrer Worte, der Meister ihren Rücken mit dem Stock.

Das war seine Art, der Zungenfertigen alle Ströme der Gedanken abzuschneiden, um sie zur Meisterin zu formen.

*

Wie alle Fragen, die eine Antwort erheischen, ist auch die Frage des Mönchs auf dem Boden gegenständlichen Denkens gewachsen. Die Art, zu denken und zu reden, in der wir erzogen worden sind, hält uns so fest in ihrem Bann, als wären wir mit Nägeln an die Wand der Vorurteile geschlagen oder säßen gefesselt in logischen Ketten. Da bedarf es schon eines scharfen Meisterschwertes, daß es ohne Scharten Nägel zerhaut und Eisenketten zerteilt wie Nebel.

Der japanische Schwertmeister stellt eine Strohpuppe frei auf den Tisch, holt mit der blanken Schneide aus und läßt sie wie einen Blitz schräg durch den Leib der Puppe sausen: Der Rumpf bleibt unverrückt an seinem Ort stehen, nur die Schulter mit dem Kopf gleitet ab, als wäre sie schon immer nur leicht aufgesetzt gewesen. Da wird nicht plump und klotzig draufgehauen, fast unsichtbar zerteilt ein Blitzstreich die Luft. Genauso ist die Kunst des Zen-Meisters. Er sammelt seine Kraft in der meditativen Versenkung und ruht im Grunde der geheimen STILLE. Wenn dann von des Wassers Oberfläche eine Frage auf ihn zu kommt, steigt aus seinem tieferen Grund ein Wort hervor, nichtssagend scheinbar oder sogar sinnlos, das aber jene eisenharte Schicht des disjunktiven Denkens glatt durchschneidet und in den tieferen Grund des Fragenden selbst hineinzielt, ja, ihm von da aus (mit Hilfe des »feed-backs« der anderen Mönche) auch sein Problem zu lösen vermag, klar in ganz anderem Sinne, als er erwartet hatte. Vom Schüler freilich fordert das, sich dem Schwert des Meisters ohne Ausweichen zu stellen. Der Meisterschlag trifft immer; aber erst wenn der Schüler sich auch hat treffen lassen, wird er mit dem Meister eines Sinnes: DAS, WAS NICHT BLOSS EINS UND NICHT SCHON ZWEI IST.

Dagegen: wo das gewohnte Denken regiert, da schlagen Gegensätze ständig aneinander, da gebiert jede Replik eine neue Frage: das ist, als ob weißer Wellengischt endlos zum Himmel schlägt.

Um diesem intellektuellen Dilemma zu entgehen, respektieren Meister kein Tabu, schon gar nicht das der eigenen »ehrwürdigen« Person. Als der obengenannte »Mühlsteinklopfer« Meister Dsi-hu im Jahre 839 am Roßtrappenberg ein Zen-Kloster errichtete, stellte er ans Tor eine Warntafel: »Hier haust ein Hund. Oben reißt er den Leuten den Kopf ab, in der Mitte packt er sie am Herz und unten beißt er sie in die Füße. Wer lange sich besinnt und disputiert, verliert hier Leib und Leben.« Als ein Wandermönch fragte, wo denn dieser Hund sei, bellte der Meister erschreckend laut: »Wauo, Wau!«

*

Die Frage nach dem »Herkommen des Patriarchen aus dem Westen« entspricht im Hintergrund dem Forschen nach dem Ursprung des Zen durch seinen Begründer Bodhidharma, denn all die heiligen Schriften des Buddha, verbunden mit dem namenlosen Tao, hätten Zen wohl nicht ans Licht der Welt gebracht, wäre nicht Bodhidharma mit seinem »Bodhisattva«-Charisma leibhaftig (etwa um 500) in China erschienen.

Um einen Vergleich mit der Psychoanalyse zu wagen, die sich in ihrer überbewußten Mäeutik (sokratischer Hebammenkunst) noch am ehesten dem Zen-Gedanken annähert: da nützt es auch einem diplomierten Psychologen nicht viel, Freud, Adler, Jung und viele andere gewissenhaft studiert zu haben. Auch hier muß man Hunderte von Stunden in »die Lehre« zu einem erfahrenen »Meister« gehen, da unser eigener Verstand nicht den Ast absägt, auf dem er sitzt. Jaspers, der in seiner idealistischen »Philosophie« auf

»existentielle Grenzsituationen« hinweist, spricht von der Notwendigkeit des verzweifelten Versuchs, »mit dem Verstand den eigenen Verstand zur Vernunft hin zu überschreiten ohne dabei den Verstand zu verlieren«.

Der weise Gundert erklärt: »Für abendländisches Denken ist es nicht einfach zu begreifen, in welchem Bezug und Sinn sich die Frage des ›Kommens aus dem Westen‹ jenen Mönchen stellte. Wir sind, als eingefleischte Theoretiker, zunächst geneigt, sie irgendwie historisch zu verstehen, ähnlich wie wir etwa nach der Bedeutung des Meisters Eckhart für die Geschichte der Kirche fragen, oder aber im Sinn einer Konfessionslehre: Worin besteht der Unterschied der Zen-Sekte von anderen buddhistischen Sekten? Das wäre jedoch kaum zur Hälfte richtig.«

Der chinesische Buddhismus kennt keine scharfe Trennung der verschiedenen Konfessionen, wie in katholisch und protestantisch. Denn für uns ist der Buddhismus mangels einer Gottheit weniger Glaube als eine Art tiefenpsychologischer Weltphilosophie. (Im heutigen China kann man in den heiligen Bergen ohne Trennmauern noch die alten Klöster verschiedener Provenienz nebeneinander sehen – z. B. dauistisch, buddhistisch, konfuzianisch, zenbuddhistisch, darunter auch das berühmte Schao-lin-Kloster, in dem um 500 Bodhidharma gegen die Wand meditierte.) – Die »Dhyana«-Übung des stillen Sitzens in Versenkung war niemals Monopol des Zen (chinesisch Dschan).

Schon Buddha erinnerte sich meditierend an verschiedene frühere Daseinsformen, an bis zu hunderttausend Leben, dann an die Zeiten während mancher Weltenentstehungen wie an die Zeiten mancher Weltenvergehungen, bis er in geläuterter Ruhe in tiefsten Stufen der Schauung nichts mehr dachte, als eben an »das« Nichts. Genau das wurde später in allen Zen-Klöstern zur alles überragenden Hauptsache: daß nicht *über* bestimmte Gegenstände, Wahrheiten oder Dogmen »meditiert« werden sollte, sondern im Gegenteil intendiert wurde, sich aller gedanklichen Begrenztheit zu entschlagen, von Ratio leer zu werden und damit aufnahmefähig für das Eine Große, das kein Gedanke zu fassen vermag. Mit unserer christlich-abendländischen Vorstellung von Meditieren ÜBER Gott und die Welt hat das (außer der implizierten Kontemplation) herzlich wenig zu tun. Za-Zen heißt eigentlich eben nicht »meditieren«, sondern einfach »in Stille dasitzen« und nichts denken.

Christozentrisch ist auch, bei den »Heiden«* von »Sekten« und von »Tempeln« zu reden; das wäre genauso, wie wenn ein Buddhist von der katholischen oder protestantischen »Sekte« spräche. Ferner: Wir Europäer verbinden mit dem Wort Kloster: Mauern, bürgerlichen Tod, sexuelle Askese, Gebet, Armut, Gehorsam. Ganz anders in Asien: Auch heute kann jeder jederzeit in ein buddhistisches Kloster eintreten – und es jeden Tag ohne Begründung wieder verlassen. Manche Zen-Center nehmen durchaus Frauen auf.** Über den höchst vitalen und alles andere als vom Sitzen müden Meister Hsiang-lin erzählt ein Bericht aus dem 12. Jahrhundert von seinem Ende: Als es ihm an der Zeit schien, in die Stille einzugehen, besuchte er seinen Fürsten Sung, bedankte sich wie bei einem Freund für die Spenden an das Kloster und ersuchte um seinen Abschied, da er sich entschlossen habe, wieder auf Wanderschaft zu gehen. Ein Beamter bemerkte dazu leise zum Fürsten: »Der

* Der brasilianische Bischof Kreutler nimmt ehrlich die historische Bürde auf sich, an den Indios den größten Genozid der Geschichte mitverschuldet zu haben.

** Wie im Urchristentum gab es im Urbuddhismus viel mehr »heilige« Mönche, Nonnen und – Menschen. Da heute hier wie dort es manchen Klosterinsassen besonders schwer fällt, den Sexus – ohne neurotische Störungen – zu sublimieren, dürfen Zen-Leute, die *durch* sind, seit etwa 150 Jahren auch heiraten und dezent gemeinsam im Kloster leben.

ehrwürdige Abt ist wohl altersschwach und nicht mehr ganz richtig im Kopf. Wer wird sich denn mit achtzig Jahren noch auf Wanderschaft begeben?« Der Fürst jedoch nahm Hsiang-lin in Schutz: Heilige und Weise dieser Art dürfe man nicht mit gewöhnlichem Maßstab messen. Und er ließ es sich nicht nehmen, persönlich den greisen Meister hinauszubegleiten und herzlich zu verabschieden.

Hsiang-lin kehrte in sein Kloster zurück, versammelte alle Mönche in der Vortragshalle, nahm auf seinem Meistersessel Platz und sprach also: DER ALTE MÖNCH HIER, GANZE VIERZIG JAHRE SCHLÄGT ER NUN ZU EINEM BLATT ZUSAMMEN. Im nächsten Augenblick ging Hsiang-lin schmerzlos und friedlich lächelnd in die VERWANDLUNG über – von sechzig Jahren »Sitzen müde«.*

* Heute noch gilt in japanischen Zen-Klöstern das geflügelte Wort: »Vom langen Sitzen ermüdet« als übliche Formel, mit der sich der vortragende Meister am Ende seiner Lehrrede von den Zuhörern verabschiedet.

Der Landesmeister Dschung und seine nahtlose Pagode

Vor zweieinhalbtausend Jahren richtete ein Hindu-Brahmane an den Buddha folgende Frage: »Ich frage nicht nach dem, wofür es Worte gibt; auch nicht nach DEM, wofür es keine Worte gibt.« Der Allehrwürdige hielt auf das hin eine gute Weile schweigend an sich. Da verneigte sich der Brahmane in tiefer Ehrfurcht, dankte aus vollem Herzen und sagte: »Groß ist des Allehrwürdigen Güte und Barmherzigkeit! Du hast die Wolken meines Irrtums aufgerissen und hast mich in DIE EINSICHT eingeweiht.« Nachdem der Brahmane sich entfernt hatte, fragte der Jünger Ananda den Buddha: »Was hat dieser (aus der Sicht der Buddhagemeinde draußenstehende) Brahmane eigentlich erfahren, daß er sagen konnte, er habe ES gefunden?« Der Allehrwürdige erwiderte: »Das ist wie in der Welt: ein gutes Pferd braucht die Peitsche nur zu sehen, um in Gang zu kommen.«

Meister Hui-dschung, um den es in diesem Beispiel von der Pagode ohne Naht geht, war schon als Knabe sehr nach innen gerichtet. Niemals, heißt es, sei er über die Brücke hinausgegangen, die vor dem Tor des väterlichen Hofes auf die Straße führte. Dann aber, im Alter von fünfzehn Jahren, habe er eines Tages draußen am Weg einen Zen-Mönch vorbeigehen sehen, sei plötzlich hinausgelaufen, habe sich vor dem Wandermönch verneigt und ihn befragt, wie auch er ein Mönch werden könne. So geriet er an einen der besten Meister, Hui-neng, legte mit der Zeit das Mönchsgelübde ab und lebte dann vier Jahrzehnte, ganz den Lehrschriften und Mönchsregeln hingegeben, im Wald an einer Quelle. Im Jahr 734 wurde dem ehrwürdigen Einsiedler die Leitung eines Zen-Klosters in Nan-yang übertragen, wohin auch die Großen der Welt zu ihm pilgerten. Man berichtet, daß er sich vor keinem noch so hohen Besuch jemals von seinem Sitz erhoben habe. Als eine politische Rebellion auch den Bezirk Nan-yang betraf, legte die Obrigkeit dem Meister nahe, zu fliehen. Er aber blieb, wie und wo er saß, und als Aufständische mit Schwertern auf ihn eindrangen, da verharrte Hui-dschung »wie in eine numinose Wolke der Unzugänglichkeit gehüllt« auf seinem Sitz und »zeigte in Wort und Miene nicht die geringste Unruhe«.*

Die Rebellen waren darüber derart verblüfft, daß ihr Anführer, von der Todesverachtung und der hohen Grazie dieses zenmäßigen Unberührtseins ergriffen, ihn als Meister verehrte und später sein Schüler wurde.

Lehrvorträge, selbst am Kaiserhofe, folgten. Hui-dschung nahm sich überall die Narrenfreiheit, unverblümt und von Herzen zu reden. Als einziger Außenstehender hatte er sogar die allerhöchste Erlaubnis, sich jederzeit auf der Sänfte bis ins Innere des Palastes tragen zu lassen. Das blieb auch so, als der alte Kaiser gestorben war und sein Sohn Dai-dsung dem Meister ein anderes Kloster – »Behausung des Lichts« – übergeben hatte. Als Berater des Landesherrn hieß Hui-dschung ab dann Landesmeister Dschung. Er sichtete vor allem das unterschiedliche Mönchstum im Land und bestätigte von den unzähligen, teils auch verwahrlosten Mönchen nur zehntausend der Insassen der maßgebenden Klöster des Reichs. Das Verhältnis zum alten Kaiser war geradezu freundschaftlich gewesen; mit dem jüngeren Kaiser Dai-dsung kam es nicht mehr zu dieser seltenen Innigkeit: es blieb bei gegenseitiger Anerkennung. Wir stehen im Jahre 775, der Landesmeister hat das hundertste Lebensjahr erreicht (Dai-dsung ist 49). Aus Anlaß des seltenen Geburtstages wird der Landesmeister mit geziemender

* Von manchen Heiligen und Philosophen wird Ähnliches berichtet: Gleichmut am Rande des längst schon »gestorbenen« Todes – ohne Jenseitssüchtigkeit.

Ehrerbietung empfangen. Der Kaiser, ein tüchtiger Pragmatiker, weiß, daß der greise Landesmeister hier zum letztenmal erscheint, und überlegt, was er dem ersten Geistlichen des Landes schuldig ist: er wird ihm nach seinem Tod ein Denkmal, eine Stupa errichten müssen. Hier setzt das Beispiel an:

Der Kaiser Dai-dsung fragte den uralten Landesmeister Dschung: »Was soll nach hundert Jahren sein?« (Er kratzt sich im voraus und wartet, bis es juckt. Das nenne ich höflich am Hofe nach Sarg und Reliquien gefragt.)

Der Landesmeister erwiderte:

Baue dem alten Mönch eine nahtlose Pagode

(Je länger einer im Gefängnis gesessen hat, um so reicher wird er an Listen. »Eine Pagode ohne Naht«, das läßt sich ja gar nicht greifen.)

Der Kaiser sagte:

Gut, Meister, gebt uns bitte den Plan dazu.

(Yün-men faßt sich vor Begeisterung an den Kopf und fragt sich, ob der Kaiser auch nur im entferntesten ahnt, was für einen guten Hieb er damit gelandet hat, naiver Zufallstreffer oder gekonntes Zen?)

Der alte Meister hielt auf das hin eine gute Weile schweigend an sich. Schließlich sprach er den Kaiser an:

Hast du es begriffen?

Der Kaiser schüttelte leicht den Kopf: *Ich verstehe nicht.*

(Ein »Zen-Kaiser« hätte in diesem Augenblick dem Landesmeister nochmals einen Hieb versetzt, der ihm den Mund mit Reif stopfen würde. Auch Unverständnis kann einen Meister einem Kaiser gegenüber in eine verzwickte Notlage bringen. – Ein schlohweißer Tiger schleicht um den heißen Brei herum.)

Da sagte der Landesmeister: »Ich habe einen Schüler namens Dan-yüan, dem ich das Gesetz übertragen habe.

Der kann dir den Plan auswendig hersagen. Bitte, laß doch den einmal kommen und frage ihn danach.« (Er kann froh sein, daß der Kaiser kein ZEN-Mann ist und ihn nicht mitsamt seinem Meistersessel umschmeißt. Warum auch hat der Meister dem Kaiser nicht gleich das richtige Futter zum Fressen gegeben, statt ihm scheinheilig Honig ums Maul zu schmieren? Vielleicht ging Dschung das alles schon nichts mehr an und er wollte wohl seinem Nachfolger auch noch eine harte Meisternuß zu knacken übriglassen.)

Nachdem der Landesmeister in die Verwandlung eingegangen war, ließ der Kaiser den Meister Dan-yüan kommen und fragte ihn, wie das mit der Pagode ohne Naht gemeint war.

(Statt wenigstens in der Zwischenzeit über das Geheimnis einer solchen, nirgends in der Welt zu realisierenden Pagode nachzudenken, starrt der Kaiser immer noch unverwandt »auf den Stern am Waagbalken anstatt auf das Laufgewicht« und befolgt die Rede des Landesmeisters wörtlich, als käme die Lösung nur auf Dan-yüan an.)

Dan-yüan antwortete: »Die nahtlose Pagode?

VON HSIANG STEHT SIE IM SÜDEN, VON TAN REICHT SIE NACH NORD ...«

Der Dichter Hsüä-dou sagte dazu: Eine Hand allein ins Blaue klatscht nicht. (In unsere Geographie übersetzt, entspräche die Antwort etwa der Angabe: Südlich von Bayern reicht sie bis nördlich von München, was sich auch nicht besser begreifen läßt als eine nahtlos Pagode.) Dan-yüan fuhr fort: IST LAUTERES GOLD DARIN UND ERFÜLLT DAS REICH. Hsüa-dou bemerkte dazu: »statt eines reichverzierten Pilgerstabes ein Stück Naturholz frisch vom Bergwald.«

Unter schattenlosem Baum nimmt ein Schiff alle mit.
Der Dichter: Die Meere ruhig, die Ströme rein.
Im Glaspalast weiß man von Meistern nicht ein Wort.

Hsüä-dou bemerkte dazu: UND DAMIT HAT DAN-YÜAN ES ERSCHÖPFT. (Und Yün-men konnte es sich nicht verkneifen, an den Rand zu schreiben: Ein blinder Blindenführer.)

Es ist das erste Mal in dieser Sammlung, daß auf einen mächtigen Schwertstreich (von wegen »fugenlose Stupa«) gleichsam unbewußt-naiv mit dem Kaisersäbel ein reflexartiger Gegenhieb erfolgt, wie er bewußt von keinem Zen-Meister hätte besser geschlagen werden können: »Bitte Meister, den Plan dazu.« Prompt läßt der würdige Herr Landesmeister, ziemlich in die Bredouille geraten, seine Mundwinkel »wie zwei Plakatstreifen« herunterhängen. So saß er erst einmal da. Doch: Damit gewann der alte Chinese dann auch. (Mit einem kleineren Tiger hätte der Kaiser sein Spiel weiter treiben und ihn umlegen können.) Die wortlose Ruhe des Landesmeisters – Denkzeit für den Kaiser – erweist sich, als der Kaiser sich nicht in die »Pagode ohne Naht« finden kann, als Ruhe vor dem gleich loslegenden Sturm: »Hast du nicht begriffen«, was am Kaiserhof einer Schelte gleichkommt (auch dann, wenn ein Hundertjähriger den pluralis majestatis einfach wegläßt). Und mit der Unverschämtheit der Reichweite der Pagode »südlich von Hsiang und von Tan (verdrehterweise) nach Norden reichend« steht der meisterliche Nachfolger Dan-yüan an kaum versteckter Bosheit dem Landesmeister Dschung in nichts nach.

*

Ein Wandermönch Yang-schan hatte zuvor einen Meister nach dem unvermeidlichen »Sinn des Kommens unseres Patriarchen aus dem Westen« befragt und zur Antwort erhalten: »Stelle dir einen Menschen vor, der tausend Fuß tief in einem Brunnen sitzt. Wenn es dir gelingt, diesen Mann ohne das kleinste Stück Brunnenseil aus der Tiefe herauszuziehen, dann werde ich dir sagen, was der Sinn jener Ankunft aus dem *Osten* ist.« Der Mönch wies lachend auf den Versprecher »Osten« (statt aus dem »Westen«) hin; doch der Meister rief ungerührt dem Aufwärter zu: »Wirf den Leichnam da hinaus!«

Kopfschüttelnd trug der Mönch Yang-schan diese Geschichte dem Meister Dan-yüan vor und fragte: »Wie könnte man nur dem Mann aus dem Brunnen heraushelfen?« Dan-yüan schrie ihn an: WAS WILLST DU DENN, DU EINFALTSPINSEL? WER SITZT DENN IM BRUNNEN? Yang-schan stutzte, konnte sich jedoch immer noch nicht finden. Einige Zeit später legte er dieselbe Frage We-schan vor. Der rief ihn bei seinem Vornamen »Hui-dji!« Yang-schan sagte: »Jawohl.« Da konstatierte We-schan: ER IST HERAUS! Das endlich verhalf Yang-schan zur großen Einsicht. – Als Meister sagte er später: »Bei Dan-yüan ergriff ich die Sache als solche, bei We-schan erlebte ich ihre Wirkung.« – Ihr Kuttenbrüder, zwinkert mir ja nicht bedeutungsvoll mit den Augen und glaubt, ihr hättet es eher begriffen! Packt lieber erst euch selbst am Kragen, ihr Brunnenhocker! Wie sollen Blinde denn jemals eine Pagode ohne Naht betrachten?

Überwärts war sie schon immer zu sehen
Und ist's noch zu jeder Stund.

So unfaßbar wie der Ort der nahtlosen Pagode, so unvorstellbar ist ihr Baumaterial oder der Inhalt, aus dem sie besteht. Im Gesang wird von lauterem Gold gesprochen und dem Kostbarsten, was es auf Erden gibt: also der letzten, einzigen Wahrheit als eigentlicher Wirklichkeit und im gleichen Atemzug auch von Erkenntnis, Erhellung, der Buddhaschaft. Dieses Höchste aller Güter ist »nirgends zu sehen und doch überall«. – »Oben am Himmel, unten auf der Erde«, sagt Yüan-wu, wiegelt aber sofort auch wieder ernüchternd ab: daß alles voller Gold und Kostbarkeiten sei – »davon hat man noch nie gehört! Wer behauptet das eigentlich?«

Die ominöse Pagode ohne Naht: das ist nichts anderes als ZEN. Zen ohne Zweck, »ohne Hintersinn«. Yüan-wu will damit vorsorglich eine naheliegende Fehldeutung abwehren, die augenzwinkernd meinen könnte, der Landesmeister hätte dem Kaiser nahelegen wollen, vor allen Dingen die Zen-Bewegung, ihre Klöster und Wirksamkeit zu fördern. Das eben ist nicht Zen, mag der Kaiser die nahtlose Pagode auch in diesem Sinne mißverstehen: als irdisch pragmatische Angelegenheit. (Und natürlich ließ der Kaiser auf Staatskosten eine prächtige »nahtvolle« Pagode bauen.)

Der dritte Vers Meister Dan-yüans bringt als Bild:

Unter schattenlosem Baum nimmt ein Schiff alle mit... Unwillkürlich steigt hier die Vorstellung des Großen Fahrzeugs auf, das alle Lebewesen aufnimmt, um sie aus dem Wirrsal des Samsara (der Erscheinungen) in die Stille des Nirvana, des erfüllten NICHTS zu befördern. Der Zwischengesang stimmt dazu ein: »Die Meere ruhig, die Ströme rein.« Mit seinem Widerspruchsgeist fährt Yüan-wu dazwischen: »Ringsum weit ein tobendes Meer; Wellengischt schlägt gen Himmel«. – NIRVANA UND SAMSARA SIND, SO UNBEGREIFLICH ES AUCH SCHEINT, EIN-UND-DASSELBE. Erdenjammer und Seligkeit sind wechselseitig aufeinander bezogen. Wer sich aus der Seligkeit des Nirvanischen einen Rausch oder ein Ruhepolster macht, ist schon auf dem besten Irrweg. Denn die Fahrt auf dem Fahrzeug der Erkenntnis, des Heils, das alle zur Buddhaschaft zu führen vermag, ist gar nichts anderes als der ganz gewöhnliche unerbittliche Alltag. Eine bekannte Zengeschichte sagt: Vor der Erleuchtung ging der Zen-Mann morgens zur Arbeit, aß mit seiner Frau zu Abend, ging mit ihr schlafen... nach der Erleuchtung geht der Mann morgens zur Arbeit, ißt mit seiner Frau zu Abend, geht mit ihr schlafen...« Auch wer »den Großen Tod gestorben« und erhellt ist, hat »nichts von heilig«, kann dem Lärm und Kreuz der Welt nirgends entfliehen. Eine ständige Stätte ungestörter Ruhe, bloßer

Freude und ungetrübten Friedens kann auch das höchste Zen nicht bieten. Ein Zen-Meister, befragt, wie man sich im Lichte der Wahrheit fühle, verglich sich mit einem Bergwanderer, hinter dem die Räuber her sind, rechts und links Abgründe, vor ihm ein Tal, berüchtigt wegen menschenfressender Tiger. – Innerhalb oder außerhalb des Zen: Beschaulichkeit allein für sich ist trügerisch; wer meint, sie endlich still für sich zu genießen, dem wird sie selbst bald zum Gift.

Das sind auf dem Boden des buddhistischen Mönchstums erstaunliche Worte. Sie korrigieren das erstmals von Schopenhauer kritisierte abendländische Mißverständnis, welches im »Buddha-Ismus« Weltverneinung, Abkehr von den zehntausend Dingen und untätige Nabelschau vermutet. Gegen falsche Beschaulichkeit richtet sich der Lieblingsvers des Meisters Fa-yän, gedichtet von Hsüä-dou: »Den blauen Drachen hält's nicht lang in klaren Wassers Grund ...« Kein Mönch soll daran, was ihm von der Seligkeit der Buddhaschaft von anderen gepredigt wird, irre werden, weil auch für den, der nicht mehr »anhaftet«, die bittere Wirklichkeit des Alltags so ganz »normal« ist. Nirgendwo anders als in dieser ordinären Wirklichkeit bewahrt die Buddhaschaft ihr Licht und ihre Wahrheit. Selbst an einer überwärts gerichteten Pagode ohne Naht, die alles erfüllt und umschließt, möge sich keiner berauschen: »Werde mir keiner davon schwindlig.« Erleuchtung verheißt eben nicht das Paradies auf Erden, und was die jenseitigen Paradiese betrifft, hatte Buddha für sie nur ein Lächeln auf den Lippen – ein Zen-Meister würde vielleicht grinsend abwinken, oder gar wie Voltaire sagen: »Ein Wiedersehen im Paradies? Welch allzu schöner Trost für Schwache, für mich: WELCH SCHLECHTER SCHERZ!«

*

»Im Glas-Saal oben wissen sie von Meistern nicht ein Wort.« In diesem vierten und letzten Vers des Meisters Dan-yüan kehrt er zum Bild der transzendenten Pagode zurück. Ganz oben ein gläserner Saal: der Sitz der reinen, lauteren Erkenntnis. Trotzdem: Nichts da von Meistern oder Heiligen oder gar Majestäten! Darum kann man den Bau von Pagoden, auch für Landesmeister, einfach vergessen. Das Thema ist damit »erschöpft«, der Kaiser bedient.

Als die Mönche sich noch ein letztes Wort vom greisen Dschung erbaten, sprach er: DER BUDDHA HAT EINE KLARE LEHRE HINTERLASSEN. WAS BRAUCHE ICH DA NOCH ZU SAGEN. Kurz darauf, nach Mitternacht (am 9. des chinesischen zwölften Monats 775) entschlief der Landesmeister im Lotossitz.

Djü-dschis Finger-Zen

Hinweis: Es steigt ein Staubkorn in die Höhe: und kann die ganze Erde in sich enthalten; eine einzige Blume geht auf – und eine Welt entsteht. Du mußt dazu nur den richtigen Zeitpunkt erfassen. Das ist so, wie man eine Bahn dunkelgrüner Seide zerteilt: Ein Schnitt, ein Riß und die ganze Bahn ist zertrennt. Oder wie man einen Strang von Seidenfäden in das Färbebad dunkelgrüner Miscanthusgräser gibt: einmal eingetaucht, ist schon der ganze Strang gefärbt.

Ohne Worte genügt oft eine einzige Geste, um den im eigenen Innen-Haus verborgenen Schatz hervorzuholen.

Es ist die Welt, wie sie das Blumenschmuck-Sutra in kühnen Bildern malt, ein Kosmos, in dem jedes Staubkorn eine Buddhaseele ist und darum die Gestalt der Lotosblume annimmt, so daß, wohin das Auge blickt, Lotosblumen erblühen, um den Buddha zu verherrlichen. Anders als in allen anderen Sutren und entscheidend ist, daß der Buddha selbst auch nicht ein einziges Wort spricht: er schweigt, an seiner Stelle reden nur die Bodhisattvas, gleichsam als der sprechende Mund des Schweigenden, nicht mehr an irgendwelchen Worten Anhaftenden. Einige Zen-Meister von Rang praktizierten ZEN ohne Worte, sie schwiegen wie Buddha in dem Blumenschmuck-Sutra und ihre »Antworten« waren geheimnisvolle Gesten. Der ehrwürdige Da-di (wörtlich: Schlag auf den Boden) führte bei jeder Frage, die man an ihn richtete, einfach einen Schlag auf den Boden aus. Als ihm ein Mönch einmal seinen Stock versteckt hatte und dann ein Besucher den Meister fragte, was es mit Buddha auf sich habe, verzog er bloß den Mund.

Im nun folgenden Beispiel tritt ein Mann auf, der sich so gründlich und radikal vom Wort abkehrt wie kaum ein anderer Meister. Seht her:

Der ehrwürdige Djü-dschi hatte es sich zur Gewohnheit gemacht, auf jede Frage, die ihm jemand stellte, nur DEN FINGER HOCHZUHEBEN.

Randbemerkung: »Dieser alte Chinese, dem fiel offenbar wirklich nichts anderes mehr ein, dem schwachsinnigen Stümper. Oder reißt er jedem Fragenden damit die Zunge raus? Versteht ihn einer, hebt er den Finger; versteht ihn einer nicht, macht er dasselbe. Kommt ihm einer mit Überwärtigem, hebt er den Finger, kommt einer niedrig, macht er es auch so.« Beachte: er *hebt* den Zeigefinger, aber er *senkt* nicht belehrend den Zeigefinger. Wie entstand diese Geste? Historisch existiert der »Bericht von der Weitergabe der Leuchte (aus der Ära Djing-dö)«. Da ist von einem sonst wenig bekannten Wu-deng die Rede, der eines Abends zur Zeit der »Persönlichen Beratung« sich einer großen Zahl von Schülern gegenübersah und indigniert fragte: »Zu wem soll ich denn in welcher Richtung reden?« Da habe einer von den Mönchen den Zeigefinger des Meisters aufrecht in die Höhe gehalten und damit angedeutet, wie er sich helfen könne. Wu-deng habe ihn sofort begriffen und konstatiert: »Etwas Kostbares, mit Vorsicht zu handhaben.«

*

Als der Meister unseres Finger-Zen-Beispiels in seinen jungen Jahren in einer Klause wohnte, war in der Nähe eine Nonne namens Schi-dji. Die kam eines Tages an seine Behausung, trat ungebeten ein, nahm nicht einmal ihren Schirmhut ab, umkreiste dreimal das Podest, auf dem er in Meditation saß, stieß bei jedem Schritt ihren Pilgerstab zu

Boden, daß die Messingringe daran klirrten, und sagte: »Hast du ein Wort für mich, so werde ich den Hut abnehmen.« Dasselbe fragte sie den Einsiedler dreimal. Djü-dschi wußte darauf keine Antwort. Erst als die Nonne schon beim Fortgehen war, meinte er: »Es wird schon Abend; bleibe hier über Nacht!« Die Nonne erwiderte: »Wenn du ein Wort gefunden hast, werde ich die Nacht über bleiben.« Wieder fand Djü-dschi keine Antwort. Da ging die Meisterin ihres Wegs. Nun begann Djü-dschi über sich selbst zu jammern und lamentierte: »Jeder, der zu mir in die Klause kommt, hält mich für einen Mann von Geist, und doch habe ich vom GEISTE nichts in mir.« In der Art machte er sich selber nieder und war schließlich so aufgeregt und außer sich, daß er beschloß, am nächsten Tag auf Wanderschaft zu Meistern zu gehen. Nachts im Traum aber wurde ihm von einem guten Berggeist klargemacht, daß es unnötig sei, von hier fortzugehen. In der Tat kam tags darauf Meister Tiänlung zu ihm, dem er sofort von seiner nächtlichen Erscheinung berichtete. Tiän-lung, an Stelle einer mündlichen Belehrung, hob nur seinen Finger. Im selben Augenblick ging Djü-dschi das Große Licht auf. Seit diesem Zeitpunkt hob er, wenn irgend jemand etwas fragte, nur den Finger.

*

Andere Meister hielten nicht viel davon oder betonten ihr Desinteresse. Einer sagt: »Selbst Delikatessen taugen nicht zur Kost für einen (im Zen) Satten.« Und der Ehrwürdige Hsüan-scha schimpft: »Wenn ich damals dabeigewesen wäre, ich hätte ihm den Zeigefinger abgedreht.« Ein anderer Meister (Tsau-schan) kritisiert, die Methode, mit der Djüdschi sich seiner Aufgabe entledige, sei zu schnell und unbeholfen; er kenne bloß *einen* treibenden Gedanken und habe dürftigerweise nur ein einziges Ausdrucksmittel. Was meint ihr Mönche dazu?

Lebte Djü-dschi, den Großen Tod hinter sich, überhaupt in der OFFENEN WEITE? Oder hat er DAS nicht erreicht? Das hieße, daß er vom Zen an sich nichts begriffen hätte; und dann, nach seiner wohl eingebildeten Erleuchtung, wäre er auf den Kunstgriff gekommen, bei jeder Frage, die ihm einer stellte, schlicht und ergreifend den Finger hochzuheben? Wie wäre es dann möglich gewesen, daß dieser Meister Hunderten von Mönchen aus dem Dickicht von wirren Schlingpflanzen auf die Beine half und Tausende von Kuttenbrüdern es nicht vermochten, ihn in ihrem Fragennetz einzufangen?

Und sollte einer von euch Mönchen auf die Idee kommen, sich selbst dieses erhobenen Zeigefingers zu bedienen, um ihn *damit* zu erklären, dann werdet ihr, was dieser alte Chinese im Sinne hatte, bestimmt nie begreifen. ZEN von dieser Art ist scheinbar leicht anzugehen, aber um so schwerer zu verstehen. Da laufen doch tatsächlich einige neunmalkluge Zen-Leute herum, die braucht man nur nach dem stillen Örtchen des Klosters zu fragen und schon heben sie den Zeigefinger hoch. Das heiße ich unnötigen Kräfteverschleiß an einem Gegenstand, den sie geistig kaum je bewältigen werden: ein wirklich ERHOBENER FINGER sieht durch alle Dinge hindurch und geht durch Mark und Bein. Um welche Größenordnung es sich da handelt: dazu die wahre Geschichte von dem jungen Aufwärter, die jeden gewöhnlichen Verstand einfach ENT-SETZT.

Djü-dschi hatte in seiner Klause einen Novizen, der ihm Reis kochte und Ordnung hielt. Den fragte draußen einer aus: wie denn sein Meister andere zu unterweisen pflege. Zur Antwort hob der Novize seinen Finger aufrecht in die Höhe. Beim Meister zurück, erzählte und beschrieb er ihm die Szene. Da nahm Djü-dschi sein Messer und – schnitt ihm diesen Finger ab. Der junge Mönch schrie lauf auf und lief hinaus. Djü-dschi sandte ihm einen Schrei nach; der Novize hielt inne und drehte den Kopf nach ihm um: Djü-dschi stand da und hielt seinen Zeigefinger aufrecht in die Höhe. In dem Mönch wurde alles weit und offen: ihn hatte mit einem Mal die große Einsicht ergriffen.

Als der greise Djü-dschi nahe daran war, in die Verwandlung einzugehen, sprach er zu seiner Bruderschaft: »Ich habe von Tiän-lung DAS ZEN DES EINEN FINGERS übernommen, habe das tagtäglich ausgeübt und nicht erschöpft. Möchtet ihr DAS gerne verstehen?« Damit hob er den Finger aufrecht in die Höhe und verschied.

Habt ihr jetzt wenigstens ein Quentchen vom Zen des einen Fingers in euer Herz aufgenommen, dann sollte mich das freuen, weil es heißt: SIEHST DU AUCH NUR AN EINEM PUNKTE LICHT DURCH, SO DURCHSCHAUST DU ES IM SELBEN AUGENBLICK AN ALLEN PUNKTEN. IST DIR DIE LÖSUNG AUCH NUR EINER ZENFRAGE KLAR, SO HAST DU IM GLEICHEN AUGENBLICK DIE LÖSUNG VON TAUSEND ODER ZEHNTAUSEND FRAGEN IN DEINER HAND.

Djü-dschi ließ nicht, wie die meisten Menschen, seinem Sinn und Willen wortreich die Zügel schießen, legte sich auch nicht die Dinge nach einer vorgefaßten Meinung zurecht: Er setzte und zentrierte alles Zen auf einen Angelpunkt. Yüan-wu begeisterte sich: »An diesem Punkt zeigt es sich, wie tief er eingedrungen war in das innerseelische Geheimnis, anderen unter die Arme zu greifen. Sein Finger sagt, daß die Entscheidung frei sein und von innen kommen muß. Darum kann er gar nicht anders, als auf jedes Wort zu verzichten, den Finger zu heben und damit den Fragenden in seiner *Existenz* vor das Höchste zu stellen, gleichviel, ob er es merkt oder nicht.«

Djü-dschi stieß mit seinem Finger durch die Erde mit Gebirgen und Gewässern einsam und steil nach oben: »Der dichtgewebte Schleier der tausendfältigen Erscheinungen sinkt abwärts in die schroffen Klüfte.«

Hsüä-dou dichtete:

> Finger hoch empor gehalten
> Hoher Weisheit Schluß.
> In der ganzen Zenwelt tat's
> Dem Alten keiner gleich darin.
> Wirft ein Treibholz in die Meere
> Strömung nahm es mit;
> Trug's bei Nacht zu einer
> Blinden Seeschildkröte hin.

Was Djü-dschi auszusenden hatte, ist kaum bildlicher zu vergleichen als mit einem ins Weltmeer ausgeworfenen Treibholz. (Yün-men schrieb an den Rand: Eine zerfetzte Sandale, wofür soll die noch gut sein?) So unwahrscheinlich es ist, daß ein Treibholz je auf etwas trifft, dem es nützen könnte, so ungewiß ist Djü-dschi, ob er mit seinem erhobenen Finger je einen Menschen aufrichten wird. Dazu sollte man wissen: Im Lotos-Sutra steht von dem kaum denkbaren Glücksfall, daß ein verlorener Mensch das Heil des Buddha findet, geschrieben, es sei ähnlich selten, wie wenn eine einäugige Schildkröte ein Loch in einem Treibholz findet (durch das sie ihren Kopf hindurchstecken kann und so von der Sorge zu ertrinken befreit wird). Das grenzt das Zen des einen Fingers eng ein; wem wäre diese Geste schon erlaubt?

Djü-dschi begriff, daß diese schlichte Geste alles implizierte, was einem Zen-Meister zu vermitteln aufgetragen ist. Einzig Djü-dschi konnte sich diese Geste leisten, sich ein Leben lang darin üben und mit dem erhobenen Finger den Kosmos in der Buddhaschaft zum Aufleuchten bringen.

Die Sprache der alten Patriarchen

Ma-yü, den mönchischen Klingstab in der Faust, kam zu Dschang-djing, umkreiste würdevoll dessen Zen-Sitz in drei Gängen, schüttelte mächtig die Ringe am Bettelstab und stieß ihn auf den Boden; dann reckte sich Ma-yü in seiner ganzen Länge vor ihm und stand unbewegt da.

Der Meister sagte dazu: »Hm, ja, gut so.«

Später kam Ma-yü auch zu Nan-tjüan, umkreiste dessen Zensitz in drei würdevollen Gängen, schüttelte den Klingstab, stieß ihn auf den Boden, reckte sich in seiner ganzen Länge vor dem Abt und stand unbewegt wie eine Statue da.

Nan-tjüan schüttelte nur den Kopf: NEIN, SO IST ES NICHTS.

Am Abend beschwerte sich Ma-yü: »Meister Dschang hat mich doch bestätigt; warum versagt der Ehrwürdige mir die Anerkennung?« Nan-tjüan erwiderte: »Dschang-djing hatte ebenso recht wie ich und Du hast Unrecht in deiner Selbstherrlichkeit. – Das sind Drehungen der Windeskräfte, die zuletzt in nichts vergehen.«

*

Der erste Klingstab ist o. k.; beim zweiten Mal spürt der Meister, modern gesprochen, die gedrehte Masche: den bequemen Egotrip in Richtung einer gewissen ›Klingstab-Ideologie‹.

Ein Beispiel von heute, 1993, Bosnien-Herzegowina, 50 000 qkm: Hatte einer das geographisch-geburtliche Pech, ausgerechnet dort die ›Finsternis der Welt‹ erblickt zu haben, dann ist er katholischer Kroate oder fundamentaler Moslem oder orthodoxer Serbe oder gläubiger Jude oder echter Protestant usw.: jeder einzelne einzig rechtgläubig!

Die anderen ungläubig. Denn das mächtige »kleine Welt-Ich« bringt seinen Glauben nur in eine einzig seligmachende Ideologie ein; nur für sie wird das Ego kämpfen, Andersgläubige töten, selbst sterben. Rassenunterschiede sind kaum ersichtlich; doch der je verschiedene National-Wahn übersteigert sich je zum Glaubens-Wahnsinn. (Ein Salman Rushdie könnte im ZEN nie DAS beleidigen.)

Schopenhauer denkt sich »über die Grundlage der Moral« ein signifikantes Beispiel aus: Liebhaber »Gaius« beschließt, einen Nebenbuhler zu töten – läßt aber im letzten Moment (unentdeckt) von der Untat ab. Er mag etwa durch erlösungsreligiöse Gründe, Gottes Gericht oder Vergeltung abgehalten worden sein. Oder vielleicht durch Kants Kategorischen Imperativ. Oder durch Fichtes oder Spinozas Sittenlehre und dergleichen. – Anders im selben gedachten Fall »Titus«: »Wie es zu den Anstalten kam und ich deshalb für den Augenblick mich nicht mit meiner Leidenschaft, sondern mit jenem Nebenbuhler zu beschäftigen hatte; da zuerst wurde mir recht deutlich, was jetzt mit ihm eigentlich vorgehen sollte. Aber nun ergriff mich Mitleid und Erbarmen, es jammerte mich seiner, ich konnte es nicht übers Herz bringen: ich habe es nicht tun können«.

Schopenhauer fragt nun, welcher der bessere, moralisch fundiertere Mensch sei, und antwortet im Sinn des Buddhismus: Denn grenzenloses Mitleiden mit allen Lebewesen sei der sicherste Bürge für sittliches Wohlverhalten.* Theismus als geoffenbarte Ideologie erhöht sublim die Macht des »Welt-Ich«, das im ZEN entlarvt und zerschlagen wird.

*

Das ist es, was die Großen Alten frei macht: ihre Wahrheit umfaßt OBEN und UNTEN und macht sie in der Sekunde

* Schopenhauer, Werke, Bd. 3, Stuttgart 1965, S. 765 ff.

präsent zum alltäglichen Kleinkrieg mit Sorgen und Widrigkeiten, die sich jedem von uns (auch in einem Zen-Kloster) entgegenstellen. Der suchende Mönch sieht sich also zwei Gesichtern seines Meisters gegenüber: dem einen, dem die gesamte Erde Nichts ist und das alles auflöst ins LEERE, um gleich darauf mit dem anderen Gesicht aus dem einen Leeren wieder mitten in unsere bunte, vielfältige Welt zu springen; zwar das Spielbein überwärts, in der OFFENEN WEITE, steht doch das Standbein aller Patriarchen festen Fußes mitten auf dem Marktplatz.

Hier ein Beispiel für den spielerischen Ernst der »Alten«: Nachdem ein erfahrener Mönch in manchen Klöstern monatelang ohne Unterweisung »herumsaß«, beschloß er, bevor er eine solche Berühmtheit wie den Abt Schi-tou um existentiellen Rat anging, bei sich selbst: wenn ich ab dem ersten Wort mit ihm zusammenstimme, bleibe ich; sonst gehe ich sofort weiter.

Hoher Erwartung voll trat der Mönch in der Audienz vor Meister Schi-tou. Der saß, ohne sich im geringsten zu rühren, still auf seinem Sitz. Der Mönch wartete; dann klopfte er sich die Ärmel ab und schickte sich an, fortzugehen.

Schi-tou begriff, daß er ein »Werkzeug des GESETZES« vor sich hatte, brach das Schweigen und begann, den Mönch auf seine, bei Kuttenbrüdern erprobte Zen-Weise zu belehren. Der außergewöhnliche Mönch jedoch konnte oder wollte den Abt nicht verstehen, verneigte sich kurz und ging in Richtung Klostertor; nach einer Weile schrie Schi-tou: »He! Du großer Guru!« Der Mönch drehte sich um und blickte fragend zurück.

Da konstatierte Schi-tou mit lauter Stimme: »Von Geburt an bis zum Tode braucht es an sich nur das Eine: DEN KOPF UMWENDEN UND DAS GEHIRN UMDREHEN! – *Erspare dir den Weg, nach irgend etwas anderem zu suchen!*« Bei diesen Worten ging dem späteren Meister Wu-hsiä mit einem Schlag des große Licht auf.

Dschi-mens Lotosblüte und Lotosblätter

Yüan-wu gibt den Hinweis, daß im folgenden Beispiel besonders aufscheint, durch welche Lehrweise die Zen-Meister sich von der sonst im Buddhismus üblichen Verkündung der Wahrheit abheben. Die Regel ist, daß Prediger des *Gesetzes* die Lehren Buddhas von Sutra zu Hauptstück, zu Artikel bis zum einzelnen Satz in wohlgesetzter Hochsprache auslegen, erörtern und in Frage und Gegenrede begründen. Gewiß ein löbliches Unterfangen, so schön, wie wenn man Blumen auf den Weg streut. – Wie aber, wenn die Erde selber wie ein Brokatgewebe in Blumen, ein Paradiesgarten ist, auf dem all die Blüten von selbst in bunter Farbenpracht frisch lebendig wachsen? All dies wunderschöne Blumenstreuen: Was soll das dann noch?

In der Tat ist jener symbolische Blütengrund von brokatener Pracht im Innern von uns selbst vorhanden, jeder trägt ihn in sich, nur daß er darauf mit verbundenen Augen im Kreise herumläuft, dem Lastochsen gleich, dem die Peitsche noch die Blumen am Wegrand verwehrt. Nicht im Blumenstreuen wohlgesetzter Predigten sehen darum die Zenmeister ihre Aufgabe, vielmehr im Wegnehmen der Scheuklappen, daß die Menschen endlich sehen, wo sie stehen und wo sie ihren Hunger, ihre Sehnsucht nach Überwärtigem stillen: ihnen den Maulkorb losbinden, daß sie die göttliche Speise finden und wahre Freiheit gewinnen.

Das Eine, Große: ohne Worte ist es selten, mit Worten nur von ferne anzudeuten. Je rationaler diese Worte sind, um so leichter verstellen sie DAS, um was es geht.

Das Banner des »Gesetzes der Erscheinungen« aufgepflanzt, den Sinn unserer Weltdurchschauung kundgemacht: so streut man Blumen auf brokatenem Weg.

Scheuklappen und den Maulkorb losgebunden, die Traglast von den Schultern genommen: da beginnt die große Zeit des inneren Friedens. Vielleicht ist einer imstande, ein Wort, das sich in keine Regel fügt, in seiner Einmaligkeit, das heißt in seinem DAS, zu erkennen; dann vermag er sich an einer Ecke sogleich die drei anderen zu verdeutlichen. Vielleicht auch, daß einer es lange noch nicht bis dahin gebracht hat; der öffne wenigstens einen Türspalt seines Herzens und höre aufmerksam die Lösung.

Das Beispiel:

Ein Mönch fragte Meister DSCHI-MEN: »Was ist die Lotosblüte, solange sie vom Schlammboden her noch nicht aus dem Wasser herausgewachsen ist?« (Yüan-wu bemerkte: »er angelt nach einem Erdklumpen im Trüben«.)

Dschi-men sagte: LOTOSBLÜTE.

Der Mönch: »Und was haben wir nachher, wenn sie aus dem Wasser herausschaut?«

Dschi-men antwortete: LOTOSBLÄTTER.

Schau sich einer diesen Kuttenbruder an: erst beschäftigt er sich stirnrunzelnd mit dem Zustand der Lotosblüte unter der Wasseroberfläche; und anstatt über die Antwort des Meisters einigermaßen zur Besinnung zu kommen, irrt er weiter zwischen *unter* und *über* Wasser hin und her. Was soll schon sein, wenn sie aus dem Wasser heraus ist? Kann er es denn nicht bleiben lassen, sich auf ein Dasein in der Totenhöhle der hungrigen Gespenster einzurichten?

Die erste Antwort »Lotosblüte« (obwohl unter Wasser) »läßt sich noch hören«, meint Yüan-wu, die zweite: »Lotosblätter« ist unerträglich wie die Vorstellung zweier Köpfe mit drei Gesichtern. Ohne daß einer der stirnfaltenzerfurchten Kuttenmönche das merkt, lacht Dschi-men alle so Wißbegierigen mit ihren bohrenden Fragen aus.

*

Ihr Mönche, sagt mir einmal: diese Lotosblüte, solange sie noch nicht aus dem Wasser herausgewachsen ist, und, wenn sie darüber hinaus ist – nennt ihr die zweierlei oder ein und dasselbe Ding? Schwierig genug, die Sache. Sagt einer: Es ist ein und dasselbe, so macht er aus der Buddhaschaft eine ziemlich wacklige Geschichte und vergröbert den wahren Sachverhalt. Sagt einer aber: Es ist zweierlei, so ist er noch in den Gegensatz von Innerem und Äußerem verstrickt.

Worauf will denn der alte Meister hinaus? Ein Kommentator warnt: »Bleibt ja nicht an den Namen, Worten, Zahlen, Sprüchen hängen! Versucht nicht das Numinose mit Namen und Rubriken festzumachen. Laßt euch bloß nicht durch Wort-Phrasen einschüchtern. Weil ihr fragt, deshalb kommt es zu Ant-Worten. Wenn du mich nicht fragst, was sollt' ich dir als Meister Brauchbares sagen können?«

»Natürlich«, sagt Meister Bai-dschang, »handelt es sich darum, daß jemand die Buddhaschaft erkennen will; da hat es der Meister unbedingt nötig, aufmerksam auf Zeit und Stunde, Ursache und Anlaß achtzugeben.«

Das zu erläutern, erinnert Yün-men an folgende Zen-Geschichte: Ein Mönch fragte Meister Ling-yün: »Was war der Buddha, bevor er in der Welt aufgetreten ist?« Ling-yün hob seinen Jakschweif in die Höhe. Der Mönch fragte weiter: »Was war er nach seinem Auftreten?« Wieder hob Ling-yün den Jakschweif in die Höhe. – Dazu konstatiert Yün-men: »Beim erstenmal hat Ling-yün genau das Richtige getroffen; beim zweitenmal traf er es nicht.« (Da Ling-yün auf den Unterschied im Zustand des Buddha nach und vor seinem Erscheinen überhaupt nicht eingeht, wo bleiben da Grund und Anlaß, Zeit und Stunde, die der Mönch mit seiner existentiellen Frage sucht?)

Eine Frage, eine Antwort: so hielten es die alten Meister fast immer – ohne Jagd nach Fragen oder weisen Sprüchen. Erst wenn einer dahin gekommen ist, zu dem »im Wort enthaltenen Wort, zu dem hinter dem Sinn enthaltenen

Sinn« vorzudringen, ist er frei und gelassen: erst dann begreift er den Springpunkt von Dschi-mens Antwort. »Von alters her bis heute«, sagt Yün-men, »geht es immer nur um einen einzigen, winzigen Ruck. Nicht um Ja und Nein, nicht ums Gewinnen oder Verlieren, nicht darum, etwas Besonderes hervorzubringen oder nicht hervorzubringen.«

Ist ein Mönch noch nicht mit sich im reinen, das heißt noch im Wahn des Seins und Habens befangen, tastet er sich an Wänden und Bambuszäunen entlang, greift nach Gräsern, übersieht Bäume. Rät ihm dann einer, das alles loszulassen, stolpert er ins Dickicht oder ins Grundlose, also in lauter Örter, wo es geistig öde ist. »Hat einer ES«, so wird er ab dann »zu keiner der zwölf Stunden eines Tages an irgendeinem Ding anhaften oder sich darauf stützen.«

Äußerst merkwürdig, wie Dschi-men die Lotosdinge paradox auf den Kopf stellt: denn *vorher* sind es Lotos*blätter*, die *Blüte* ragt *aus* dem Wasser. Mit dem Verstehen mag es nur dann einigermaßen angehen, wenn ihr, wann immer ihr einen Meister reden hört, mit einer gewissen Ehrfurcht darauf achtet, WAS ER SCHON VORHER IN SICH HAT, BEVOR ER NOCH DEN MUND AUFTUT.

Da meinen heutige Gelehrte, einfach hergehen zu können und über die relative Vergleichbarkeit zwischen »aus dem Wasser heraus« und »noch nicht heraus« theoretische Diskussionen zu führen. Unversehens fallen sie schon, bevor sie disputieren, auf die zweite Stufe herab, gehen an der Sache vorbei und ahnen noch nicht einmal etwas von der »Versunkenheit im Leeren«.

*

In einem bisher unübersetzten Beispiel des Bi-Yän-Lu mochte ein Mönch von Dschi-men wissen: »Worin besteht das Wesen der Weisheit?« Der Meister erwiderte: »Die Venusmuschel trägt den leuchtenden Mond in sich.« Dann wollte der Mönch Auskunft: »Und worin besteht das Wirken der Weisheit?« Dschi-men sagte: »Darin, daß die Häsin vom Mondschein trächtig ist.«

Begreift ihr jetzt seine Art, Fragen zu beantworten? Klar, in der Jedermannswelt kriegen die Leute den Pulsschlag seiner Worte nicht in den Griff.*

Denk-Kategorien wie »das Wesen der Weisheit«, dann »Wirken der Weisheit«: Dschi-mens Antworten gehen souverän über akademische Problematik hinweg.

Angenommen, mich, den Yüan-wu, würde jemand nach der Lotosblüte im Unterwasserstadium fragen. Ich gäbe ihm einfach zur Antwort: »Dieser Holzpfeiler hier, dort die Laterne.« Und was, wenn der Lotos über das Wasser herausgewachsen ist? Darauf würde ich antworten:

An den Enden meines Wanderstabes auf dem Nacken trage ich die Sonne und den Mond, unten meine Füße waten tief im ärgsten Schlamm.

Gesang:

Lotosblüte, Lotosblätter – deuten es dir an.
Überm Wasser wie darunter – wie das stimmen kann?
Geh vom Strom nach Süd' und Norden
Geh dich selber an; hast du Fuchs
Genug gezweifelt, kommt der nächste dran.

Wollen sich deine Zweifel um gar keinen Preis beruhigen, kriegst du jetzt, mir nichts dir nichts, einen Hieb mit dem Schlagholz. Peng!

*

* Nach chinesischer Legende befruchtet der Vollmond die Perlen im Fleisch der Venusmuschel; in der Vollmondnacht des achten Monats werden auch die Häsinnen vom Mondschein trächtig.

Hintersinn der Frage des Mönchs an Dschi-men ist der Inbegriff bildhaft-buddhistischer Weltanschauung: das Symbol der Lotosblüte, als Blume der Götter in Indien schon seit ältester Zeit verehrt. Sie galt als Weltachse, auf welcher Brahma geboren ist. Buddha verwendet sie in seinen Gleichnisreden: vom Schlamm des Teiches genährt, wächst der Lotos über den Wasserspiegel empor und erblüht hier in fleckenloser Reinheit. Ebenso geht ein Buddha aus der leidvollen Welt der Vergänglichkeit hervor und überragt sie, unberührt von ihrem Schmutz, im Licht. In den Sutren des Großen Fahrzeugs ist die Lotosblüte geradezu Symbol der erlösenden Weisheit, des Weltgesetzes; Buddha und Bodhisattvas erscheinen in der bildlichen Darstellung im »Lotossitz« – auf Lotosblüten thronend. Wenn immer möglich, gehört zu einer Buddhistischen Klosteranlage ein Lotosteich.

In China und Japan treiben die großen Wurzelstämme, die waagrecht den Teichschlamm durchziehen, im Frühjahr kleine Blätter, später größere, welche die Oberfläche des Wassers erreichen und flach darauf schwimmen; an den Wurzelknoten entwickeln sich je zwei gegenständige starke Stengel, die über den Wasserspiegel hinauswachsen; während der eine an der Spitze ein schirmartig schwebendes Blatt in Form einer mächtigen kreisrunden Scheibe trägt, endet indessen der andere Stengel, ebenfalls ohne sich zu verzweigen, in einer einzigen großen Knospe, die sich in der Sommersonne zur weißen oder rosafarbenen Blüte von wachsartiger Reinheit und edlem Duft entfaltet – und die in der Nacht sich schließt.

*

Die kardinale Frage des – der Hochblüte des ZEN immer noch geneigten – Lesers dürfte sein: Was ist mit der Lotosblüte und den Lotosblättern gemeint?

Am besten wird sein, die Antwort nicht von vornherein in etwas Speziellem, Abgrenzbaren zu suchen, sondern den Sinn des Bildes so weit wie irgendwie möglich zu fassen. Das Blattwerk unter dem Wasser, die Blüte über dem Wasser – sie stehen zunächst einfach für das alle Zeit erfüllende Walten von Ursache und Wirkung. Dahinter erscheint philosophisches Denken über Kausalität und Zeit als kosmisches Problem.

Den Zen-Leuten ist es nun einmal eigen, daß sie das Kosmische und Allerfernste bloß um des Allernächsten, um ihrer selbst willen so brennend interessiert. Sie haben von Buddha gelernt, sich selbst als eine winzige und rasch sich wieder auflösende Ballung kosmischer Kräfte zu verstehen, haben aber gerade in diesem Begreifen eine gewisse Erhebung über eben diesen Kosmos hinaus erfahren: Sie haben einen Ruhepunkt im Geist gewonnen oder wenigstens erschaut, an dem das kreisende Rad der kosmischen Kräfte, des Samsara, stillsteht – einen Ort des Erlöschens im ERFÜLLTEN NICHTS, im Nirvana.

Mit seiner Frage zielt der Mönch also nach dem Höchsten: Lotosblüte ist ihm Buddhaschaft, der nirvanische Geist in absoluter Reinheit. In dieser Weite gesehen, legt der Mönch mit seiner Frage die bestimmte Richtung von möglichen Antworten schon in den Mund.

Wirkung ist immer nur Entfaltung der Ursache. Überzeitlich gesehen sind beide EINUNDDASSELBE. Eben darum bringt die ZEIT das große Leiden mit sich. ZEN aber wäre nicht das, was es (heute noch) ist, wenn es nicht gerade über die Zeitlichkeit, die Vergänglichkeit sieghaft hinwegschritte: Zeitüberwindung durch das Von-den-Dingen-Lassen, die Strömungen des Bewußtseins abschneiden, innerlich ledig und leer werden, um schließlich die ganze Schöpfung im Lichte der Vollendung aufleuchten zu lassen. Manche Sutren entwerfen von dieser Buddhawelt Bilder überirdischen Glanzes, dem Zen-Meister hingegen genügt das Wort LOTOSBLÜTE.* Mitten in die Gegenwart hineingestellt, liegt in diesem einzigen Wort die gleiche eschatologische Schau, gleichsam als schwärmerische Euphorie des ZEN.

ZEN – LOTOS-Blüte: Klingt diese Verheißung im Zen nicht zu schön, um wahr werden zu können? Dahin zielt eine Randbemerkung des Yüan-wu: »Zen stößt alle Menschen in tödliche Zweifel.« Man sehe sich doch nur die Welt an, wie sie ist! Kenne *ich* einen Buddha? Bin ich etwa selbst einer? Wer Buddha-Ähnliches nicht irgendwie in sich selbst erfahren hat, der kann wohl nicht anders, als an den Lotosworten des Dschi-men skrupelhaften Anstoß zu nehmen.

Der fragende Mönch, mit der Lotos-Verheißung vertraut, stößt sich eher an der Zeitumkehr. Die Gleichung Blätter-Blüte, denkt er, ließe sich ja zur Not noch hören; aber wie, wenn der Meister sie umwendet? In der Konsequenz wäre dann die Blüte nicht besser als das gemeine Blatt; auch Buddha war ja zunächst gewöhnlich wie alle anderen Menschen. Ist vielleicht die überirdische Weisheit des Buddha nichts Höheres als menschliche Verblendung, die Stille des Nirvana nichts anderes als der schmerzensreiche Kreislauf des Samsara? Hebt damit der Buddhismus sich nicht selbst auf?

Dschi-men weiß, warum er unerbittlich die Gleichung umdreht. (Wie sagte im vorigen Beispiel Meister Schi-tou: »Nur dies eine: DAS GEHIRN UMDREHEN«.) Was ist die Lotosblüte? Auch der Buddha *war* nicht nur, er *ist* ein gemeiner Mensch wie jeder andere. Auch wenn du die Erleuchtung erleben durftest, bist du immer noch der gleiche wie vorher. Und selbst das Nirvana hast du nirgends sonst

* Bei aller Behutsamkeit mit abendländischen »Parallelen« liegt ein entfernter Vergleich mit Giordano Bruno nahe, der das Unendliche von der Weltseele durchwaltet sieht. Einzeldinge, wie eine Rose, spiegeln als Symbol die Einheit des Universums wider.

als im Lärm der Welt und als Kreuz des Alltags. Verrät der Meister in seiner ersten Antwort eine gewisse Schwärmerei des Zen, so demonstriert er in der zweiten (Lotosblätter) seine trockene Nüchternheit – was sich nicht widerspricht, sondern zusammengehört. Beides entspringt derselben Grundhaltung: Nirgends anhaften, von allem losgelöst sein. Das muß immer nach zwei Seiten hin exerziert werden: erst nach der weltlichen Seite, wo man an Menschen und an Hunderten von Dingen hängt, um ihretwillen sich sorgt und aufregt; dann aber genauso nach der geistlichen Seite. Sobald in einem Menschen überwärtiges Leben erwacht, neigt er dazu, sich aus den Argumenten und Lehren, die ihn überzeugt haben, ein Himmelsgebäude zurechtzuzimmern, in dem er sich selig und geborgen fühlen kann. Mit diesem »ganz natürlichen« Verlangen trägt er in seine Religion bereits den Keim schleichender Verseuchung und macht aus dem, was ihn frei machen sollte, sich selbst und anderen eine knechtende Fessel. Darum rufen die Zen-Meister ihren Schülern zu: Bilde dir auf das Licht, das dir etwa aufgegangen ist, bloß nichts ein*; als ganz gewöhnliche Menschen wachen wir bei Tage und schlafen bei Nacht, wir nehmen Nahrung zu uns und scheiden ihre Reste aus, mal sind wir gesund und manchmal krank und gehen – alt oder jung – denselben Weg des Fleisches bis zum Ende.

Daß in jedem Menschen verborgen ein Buddha stecken soll, das ist, wenn auch schwer vorzustellen, oder gar zu fassen, zum mindesten ein schöner Gedanke. Daß aber selbst ein Buddha, *nichts da von heilig*, kaum was anderes sein soll als ein ordinärer Mensch, das ist schlechterdings unerträglich. – Ich soll Jahrzehnte nach dem Höchsten trachten, und soll doch, kaum daß ich es endlich fasse, wieder loslassen und wissen: Es ist nichts daran.

* Meister Wu-yä wiederholte sein Leben lang, sooft ihm jemand eine Frage stellte, immer nur den Satz: Bilde dir nichts ein!

Nichts weniger wird von mir verlangt, als gleichzeitig in zwei Richtungen zu gehen, welche diametral auseinanderlaufen.

Das ist in der Tat die Forderung; und die Stelle, auf welche dieses ganze Beispiel hinweist, ist nichts anderes als der Ort, in dem diese beiden Richtungen sich treffen und ineinander verschlingen: Es ist der Standort des Meisters Dschi-men, der vollkommen auf die gestellte Frage eingeht, Himmel und Erde verbindet und insgeheim lachend dem Fragenden alle Strömungen des Denkens abschneidet. Das ist der Zen-Standpunkt, auf dem dieser Meister steht und »alle herzlich auslacht« – die Weltläufigen sowieso, doch ebenso auch die Frommen und last not least sich selbst.

Der Tee-Meister

Dschau-dschou hatte es sich zur Gewohnheit gemacht, jeden Wandermönch (selbst wenn er am Südhang des Gebirges einer Schildkrötennasenschlange begegnet wäre) zunächst zu fragen: »Bruder, bist du früher schon mal hier im Kloster gewesen?« Gleichgültig nun, ob der Mönch die Frage bejahte oder verneinte, sagte der Meister jedesmal:

Trink erst mal eine Tasse Tee!

Den Klostervorsteher juckte das lange Zeit; bis er eines Tages fragte: »Ehrwürdiger, was meint Ihr eigentlich damit, wenn Ihr jeden Wandermönch fragt, ob er schon einmal hier war oder nicht, und dann doch jeden ohne Unterschied zum Tee einladet?« Dschau-dschou rief: »Vorsteher!« Der nickte verwundert: »Ja?«

Da sprach der Meister: *Trink erst mal eine Tasse Tee!*

Bau-fu und der Wunderberg

Auf einsamer Spitze des Wunderberges erklärte der Heilige der Blumenschmucksutra dem Novizen Sudhana das Enthaltensein aller drei Welten (der Vergangenheit, Zukunft, Gegenwart) in jedem einzelnen Gedanken – alle in der Welt erschienenen Buddhas – und die Lichteshelle der Erkenntnis und Weisheit.

Den Edelstein prüft man im Feuer. Gold prüft man am Stein. Das Schwert ist an einem Haar zu prüfen. Gewässer lotet man mit einer Stange aus. Bei Kuttenmönchen ist es ein Wort, ein Satz, ein Zeichen, das aussagt, ob einer tief ist oder seicht, dem Geheimnis zugewandt oder abgekehrt.

Laßt mich euch ein Beispiel vorlegen:

BAU-FU und TSCHANG-TJING wanderten auf einem Höhenweg. An einer Stelle deutete Bau-fu mit der Hand und sagte: ALSO DAS IST EINFACH DER TRAUMGIPFEL DES WUNDERBERGS.

Tschang-tjing erwiderte: RICHTIG, DAS STIMMT. – TUT MIR LEID.

(Hsüä-dou bemerkt dazu: »Gesetzt den Fall, daß heute wir mit diesen alten Chinesen im Gebirge spazieren gingen: Was würden sie da wohl für einen Dialog aushecken?« Und ergänzt: »Ich will nicht behaupten, daß nach hundert oder tausend Jahren keiner mehr was Ebenbürtiges sagen wird; aber ganz bestimmt werden es nur wenige sein.«)

Bei Gelegenheit wurde das Gespräch DJING-TJING berichtet:

Djing-tjing sagte darauf: WÄRE FREUND TSCHANG NICHT GEWESEN, WÜRDE MAN TOTENSCHÄDEL AUF DER WEITEN HEIDE SEHEN.

Alle drei Meister kommen aus der Schule von Hsüä-feng. Für diese großen Alten ist immer, sei es im Liegen oder Sitzen, Stehen oder im Gehen, der Weg des Buddha DAS, was sie in Gedanken beschäftigt. Darum braucht nur einer was anzudeuten und schon erkennen die anderen den Punkt, auf den er anspielt und hinauswill. Würde man den heutigen Zen-Beflissenen einen solchen Ausruf vorlegen wie: *Also das ist einfach der Traumgipfel des Wunderbergs!* – dann würden den meisten bloß die Mundwinkel auf beiden Seiten herunterhängen. Zum Glück hat Bau-fu den Freund Tschang-tjing als Gesprächspartner. Sagt mir, ihr Mönche, was hatte Bau-fu mit seinem Ausruf denn im Sinn? Achtet auf die Art, wie bei den Alten gegenseitig sondiert wird, ob der andere offene Augen hat oder nicht. Hört erst einmal folgende Zen-Geschichte. Ein Mönch fragte Dschau-dschou: »Was ist das Numinose am Gipfel des Wunderbergs?« Der Meister erwiderte: »Auf solches Geschwafel antworte ich nicht.« – »Und weshalb antwortet Ihr darauf nicht?« Dschau-dschou versetzte: »Wenn ich dir antworten wollte, hätte ich zu befürchten, daß du auf den blanken Boden stürzt.«

Die Traumspitze des Wunderbergs ist einfach ein Gleichnis für die allerhöchste Wahrheit, in allen Wesen, allen Einzeldingen enthalten, die Wahrheit, die der Buddha in Erleuchtung geschaut und als Ursprung von Allem erkannt hat: angesichts derer jede bedingte Erscheinung sich ins Leere, ins Nirvana verliert.

Der höchste Wahrheitsgipfel des Wunderbergs ist zwar zur Vielheit der zehntausend erscheinenden Dinge im Auf und Ab des Irdischen der äußerste Gegenpol, vom Tagesleben jedoch in keiner Weise wegzudenken, sowenig wie die chemische Qualität des Wassers von den verschiedenen Erscheinungsformen etwa einer Welle, einer Wolke oder einer Scholle Eis. Diese Gegensätze, die sich immer unversöhnlich gegenüberstehen, Nirvana und Samsara, sind, so unbegreiflich es der Ratio scheinen mag, als Kehrseite derselben Medaille untrennbar miteinander verbunden.

Meister Bau-fu, den jüngeren der beiden, ergriff am Bergpfad das Gefühl der Gegenwärtigkeit des Höchsten derart, daß es ihn kommunikativ drängt, sich zu vergewissern, ob der ältere Freund ebenso mitempfindet. Da ihm die Risiken eines einseitigen Anhaftens an die Leerheit des Überwärtigen wohl bewußt sind, schwingt in seinem begeisterten Ausruf gewiß auch hemmende Scheu und transzendente Keuschheit mit. Im Hin und Her zwischen übervollem Herzen und Bangigkeit vor einer Lobeshymne sagt Bau-fu, scheinbar mehr im Selbstgespräch als dem Freund zugewandt: »Also das ist einfach die Traumspitze des Wunderbergs.« Nicht unbedingt ist der Freund zu einer Antwort genötigt; er könnte schweigend neben ihm weitergehen.

Aber diese Freunde auf dem Buddhaweg sind gut aufeinander eingespielt. Tschang-tjing, im eigenen Herzen angesprochen, stimmt gerne mit ein – und nimmt die Zustimmung im selben Atemzug zurück! Die hohe Wahrheit der gleichgestaltigen leeren Grundform alles Seienden geht durch alle Erscheinungen hindurch und ist natürlich auch hier oben am Berg, wo die beiden wandern; und in diesem Sinne hat Bau-fu recht – und doch auch wieder nicht: Weil überall zutreffend, »muß das ja nicht auf den Südhang dieses Berges beschränkt sein«. Demnach: Richtig ist generell, was Bau-fu sagt. Mit dem Spaziergang in dieser Landschaft aber hat das nur bedingt zu tun.

Ein japanischer Haiku, ein Gedicht von drei Zeilen, lautet: »Erster Schnee – Unbefugten ist – jeder Zutritt verwehrt.« Redet man vom Unnennbaren, ist es im nächsten Augenblick zerredet. Und in die schneeweiße Reinheit des Höchsten ist Bau-fu gerade, weil sie ihn so begeisterte, hineingetreten. »Tut mir leid«, sagt Tschang-tjing nach seiner Zustimmung sofort scharf und klar, wenn auch in Güte. Im gewagten Anrufen und fast gleichzeitigen Zurücknehmen zeigt sich der lebendige Inbegriff des Zen – und läßt uns die energische Reaktion verstehen, mit der Zen-Meister jeden, der auch nur im geringsten nach oben abzuheben droht oder dem Unten anhaftet, für scheintot erklären und ihre ganze Kraft daran setzen, ihre Schüler aus jedem Ansatz tödlicher Erstarrung in die lebendige Schwebe zwischen den Extremen zurückzurufen.*

Angefangen bei den ersten Zen-Mönchen im Shaolin-Kloster über 1500 Jahre bis heute wird eine meditatives »Enlightment« (so zwischen Erhellung und Erleuchtung) erst dann vom Meister anerkannt, wenn die transzendente Erfahrung sich im Alltag als sichtbare Zen-Kunst erweist.

Um sich ohne Waffen verteidigen zu können, erlernten Novizen je nach Kloster Künste wie Judo, Aikido bis zu Karate und Kungfu; daneben Feingefühl für Kalligraphie, Malen, Poesie, für Kunst allgemein und die Zenkünste im

* Gundert weist zur nötigen Ergänzung noch auf folgendes hin: Bei aller Selbständigkeit, welche fast alle Zen-Meister gegenüber den heiligen Schriften an den Tag legen, wird deren Studium keineswegs vernachlässigt; das gilt vor allem für bestimmte Sutren, z.B. das erwähnte Blumenschmucksutra, und besonders für einen bestimmten Teil derselben, die »Girlandenanordnung«. Der eingangs im Beispiel erwähnte Jüngling Sudhana (= hochbegabt) erhält vom weisesten aller Bodhisattvas die Weisung zu einer Pilgerfahrt, die ihn über dreiundfünfzig Stationen der Belehrung zum Ziel der Erkenntnis führt. Bei allem Unterschied zwischen buddhistischer und christlicher Heilslehre, indischer Farbenpracht und puritanischer Nüchternheit, liegt ein Vergleich etwa mit Bunyans »Pilgrim's Progress« nahe: der Heilsweg im Bilde einer langen frommen Wanderschaft. Allerdings soll der christliche Heilspfad zum ewigen Leben führen (in personaler Wiederauferstehung), während Inder seit Tausenden von Jahren glauben: »Ende und Anfang sind nur Träume. Ohne Geburt und Tod und Wechsel besteht die Seele ewig. Wenn also einer beispielsweise argumentiert: ›Ich habe einen Mann getötet‹ – der wiederum denkt: ›Ich bin getötet worden ...!‹ So wissen beide nichts. Leben kann nicht töten, Leben kann nicht getötet werden.« Dazu ein Vers aus der Bhagavad-Gita: »... Wer weise ist, der trauert nicht um die Lebendigen, noch um die Toten ...«

Besonderen. Ihr Zauber spricht, ätherisch und doch von der Kraft Gi geladen, aus den Tuschgemälden Chinas, Koreas, Japans, aus den Zen-Steingärten, der Blumenkunst und der sublimen Tee-Zeremonie. Neben martialischeren Zen-Künsten wie dem (heute unblutigen) Schwertkampf und dem Bambusstockfechten (Ken-do) wurde vor allem berühmt die japanische Kunst des Bogenschießens bis hin zur vielleicht einzigen »Zen«-Kunst des Westens, dem Golf. All diese, eben nicht nur technischen, vielmehr auch mental bedingten Künste haben ihren Ursprung im innersten Herzen des Zen, was physisch-psychisch-geistig Hara, die Person-Mitte bedeutet: als Spannungs- und Ruhe-Pol zwischen Alltag und Nirvana. In gewisser Weise mit Zen übereinstimmend, akzentuieren neben Buddha auch Sokrates, Leonardo da Vinci, der alte Hegel wie der greise Freud: *si vis vitam, para mortem*, frei übersetzt: *Erst wenn ich um den Tod weiß, vermag ich frei zu leben* – und mein Leben in die Wagschale zu werfen. Tiefe Zen-Meditation führt schon bei Lebzeiten ins Totenland; an sich schon »gestorben«, werde ich jeden Tag in kraftvoller Kontrastharmonie wie neu geboren: heiter im Leben – und mit dem Tod auf Du.

Die Nonne Liu bei We-schan

Hinweis:

> Hoch oben steht er auf des Gipfels Spitze:
> Dämonen, Geister finden nicht den Ort.
> Tief unten steigt er in des Meeres Gründe:
> Selbst Buddhaaugen suchen ihn vergebens dort.

Wohl aber kann es einem, dessen Augen wie Sternschnuppen funkeln, und dessen Geistesgegenwart helle Blitze schleudert, doch noch ergehen wie der schlauen Wunderschildkröte mit ihrem dummen Schleppschwanz. (Die Sage von der Wunderschildkröte läßt sie zwar, wenn sie zum Eierlegen aus dem Meer auf den Sand kommt, höchst behutsam vorgehen, damit kein Feind die Eier finden kann: Sie bedeckt nicht nur das Gelege-Loch gut mit Sand; sie achtet auch darauf, beim Rückweg ins Meer die Spuren ihrer Füße mit dem Schleppschwanz zu verwischen, vergißt dabei aber, daß auch der Schwanz im Sande Spuren hinterläßt, die den Eierjäger zur Beute führen.) Dieser Schleppschwanz bildet das Gleichnis für die unbewußte Blöße, die sich irgendwo der Schüler gibt, wenn er im Eifer, unbedingt im Frage- und Antwortgefecht dem Meister ebenbürtig zu sein, in Worten oder im nonverbalen Verhalten etwas durchblicken läßt, was nicht ganz ursprünglich aus ihm selbst kommt, sondern spürbar noch angelerntes Fremdgut ist: mehr Schein als Sein. – Friede ist erst im absichtslosen Wollen da, wo kein Zweck mehr die Ausstrahlung des Lebens stört.

Seht her! Ein Beispiel über eine Zen-Meisterin:

Liu, der Eiserne Mühlstein, besuchte das We-schan-Kloster.

Meister We-schan begrüßte sie: »Aha, Du kommst, Du alte Kuh?«

Die Mühle Liu konterte: »Demnächst ist auf dem Tai-schan im Fünftafelgebirge ja das große Bergfest. Da geht der Ehrwürdige doch wohl (die tausend Meilen) hin?«

We-schan lockerte die Glieder und legte sich zur Ruhe nieder. Da ging die Meisterin Liu hinaus und entfernte sich.

Ein Mönch fragte zu diesem Aushang Meister Feng-hsüä, was es damit auf sich habe, wenn We-schan zur Begrüßung sagt: »So, so: Du kommst, alte Kuh?« Der Meister sagte: »Wo die weißen Wolken tief und dicht geballt sind, ergeht der goldene Sonnendrache sich im Tanz.« Der Mönch fragte weiter: »Aber was bedeutet es, daß die Liu, der Eiserne Mühlstein, erwidert: ›Demnächst ist auf dem Tai-schan ja das große Bergfest; da geht der Ehrwürdige doch wohl hin.‹«

Feng-hsüä erwiderte: »Im Herzen der smaragdenen Wellen erfaßt den Edelsteinmondhasen Schrecken.« Schließlich fragte der Mönch: »Welchen Sinn hat das Gebaren We-schans, daraufhin sich ostentativ niederzulegen?« Der Meister gab zur Antwort: »Ein betagter, lebenssatter Greis legt sich an einem ungestört friedlichen Tag zu leichtem Schlummer auf eine Wiese in der Höhe, den blauen Bergen gegenüber.«

Im Vergleich ist das derselbe Sinn wie im Gedicht des Hsüä-dou:

Da sprengt jemand auf eisernem Roß
In die mächtige Klosterburg,
Zärtlich vom Thron kommt rauh
Die reine Begrüßung.
Den Skorpion in der Faust.
Forscht jene den Burgherrn aus. –
Tiefe Nacht. Auf dem Kaiserweg
Trabt eine Kriegerin fort.

Sollen wir diese Blumensprache zerpflücken und dabei jede Blüte einzeln gegen unser Licht halten? Yüan-wus einstiger Lehrer pflegte bei solchen Gegebenheiten zu sagen: »Man soll etwas, woran *etwas* ist, nicht zu etwas machen, an dem nichts ist: oft kommt *etwas* aus etwas, woran nichts ist.«

*

Die Nonne Liu hatte sich lange Zeit unter der Anleitung von Meister We-schan im Zen geübt. Die Schärfe ihres regen Geistes und ihre schroffe, bissige Zunge trugen ihr den würdigen Spitznamen »Eiserner Mühlstein« ein. Ihre Klause hatte sie sich zehn Li vom We-schan-Kloster gebaut (eine gute Stunde zu Fuß). Die vertraulich-rauhe Anrede – ihr Rück-Palaver von dem Bergfest: Das klingt zunächst wie ein ganz gewöhnlicher Dialog. Dem Uneingeweihten erscheint dies keineswegs als Zen, noch als Dau, als Weg des Lau-dse (6. Jh. v. Chr.).

Natürlich hat dies meisterliche alte Frauenzimmer die Kuh-Anrede voll begriffen: Angriff, In-Frage-Stellen, wie weit sie es zwischenzeitlich gebracht habe, Vertrautheit selbst im Schlagabtausch. Weil sie verstanden hat, antwortete im Duett boshaft-zärtliche Stimme auf Stimme. Es ist, wie wenn zwei reine Spiegel sich bespiegeln: kein Gebilde, so passen die Aussprüche genau ineinander. Treffsicher die Stichelei der Nonne, aus dem Zen-Chinesisch ganz frei interpretiert: So ein berühmter Guru wie du (Wasserbüffel) darf doch wohl bei so einem Fest, wo alle Prominenz Chinas sich trifft, gewiß nicht fehlen. Das muß dem Großmeister doch die tausend Meilen wert sein, sich dort sehen zu lassen...

Beide wissen, daß ein Zen-Meister wie We-schan nicht einmal im Alptraum daran denkt, zu dieser Krethi-und-Plethi-Feier hinzumarschieren. Und neben der ironischen Bosheit hört We-schan auch die heimliche Liebe und Verehrung hinter dem »Skorpion in der Faust« heraus. All das Verstehen, auch daß die Nonne ihre eigene Meisterin ist und keinen Rat braucht, nimmt der Meister auf seine eigene Weise in sich auf: alles ist gesagt; jeder kommt nur einmal zu Wort und das Ganze ist vorbei: Er lockert die Glieder und legt sich nieder. Und da beide im Dienste der ewigen Wahrheit stehen, geht die Meisterin, deren Kampfeslust am ruhigen Frieden des We-schan in nichts zusammengefallen ist, still wieder hinaus und ihres Weges.

Seit unserer ersten Begegnung mit ihr (vgl. S. 108f.), wo die Nonne noch unbedingt das letzte Wort behalten mußte, hat sich durch die jahrelange Begegnung mit We-schan alles in ihr zum Meisterlichen hin verändert.

In Anspielung auf den vulgärbuddhistischen Wiedergeburtsglauben* versicherte Meister We-schan des öfteren: »Ich alter Mönch werde nach hundert Jahren drunten am Fuß der Berge bei der angenehmen Familie Yüä den Wasserbüffel machen. Links unter meinen Rippen wird man dann fünf Schriftzeichen lesen können: ›We-schan-dseng moudjia (We-schan-Mönch N.N).‹ Wenn zu dieser Zeit mich

* Ausgehend vom indischen Gesetz des Karma, d. h. des unzerreißbaren Kausalzusammenhangs zwischen gesetzter Tat und Schicksal, betrachtet der Buddhismus den Menschen nicht als Sonderexistenz: Er reiht ihn in die Gesamtheit aller Lebewesen als Gattungswesen Mensch ein. Je nach seinen Inklinationen und Taten kann ein Lebewesen nach dem Tod als Glied einer höheren oder niedrigeren Gattung wiedergeboren werden. (Da das Ego in Asien weniger individuiert ist, hat Wiedergeburt nicht so sehr den personalen Akzent wie im christlichen Jenseits, wo auch im Fegefeuer ich noch »Ich« bin.) Man unterscheidet drei bessere, drei weniger gute Möglichkeiten: Zu den besseren gehören Menschen und Götter, zu den schlechteren die Höllenwesen, die unbefriedeten Seelen der Verstorbenen und die Tierwelt, insbesondere die Haustiere. Ein Bodhisattva kann künftig auch, um dort zu helfen, eine niedrige Existenz auf sich nehmen als sogenanntes »Wandeln unter fremden Gattungen«. – Im übrigen führt nur der Weg des Buddha aus dem ewigen Kreislauf möglicher Wiedergeburten heraus.

jemand den Mönch vom We-schan nennt, so ist das richtig (denn das bin ich dann). Und wenn ihr mich Wasserbüffel nennt, so stimmt das auch.«

Der Klausner vom Lotosblumenhorn und sein Eschenholz

Hinweis: Dieser Eremit hatte sich zu Beginn der Sung-Dynastie am Lotosblumenhorn eine Klause gebaut, ganz nach dem Brauch der Alten; daß einer, der den Weg gefunden hatte, in einer Binsenhütte oder Felsenhöhle mit untergeschlagenen Beinen saß, in seiner Pfanne sich Gemüse kochte und bei karger Kost seine Tage verbrachte. Eine Reihe von Eremiten des Zen hatte nie den Ehrgeiz, als besiegelter Meister ein anerkanntes Kloster zu leiten; sie zogen die Bergeinsamkeit vor. Kam zu unserem Klausner ein Wandermönch oder eine Nonne, so ließ er ein Wort fallen, das jenen zur Wende dienen konnte, um so auch den Buddhas und den Patriarchen ihre Güte zu vergelten und das Siegel ihres Geistes weiterzugeben. Dieser Eremit namens Hsiang (=der Glückliche) war so ein richtiger Sonderling, der imstande war, »aus rohem Eisen Münzen zu schlagen.«

Sobald er Besucher sah, nahm er seinen Mönchs-Stab in die Faust und sagte: »Bis dahin haben die Alten es gebracht; warum waren sie nicht bereit, dabei stehenzubleiben?« So trieb er es wohl über zwanzig Jahre. (In seiner Einfalt und Konsequenz erinnert er uns an jenen Djü-dschi, der auf jede Mönchsfrage nur den Finger aufhob; s. S. 123ff.) Nie konnte ein Mönch eine Antwort finden.

*

Wenn eine Rede den Kreis der Mönche nicht aufregt, wachrüttelt, verblüfft, sinkt sie leicht ins Gewöhnliche herunter. Andererseits wissen wir um die Gefahr, im Überwärtigen stehenzubleiben; wenn der erwachende Geist von dem Höhenort, zu dem er sich aufgeschwungen hat, nicht wieder loskommt, vergiftet er sich; und bleibt man beim Heiligen stehen, so ist es eben eine Vergiftung religiöser Art. Nur wer im Augenblick, wo aus dem Feuerstein der Funke springt, sofort auch schwarz und weiß erkennt und im Zucken des Blitzes zwischen Töten und Lebendigmachen sich entscheidet, kann frei nach jeder Richtung hin den Schwertstreich führen und kann auch Schläge auffangen wie eine Felswand im Himalaya.

Wißt ihr auch, daß all das seine Zeit, Stunde, Sekunde der Wahrheit hat? Erläutern wir's an einem Beispiel!

Der Klausner Hsiang am Lotosblumenhorn nahm seinen Stab in die Faust, zeigte ihn den Mönchen und sagte: *Bis dahin haben die Alten es gebracht. Warum waren sie nicht bereit,* DABEI STEHEN ZU BLEIBEN?

Keiner von den Hörern erwiderte ein Wort.

An ihrer Stelle gab er selbst die Antwort: WEIL SIE FÜR UNTERWEGS KEINE KRAFT DARAUS SCHÖPFEN KONNTEN.

In die schneidende Stille fragte er dann: WIE STEHT ES NUN ALSO?

Abermals gab Hsiang an Stelle der Hörer selbst die Antwort, indem er sprach:

Sie legten sich ihren Stab aus Eschenholz
quer über den Nacken und stiegen damit, ohne sich
nach einem Menschen umzusehen, mitten in das Gebirge
mit den hundert und tausend Gipfeln

Zwischenbemerkung: Der sonderbare Klausner mit seinem Eschenholzstab in der Faust: ist er noch ganz bei Trost – oder hat er etwa ein drittes Auge auf der Stirn? Und keiner von den Kuttenbrüdern traut sich, sein Maul aufzumachen; so sind sie seit ältesten Zeiten: wie Hanf- und Hirsekörner! Nun hat an sich der »ganze Schlag voller Falken« mit seinem Schweigen nicht einmal so unrecht. Wer etwa an einem

Halbsatz des Meisters wie dem genannten: »unterwegs keine Kraft daraus schöpfen«, hängenbleibt und herumstudiert, hat noch mit Sicherheit eine beschwerliche Halbmonatsreise vor sich.

Wiederum fragte er: »Wie steht es nun also?« Und alle sitzen auf dieser einen Frage fest; doch unter vielen Dutzenden sind doch ein oder zwei, die es ahnen und verstehen werden.

Und statt den offenbar nutzlosen Mönchsstab einfach wegzulassen, konstatiert Hsiang: »Sie legten sich ihr Eschenholz quer über den Nacken und gingen damit, ohne sich umzusehen, mitten ins Gebirge mit seinen hundert und tausend Gipfeln.« – »Solch großartige Antwort verdient an sich dreißig Stockhiebe!« (eine begeisterte Randbemerkung).

*

Die Erläuterung zum Beispiel meint, es werde im Verlauf der zwanzig Jahre wohl auch einige gegeben haben, die dem »Glücklichen« mit einfachen Worten sagten, wie und wie gut sie die Frage verstanden. Die Umrisse seiner geistigen Gestalt jedoch bekamen sie nicht deutlich in den Blick. Dabei gilt, nach einem Kommentar zum Blumenschmucksutra: »Der höchste WEG ist an sich ohne Worte; aber durch Worte gibt der Weg sich kund.« Darum kommt es eben doch darauf an, daß man auf die Worte eines Menschen achtet, um zu erkennen, ob er den WEG begriffen hat oder nicht: OB DU ES HAST ODER NICHT HAST.

Für normale Zuhörer des Einsiedlers erscheint schon seine erste Frage rätselhaft genug. Und dann kann die zweite Feststellung: *Weil sie für unterwegs keine Kraft davon bekamen*, nurmehr als völlig abstrus empfunden werden. Der Wanderstab, Symbol des Kuttenmönches, soll auf einmal kraftlos sein? Hat nicht der würdige Schan-dau in seiner

Felsenhöhle* jedem Besucher seinen Stab hingehalten mit den Worten: »So haben es die Buddhas in vergangenen Zeiten gehalten; so halten es auch die Buddhas der Gegenwart.«

Und wie verhielt es sich in bezug auf das Stabsymbol mit dem Ehrwürdigen Yän-yang (der mit einem Tiger und einer Schlange seine Klause teilte)? Der traf auf dem Weg einen Mönch, hob den Stab mit festen Griff und fragte jenen: »Was ist das?« Der Mönch schüttelte den Kopf. Der Meister sagte vorwurfsvoll: »Ein Stab aus Holz, nicht einmal *das* weißt du?« Dann nahm Yän-yang seinen Stab, stieß ihn in die Erde und fragte: »Aber was das ist, weißt du doch wohl?« Der Mönch erwiderte: »Nein, ich weiß es nicht.« Yän-yang stellte fest: »Also auch von einem Bohrloch in der Erde hast du keine Ahnung.« Wiederum nahm der Meister seinen Stab, legte ihn sich auf die Schultern und fragte: »Verstehst du wenigstens *das?*« Als der Mönch verlegen verneinte, sprach Yän-yang: »Mit meinem Eschenholz quer über dem Nacken gehe ich, ohne mich nach einem Menschen umzusehen, geradewegs ins Gebirge mit den hundert und tausend Gipfeln.«

Schließlich hat auch Hsüä-feng eines Tages vor der Mönchshalle seinen Stab in die Faust genommen, ihn vorgezeigt und gesagt: »Das hier ist nur für Naturen geringerer und mittlerer Güte.« Die Schlafhauben und Einfaltspinsel unter den Mönchen konnten damit nichts Rechtes anfangen. (Kommt so einer von diesen Kuttenbrüdern einem Meister unter die Augen, durchschaut der sofort, daß er jemanden vor sich hat, der verzweifelt versucht, ein viereckiges Holzstück in ein kleines rundes Loch einzufügen.) Nun war da doch einer unter den Mönchen, der vortrat und entgegenhielt: »Was aber, wenn unversehens ein Zen-Mann

* Seit dem Jahr 845, der Buddhistenverfolgung, lebte er in einer Gebirgshöhle.

allerhöchster Güte daherkäme?« Da drehte sich Hsüä-feng mitsamt seinem Stab um und ging fort. – In einer Nach-Audienz kommentierte Yün-men dazu: »Was mich betrifft, bin ich mit der Abruptheit, mit der Hsüä-feng diesen Dialog abbricht, nicht ganz einverstanden.« Darauf erhob sich ein Mönch: »Ehrwürdiger, es ist mir nicht klar, was Ihr meint?« Anstatt einer Antwort versetzte Yün-men ihm einen Schlag.

An sich ist es immer dasselbe: Wenn man einen Meister in der Audienz aufsucht, handelt es sich nie um ich weiß nicht wie viele Fragen und Probleme. Die kommen dir nur in den Sinn, weil da draußen Berge, Bäume, Flüsse sind und du dir innen gewahr wirst, wieviel verschiedene Sinne du hast. Von da aufwärtsblickend kannst du sehen, wie es da ein Buddhawesen gibt, das man in sich finden sollte, abwärtsblickend die vielen unerlösten Lebewesen: Das alles mußt du auf der Stelle ausspeien und aus der Magengrube von dir geben: das läßt sich alles in einem einzigen Lotosblatt zusammenfalten. Das fertiggebracht, mag der Raum, den du ausfüllst, so klein sein wie die Spitze eines Haares, so bist du doch IM WEITEN wie in ungezählten Welten; und säßest du selbst im Höllenkessel drin, im siedenden Wasser oder im Feuer des Höllenofens, so wirst du dich doch wie im Land des Friedens und der Freude fühlen. Und umgekehrt: Inmitten aller Kostbarkeiten und Schätze dieser Erde wirst du dir nicht anders vorkommen als unter einem Klausendach aus Stroh oder Binsen.

In diesen Bereichen gilt, daß ein wirklich Zen-Erfahrener, der genau denselben Status wie die großen Alten erreicht hat, sich überhaupt nicht anzustrengen braucht – lässig und traumhaft sicher ist er in all seinem Tun und Lassen, wie unser Klausner in den drei Monologen.

Zu dem Nicht-stehenbleiben-Wollen der Alten legt Meister Hsüä-dou, mit Dichternamen Lu, einen Gesang vor:

Einer, der
Mit der Wende geht,
Greift nicht daneben.
Den müßtest du finden,
Der alle Spitzen zerbricht,
Tiefengestein zu Glut schmelzt.
Doppelte Mauer barst ihm in die Breite.
Von dort trat der Meister wieder ins Weite.
Mann im Mond; bald hell, bald fahl, ohne Licht.
Ein Sonnenvogel, als ob er flöge, und fliegt doch nicht.
Der alte Lu weiß nicht, wohin der Mann entschwunden.
Die weiße Wolke, die Welle im Strom sind aneinandergebunden.

Ihr Zen-Mönche! Wären es nicht dreihundert Traglasten Schwachsinn, wenn einer von euch immer noch die Worte des Klausners zu Brei zerkauen wollte, statt in blitzartiger Wende zuzugreifen? Vergebliche Mühe, dazustehen, sich am Kopf zu kratzen und sich auf dieses oder jenes zu besinnen: blickst du nach links, versäumst du hundert Lebzeiten, blickst du nach rechts, vergehen tausend Äonen. Geradeaus steht dir das, was tötet, wie das, was lebendig macht, zu Gebote. Oder soll ich euch ein paar Augen unter die Füße geben, damit ihr versteht, warum die Alten geradewegs ins Hochgebirge gingen? Hier noch ein Gedicht:

In den Augen Sand und Staub,
Im Ohr der Erde Krumen.
Hunderte von Gipfeln sind's;
Er steht nicht lang davor. –
Tanzende Blüten in Stromschnellen,
Alles ist grenzenlos weit.
Schaut nur, ob ihr seht wohin
Den Glücklichen sein Weg entführt.

In den Augen Sand und Staub, im Ohr der Erde Krumen ...
Das gilt dem Klausner am Lotosblumenhorn. Wenn ein Kuttenmönch einmal so weit gekommen ist wie dieser Eremit, dann hat er nach oben in Richtung Offener Weite nicht mehr die Sehnsucht, sich an den Wolken festzuhalten, hat nach unten, den Niederungen hin, sich selber längst aufgegeben und ist die ganze Zeit wie närrisch und narrensicher.

Meister Nan-tjüan sagt ganz unverblümt: »Sogar solche, die in der Einübung des Weges erfahren sind, bringen es nur selten so weit, daß sie weise Narren werden.«

Ein berühmter Dichter bestätigt das in zwei Zen-Versen:

Ich denke: es stimmt, wenn Nan-tjüan spricht:
Die weise Narretei, die gibt's so leicht nicht.*

* Erstaunlich und faszinierend ist immer wieder, wie sehr bereits im chinesischen Mittelalter (Erstfassung des Bi-Yän-Lu im 12. Jh.) alle nur logisch denkbaren »Kommunikations«-Möglichkeiten auf eine Frage hin den großen Meistern zu Gebote standen: vom Schweigen bis zur averbalen Geste, oder die vier Möglichkeiten der indischen Logik, eine Frage, z. B. ob Buddha Gott sei, (nicht) zu beantworten a) durch Bejahen, b) durch Verneinen, c) durch beides zugleich, d) durch »weder noch«. – Dann die Tautologie: ein Buddha?: Ist ein Buddha – oder die »Antwort« durch Ausweichen: »Sieh, den Päonienbusch«, oder den paralogischen Kalauer: Buddha?: »Eine Essiggurke!« Schließlich durch Gegenfrage, Gegenfeststellung: »Du bist Hui-tschau!« Aus all diesem Instrumentarium wählt ein Meister genau das im Augenblick für diesen bestimmten Fragenden existentiell »Richtige«, WAHRE.

Meist wollen wir Abendländer wenigstens noch ein Quentchen Logik verspüren, selbst dann, wenn sie paradox aufgehoben ist, wie in dem berühmten Satz des Kreters Epimenides: »Alle Kreter lügen«, verschärfbar zu: »Ich lüge« oder abstrakter: »Diese Aussage ist falsch«, ein Satz, der jeder Logik, so 'rum oder so 'rum, den Magen umdreht. Die logische »Narretei« des alten Zen geht spielend einen arationalen Schritt weiter. Meister Mumon sagt generell über Zen-Sätze: Wenn du mit deinem Auge siehst und mit deinem Ohr hörst, kannst du es nicht erlangen. Dazu stelle man sich im Vergleich die Unmöglichkeit vor, in einem deutschen Lesebuch folgendes Gedicht von Theiso (als wäre es von Schiller) zu zitieren:

Der »alte Narr« könnte demnach ein augenzwinkerndes Zen-Kompliment sein (ähnlich wie in Nordafrika die höchste Laudatio am Grab eines Familienvaters in dem Ausruf gipfelt: »Du warst unser aller Kamel!«). Ja, unser glücklicher Zen-Klausner ist ein närrischer Idiot.

Nan-tjüan argumentiert weiter: »Die siebenhundert auserlesenen Schüler des fünften Patriarchen waren samt und sonders Mönche, die in allem der Buddhalehre Bescheid wußten. Wer nichts von der Buddhalehre verstand, war allein der Pilger Lu: sein Verstehen war auf Dau gerichtet, den Weg, den inneren Sinn, auf das Gesetz der Wahrheit. Darum war er es, der vom fünften Patriarchen Gewand und Bettelschale bekam und zum sechsten Patriarchen wurde.« – »Wer nur den Buddha und seine Lehre versteht, wird zum Gefangenen des Buddha und seiner Lehre«, sagt ein japanischer Meister und fährt fort: »Die höchste Wahrheit erfüllte längst die Welt, bevor der Buddha kam. Das Gesetz des Buddha ist ein Tor, durch das man den höchsten Weg betreten kann. Geht man durch dieses Tor bloß immer hin und zurück, so gelangt man nicht in das Heiligtum im Hintergrund des Wegs der höchsten Wunder.« Einer der

> Wenn du es verstehst, dann sind alle Dinge eins.
> Wenn nicht, sind sie verschieden und gesondert.
> Wenn du es nicht verstehst, sind alle Dinge eins.
> Wenn »ja«, dann sind sie verschieden und gesondert.

Hier sind bewußt die ersten beiden Zeilen den letzten beiden entgegengesetzt. Nach Meister Daito (in Ergänzung von Mumon) nur zu verstehen:

> Wenn du mit Ohren siehst und hörst mit Augen,
> Dann zweifelst du nicht mehr. –
> Diese Regentropfen, wie sie vom Dach rinnen!

(Zitiert aus: Zenkei Shibayama, Zu den Quellen des Zen, München 1986.)

alten Chinesen faßte das in ein Bildgedicht: »Vergaffe dich nicht in das Grün der seltenen Kräuter an den kalten Felshängen! Aber den weißen Wolken da oben den Rücken zu kehren, ist auch nicht der Weg zu den Wundern unserer Weltanschauung.«

Was dahintersteckt, das ist genau der Schlüssel zu der Äußerung des Klausners vom Lotosblumenhorn: »weil sie keine Kraft davon bekamen« – und erst in den Gipfeln des Hochgebirges bekommen sie diese zurück.

Yüan-wu, der Mönch vom Berge, fragt: »Wo ist der Klausner jetzt?« Wenn einer von euch Lesern es sehen kann, dann hat er davon denselben Gewinn wie der glückliche Eremit vom Blumenhorn. Vermag er es nicht, möge er seinen Sitzplatz in der Meditationshalle aufsuchen und lange und gründlich dort mit sich zu Rate gehen.

*

Der Mönchsstab, nicht bloß ein Bild der Wanderschaft, wird zum Inbegriff des höchsten Gutes selbst. Die Kraft, mit der ein frommer Pilger seinen Stab auf die Erde stößt, zeigt die ganze Entschiedenheit unbedingter Weltabkehr wie die Hingabe der Person an jenes hohe Ziel. Der Klausner beschwört das Bild der Väter, wenn er nun in seiner Frage von der Behauptung ausgeht, daß sie selbst in der Seligkeit höchster Schau nicht verweilten: Denn »Stehenbleiben vergiftet«. Das hätten die Mönche wirklich auf Anhieb erfassen können. Hatte doch schon der Buddha selbst, als er unter dem Baum der Erleuchtung die Seligkeit des Nirvana gekostet hatte, den naheliegenden Gedanken, in diesem Zustand zu verharren und nicht mehr in die Welt zurückzukehren, als eine Lockung des Versuchers von sich gewiesen; er hatte sich losgerissen und war wieder unter die Menschen gegangen, um auch ihnen das Heil, das er gefunden hatte, zu verkünden. Aber es wird schon seine Gründe gehabt haben, daß den Zuhörern die irdisch allzu menschliche Seite des Buddhas und Patriarchen weniger deutlich bewußt war, weil jede Religion im Laufe ihrer Entwicklung dazu neigt, ihre Vorbilder und Heiligen mehr und mehr zu verhimmeln, wodurch sie freilich im gleichen Maße dem Schicksal der Unwahrhaftigkeit und Erstarrung anheimfällt.

Um solcher Festschreibung im Höchsten, als eben einer Vergiftung religiöser Metaphysik, zu entgehen, verhielten sich die Alten Väter scheinbar folgewidrig: Sie gingen zum Alltäglichen über: Goldstaub, so kostbar er sein mag, darf nicht in die Augen geraten und sie trüben.

In der Tat verblüffend ist, wenn in seiner Erklärung der Klausner Stab und Symbol auf den Kopf stellt und meint, die Alten hätten einfach »unterwegs keine Kraft aus ihm schöpfen können.« Kein Wunder, daß der Eremit vor sich nichts als lange Gesichter sah, wenn er der Macht des Buddhastabes auf einmal allen Wert abspricht: der glückliche Narr lügt mit der Wahrheit am besten. Der volle Ernst kommt allerdings mit der Frage des Klausners, worauf denn dies alles hinauslaufe. Die Zuhörer, denen gerade der Magen umgedreht wurde, müßten ja konsequenterweise vermuten, daß die Alten ihre Wanderschaft ohne den (nutzlosen) Stab fortsetzten. Keine Rede davon: »Sie legen sich das Eschenholz quer über den Nacken und gehen beschwingten Schrittes weiter, halten sich nirgends auf, immer mit dem Blick auf neue und aberneue Höhengipfel«, Symbole neuer Erhellungen.

Dem Verfasser Yüan-wu (wie dem Dichter Hsüä-dou) liegt herzlich wenig an einer scholastischen Ausdeutung all dieser Gleichnisse, wohl aber etwas am Aufzeigen der Gesamtperson dieses außerordentlichen Meisters, der selbst weder oben noch unten *stehenbleibt*; der in der Welt lebt und seit langem von ihr nichts verlangt, und der den in Klöstern etablierten Mönchen als Narr, als Idiot erscheint.

Solche Menschen, sagt Yüan-wu, berühren weder den Himmel noch den Boden: sie gehen über die Erde als Menschen OHNE FUSS-SPUR.

In dem seltenen »Eins-bis-sieben Strophen-Gedicht« geht dieser bemerkenswerte Meister, übereinstimmend mit dem DAU (Tao), der gesetzten Weltvernunft, stets MIT DER WENDE, hin und her zwischen den beiden Oben-Unten-Polen – so wie das Weberschiffchen nach links nur anschlägt, um nach rechts zurückzuschlagen und umgekehrt. Zu Unrecht wäre die heilige Einfalt des Eremiten zu belächeln: Er hat auf seine Weise die höchste Lebendigkeit und Geistesgegenwart erzielt.

In der NAIVITÄT dieses Grundgefühls wurzelt viel DAUismus, wie er in reinster Form bei Lau-dsi, und auch bei Dschuang-dsi und Liä-dsi zu finden ist. Anders als ihr Gegenspieler Kung-fu-dsi sehen diese Weisen das Ziel im höchsten Weg, DAU, der unfaßbar über allen Gegegensätzen thront. Gewiß gilt dies auch für das GESETZ des Buddha, mit dem Manko allerdings, daß das Buddhatum, bis es nach China gelangt, längst mit einer dicken Kruste von Gelehrsamkeit belastet war, die es erst abzuschütteln galt. Den ursprünglich einfachen WEG wieder freizulegen war die Absicht und die Kunst des ZEN. Manche Historiker meinten denn auch, ZEN sei eine Verbindung von DAUismus und Buddhismus, was sicher übertrieben aber insofern richtig ist, daß jene Chinesen sich im ZEN zusammenfanden, die vom »einfachen« DAU herkamen, um den *Kern* des Buddhatums in befreiender Erleuchtung zu erfahren.

Bai-dschang auf dem Hundertklafterberg

Ein Mönch erhob vor Bai-dschang die Frage: WAS GIBT ES AN AUSSERORDENTLICHEM?

Bai-dschang antwortete beiläufig:

Ich sitze hier auf dem Hundertklafterfelsen

Der Mönch verneigte sich vor dem Meister.
DA SCHLUG IHN BAI-DSCHANG.

Zwischenbemerkung: Allen Respekt vor der Kühnheit dieses Mönchs, der in Anwesenheit aller Kuttenbrüder bei der Audienz vortritt und einfach fragt, was es Außerordentliches gebe (was für ein vierteiliger Waffengang von Rang). Doch wie soll ein Großwildjäger, der sich nicht in des Tigers Höhle traut, das Tigerjunge fangen?* Der Kerl führt in der Tat etwas Verblüffendes im Schilde.

Bai-dschangs Gewohnheit war es, dazusitzen wie ein Tiger mit gespreizten Pranken; und der läßt sich nicht einfach so über die Schnurrhaare streichen. Mit schlafwandlerischer Sicherheit zeigt der alte Tiger dem jungen Drachen die Pranke: »Hier auf dem Hundertklafterberg einfach zu sitzen.« Ein Wort voll Hoheit, das alle Lande im chinesischen Reich erschauern läßt. Die dabeisitzen wissen: Nun ist für den, der da vorne steht, die Schlacht verloren.

Der geistesgegenwärtige Schlaukopf von Kuttenbruder verneigte sich in Verehrung. Da schlug ihn Bai-dschang: der wirklich vollkommene Meister, der jede Kutte bis ins Innerste durchschaut.

* Ein Tigerjunges zu fangen, der Mutter abzulisten ist das Schwerste: Gleichnis des Vorstoßes zum Kostbarsten, der Wahrheit.

Ihr Mönche! Sage mir einer was zu der Verneigung des Bruders. Sagt einer, das wäre gut so gewesen: warum schlägt ihn dann Bai-dschang? Sagt einer, der Bruder hätte sich nicht richtig verhalten: was soll in der verehrenden Verbeugung dann der Fehler gewesen sein? Um hier noch den feinen Unterschied von tief und untief zu erkennen, muß man schon auf einer Höhe stehen, wo man sich hundert Gipfeln gegenübersieht.

Mit der verehrenden Verneigung vor dem Meister versucht der Mönch, dem alten Tiger die Hand ins offene Maul zu legen; aber nicht umsonst hat Bai-dschang noch ein drittes Auge über dem Scheitel und – auf dem Arm, über dem Handgelenk – sein Siegel. Sein Blick dringt gleichzeitig in die vier Himmelsrichtungen und unterscheidet scharf, woher die Winde wehen. Und darum gibt er dem Mönch für diese Verbeugung den Schlagstock. Ein anderer wüßte sich in diesem Falle (die Verneigung ist ja Tatsache) nicht so spontan zu helfen; denn der Mönch ist nicht von gestern: er erwidert Zug mit Zug im Spiel auf Leben und Tod und bekämpft den verehrten Meister mit seinen eigenen Waffen; daher auch der ausgezeichnete Rückzug mit dem Einfall, sich zu verneigen. Da wirft er seine Angel weit aus mit einem nicht zu verachtenden Köder. Natürlich ist auch hier Verneigung eben nicht immer gleich Verneigung.

Ein anderes Beispiel von verehrender Verneigung ereignete sich bei Meister Nan-tjüan. Der trug eines Morgens seinen Mönchen vor: »Um die dritte Nachtwache sind mir im Geiste die Bodhisattvas Manjushri und Samantabhadra erschienen; sie stellten über Buddhaschaft und das Gesetz allerhand Theorien auf. Ich habe jedem der beiden zwanzig Stockhiebe verabreicht und sie ans äußerste Ende der Welt verbannt.« Kaum hatte er ausgeredet, trat aus der Reihe der Mönche der nachmalige Meister Dschau-dschou vor und fragte nach: »Ehrwürdiger, wem gebt Ihr mit dieser Anspielung Euren Schlagstock zu fühlen?« Meister Nan-tjüan (von den Mönchen heimlich Wang genannt) fragte zurück: »Was hat der alte Wang dir denn nicht recht gemacht?«

Dschau-dschou verneigte sich in Verehrung.

Wer hier den feinen Unterschied von Verneigung und Verneigung spürt, hat diesen Aushang und die bisherigen Beispiele sich wenigstens nicht ganz umsonst zu Gemüte geführt. Man stelle sich vor: hier für Dschau-dschou ein Stockhieb: das wäre wie der hilflose Schlag ins Wasser durch einen Anfänger gewesen. Yüan-wu erinnert an seinen Lehrer, der sagte: »Die Aufgabe des Meisters, dem Schüler angemessen auf seine Fragen zu antworten, erfordert die gleiche Geistesgegenwart wie das Ringen mit einem Gegner vor den Hufen eines scheuenden Pferdes.«

Um diesen einmaligen Bai-dschang zu verstehen, solltest du erst einmal stille sitzen und dich in Versenkung von allen Eindrücken der Sinne lösen.

Vom Mönch heißt es anerkennend im Gesang:

Mutig kam einer und strich – dem Tiger übern Bart.
Und hält in Blitz und Funkensprüh'n die Geistesgegenwart.

Vom Meister:

Der Große, der auf eig'ne Art
Hier auftut, dort verschließt...

*

Einer der Alten sagte: »Bei allen wesentlichen Fragen, die einer an seinen Meister stellt, sollte man auch etwas über das besonders gute oder eben weniger gute Verhältnis der beiden zueinander wissen« (die sich ja täglich öfters über den Weg laufen). Erkennt man nicht die feinen Differenzierungen von numinos und gewöhnlich, von Lauterkeit und

Trübheit, Zuneigung und Aversion, läßt man sich notgedrungen vom bloßen Wortlaut leiten, deutet wirr drauflos, und keinem Menschen ist damit irgendwie geholfen. Bei einer offenherzigen Aussprache geht es zu wie beim Gebrauch von Schraube und Mutter, von Schloß und Schlüssel: erst in ungebrochenem Einfühlen ist Verstehen möglich.

In der Frage unseres Mönches liegt bereits der hohe Geist der Tradition. Seine diamantene Geschliffenheit hat Meister Bai-dschang direkt vom Patriarchen Ma von der Pike auf gelernt, dessen große geistige Lebendigkeit und Seelenkraft berühmt waren. Ein Beispiel: Ein Mönch fragte den Patriarchen Ma: »Was ist in aller Kürze der Sinn des Buddhagesetzes?« Der Meister schlug ihn und versetzte: »Wenn ich dich nicht schlüge, würde mich ja das ganze weite Reich auslachen.«

Ein andermal faßte Ma einen Mönch, der nach Boddhidharma gefragt hatte, schmerzhaft ans Ohr. Wieder einen anderen zieht er mit einem Griff aus dem Teichschlamm empor: Wo verwandelt wird, da wird entweder zusammengerollt und verschlossen (was der andere kaum versteht), oder man tut auf und breitet seine Rolle auseinander. Yäntou sagte einmal: »Einen Schlag abwehren ist gut, einer Sache nachlaufen, weniger gut: im Redegefecht steht jeder für sich auf seiner eigenen Drehscheibe.« Hsüä-dou dichtete:

> Das Rad des Geistes steht im Grunde still.
> Dreht sich's, dann immer nur nach *beiden* Seiten.

*

Bai-dschang, Meisterschüler von Ma, prägte Zen als eine Art religiöser Gemeinschaft ganz eigener Art, die sich deutlich von den vorwiegend dogmatisch oder rituell ausgerichteten Schulen des chinesischen Buddhismus abhob.

Um 750 geboren, zog es den Knaben schon früh zur

Lehre des Buddha. Noch vor dem zwanzigsten Jahr ließ er sich den Kopf scheren und legte das schwarzgraue Mönchsgewand an. Er hieß Huai-hai, d. h. Meer der Innerlichkeit. In einem Kloster der Provinz Anhui vertiefte er sich in einer Bibliothek nicht nur in buddhistische Schriften, sondern auch in die Regeln des Vinaya, der strengen mönchischen Zucht des indischen Buddhismus.

Später ging er zu Großmeister Ma, der ihn alsbald als Aufwärter um sich hatte, und bei diesem erlebte er auch auf ganz direkte und persönliche Weise seine große innere Befriedigung. Je nach Quelle lauten die Berichte darüber etwas verschieden. In einem derselben heißt es: Eines Tages begleitete Aufwärter Huai-hai den Patriarchen Ma auf einem Gang ins Freie, als sie plötzlich einen Schwarm von Wildenten mit lautem Flügelschlag vorüberschwirren sahen. Das gab den Anlaß zu einem Frage- und Antwortspiel. Ma fragte nach einer Weile: »Was war das?« »Das waren Wildenten«, antwortete der Mönch. »Wohin sind sie?« Huai-hai erwiderte: »Sie sind davongeflogen.« Da drehte sich der Meister rückwärts zu seinem Begleiter um, faßte ihn an der Nase und drehte sie herum, so daß Huai-hai vor Schmerz laut aufschrie. Ma kniff und drehte die Nase weiter und schimpfte: »Sage mir noch einmal: Sie sind davongeflogen!« Bei dieser unbegreiflichen Schelte wurde es in und um den späteren Meister Bai-dschang ungeheuer HELL.

Im Jahre 786 ging der Patriarch Ma in die Verwandlung ein, nachdem er noch auf dem Krankenlager den (auf S. 39ff. dargestellten) Ausspruch BUDDHA MIT DEM SONNENGESICHT, BUDDHA MIT DEM MONDGESICHT getan hatte. Im Torbau über seiner Asche blieb der getreue Baidschang noch an die zehn Jahre, um des Großmeisters Geist in sich aufzunehmen und zu verfestigen. Später ging er in die Einsamkeit auf einen menschenleeren Gebirgsstock mit steil aufragenden Felsen bei einem Sturzbach, der über eine Felswand »hundert Klafter« (bai-dschang) in die Tiefe fällt.

In einem gestifteten Klosterbau kam dort zum Tragen, was der inzwischen weitgerühmte Meister durchdacht hatte: zum erstenmal wurde eine Mönchsgesellschaft – fern von hergebrachten buddhistischen Formen – frei nach ZEN-Grundsätzen errichtet. (Statt der Buddha-Halle mit Altären baute er eine »Dharma-Halle« zur Lehrtätigkeit und gleich daneben eine Meditationshalle.) An sich rührt von da her die Schlichtheit auch der japanischen Zen-Klöster.

Nicht genug damit: Bai-dschang war es auch, der eine neue mönchische Zen-Satzung aufstellte, die REGEL DER REINEN, psychologisch erwähnenswert, weil neben Ge- und Verboten erstmals auch positive Vorschriften zugunsten des Gemeinschaftslebens darin enthalten sind. Und dies alles in einem Geist (der Arbeit, Entspannung, Meditation, Ehrfurcht und Freude), daß selbst konfuzianische Beobachter staunend bekannten, in diesen freien Zen-Klöstern sei das Ideal der »Alten« zu neuem Leben erwacht.

Selbst mit gutem Beispiel voranzugehen, war Bai-dschangs Maxime; er arbeitete wie jeder andere Mönch auch auf dem Feld und im Gemüseanbau, alles unter dem Grundsatz: EIN TAG OHNE ARBEIT, EIN TAG OHNE ESSEN. (Als Mönche dem altgewordenen Meister sein Arbeitsgerät versteckten, erzwang er durch Fasten die Wiederherbeischaffung.)

Aus Bai-dschangs Schule entstand über die wichtigen Meister We-schan und Huang-bo später die Lin-dji oder Rinzai-Richtung des Zen. Daher auch die besondere Wertschätzung gerade dieses Beispiels durch japanische Kommentatoren. Es zeige, argumentierten sie, in seiner Prägnanz und schlagartigen Dramatik den Geist des ZEN auf seiner Höhe. Genau das Richtige sei auch, daß Yüan-wu hier auf einen einleitenden Hinweis verzichte, um für den vierteiligen Waffengang alle Sinne zu schärfen. Die erstaunliche Fragestellung des Mönches läßt vermuten, daß ihm Buddha, Buddhanatur, Buddhaschaft, Buddhagesetz, Nirvana usf. zu grauem Kloster-Einerlei zusammenflossen – ohne den numinosen Klang wunderbarer Erleuchtungserwartung.

Bai-dschang denkt auch gar nicht daran, mit einer Buddhaweisheit daherzukommen. Ohne Dogma ist ihm alles Leben im Hier und Jetzt. Er braucht nach Wundern nicht auszuschauen: Er hat das außerordentliche, einzigartige Wunder in sich, seiner eigenen Existenz. Allein hier zu sitzen (wobei »sitzen« auch gleich Meditation bedeutet) ist das Außerordentliche schlechthin. Mehr ist nicht. Mach es auch so wie ich. In Höhen und Tiefen ist jeder auf sich selbst zurückgeworfen und auf seine Buddhanatur angewiesen. So wird in dem offenen königlichen Wort auch Brüderliches angeboten. Doch eben darauf ist der Mönch nicht vorbereitet, auch wenn er die innere Hoheit dessen, der so spricht, ahnt. Er kaut noch an der Tatsache, daß der Meister ihm sein abwertendes Konzept verdarb. Die stumme Verneigung kann den Meister nicht über die noch bestehenden Zweifel des Mönches und seine Taktik täuschen. Immerhin, der Mönch bricht nicht zusammen, zweifelt zwar, aber heuchelt nicht Bekehrung. Auch Bai-dschangs Schläge haben einen Hauch von dieser Achtung in sich: Die ist ihm einen gekonnten Stockschlag wert. Das Sitzen, hier auf dem Hundertklafterfelsen, das ist es eben schon, das Wunder, da hilft keine weitere Rede, nur Selbsterfahrung. Und zu der können auch Schläge verhelfen, die dem Mann mit seinen grauen Zweifeln durch Mark und Bein gehen mögen.

Yün-mens goldener Wind

Im Herbst, in der schönsten Jahreszeit, wird auch die ganze Trostlosigkeit absterbenden Lebens beschworen; und nicht nur der kleine Tod der Natur.

Wie ein Meister auf eine einzige Frage gleich deren zehn beantwortet, an einer Ecke gleich die anderen drei aufzeigt, wie er zum Aufstöbern eines Hasens nur den Falken jagen läßt (nicht etwa den Hund für Großwild), wie er sich beim Feuermachen genau nach dem Wind richtet: von all dem können wir heute einmal absehen und nur das eine fragen: Was macht ein Meister in einer Lage, die es erfordert, in das Versteck des Tigers einzudringen?

Seht her. Das Beispiel:

Ein alter Mann fragte Yün-men: Was für eine Zeit ist das, wenn die Bäume sich verfärben und die Blätter zur Erde fallen?

Yün-men sprach:

Dann offenbart der goldene Wind sein ganzes Wesen

Den lockenden Geistern aus der Totenhöhle erwiderte Yün-men: »Da öffnet der goldene Wind sein ganzes Wesen.« Hingesagt in splitternackter Reinheit, in sprühender Blöße. Das Gesagte stemmt den Himmel hoch und stützt die Erde. Sein Wort wandelt leicht und eben dahin im Blau des Äthers.

Was für eine Zeit ist das, wenn die Bäume sich verfärben und die Blätter zur Erde fallen? Wem es bei dieser Frage (nach den Totengeistern) nicht kalt über den Rücken läuft, der möge lieber gleich nach Hause gehen, nach gewohnter

Art einen Hirsch mit einem Pferd verwechseln: die Augen blind, die Ohren taub. Solltest du jedoch die Augen aufgemacht und hingehört haben, dann hebe dieses gewonnene Gold von der Spielmatte auf und streiche es ein: dann hast du was von Yün-men, seiner Größe und seinem Herzen für andere begriffen.

Hat Yün-men überhaupt eine Frage beantwortet, oder blieb er beim Wechselgesang? Es ist beides zugleich und doch weder das eine noch das andere. Gelingt es einem Zen-Mann hier durchzudringen, braucht ihm kein Meister in die Nüstern zu greifen; dringt er nicht durch, wird er im alten Trott wieder in die Grube fallen, wo die Totengespenster hausen.

*

Sagt mir, ihr Mönche, was geht in einem Menschen vor, dessen innerer Seele eine Welt entspricht, in der die Bäume sich verfärben und die Blätter fallen? Schon aus der Frage sprechen hellwache Augen. Sagte doch schon der alte Schou-schan: »Wenn du willst, daß dein Meister ganz auf dich eingehen soll, dann komme ihm beim Fragen nicht mit Nachfragen daher.« Seine wirklich existentielle Frage, an sich gefährlich zugespitzt, hat der Mönch in wunderbar distanzierte Worte gekleidet. Die sich voll dem indignierten Mönch zuwendende Antwort: DANN OFFENBART DER GOLDENE WIND SEIN GANZES WESEN, enthält etwas im hohen Grade Wunderbares und trifft behutsam den Kernpunkt. (Vergleichbar etwa mit der Antwort, die Yün-men einem Mönch, der mit seiner Frage zu »den verschiedenen Perioden« an der Lehre des Buddha zweifelte, damals gab: »Ein einziger Zuspruch!«)*

* Vgl. S. 92.

So heißt es auch im Gesang des Hsüä-dou:

»Frage hat schon Vollgewicht – Antwort bleibt dahinter nicht...«

Der alte Mönch öffnet sein resignierendes Herz dem Meister, bereit, sich dem Tiger direkt vor den Rachen zu legen und gefaßt darauf, von ihm kreuz und quer gezerrt und zerrissen zu werden. Statt dessen streicht ein alter Tiger dem andern mit den eingezogenen Krallen seiner Pranke übers Rückenfell.

Widersteht mir aber bloß der Versuchung, dem Wortlaut nach ins Gefühlsmäßige abzugleiten, sich nach einem unerhellten Mitgefühl eine Deutung zurechtzulegen; so einer wäre schon durchgefallen, und dem Meister ginge ein Sohn mitsamt den Enkeln verloren. Es ist die Spezialkunst von Yün-men, »den Räuber auf seinem eigenen Pferd zu jagen«. Einmal fragte ein Mönch Yün-men im Verszitat: »Was ist dort, wo man nicht mehr denkt und fühlt?« Und Yün-men erwiderte den Folgevers: »Ja, dort sind schwer zu messen – Sinne und Gefühl.«

Das entspricht auch einer seiner drei Forderungen an einen Meister: dem kommunikativen Wellengang folgen (das andere war: »Himmel und Erde zudecken« und schließlich: »allen Strömen der Gedanken und Gefühle des Fragenden freundlich die Zunge abschneiden«).

»Dann enthüllt der goldene Wind sein Wesen« folgt dem Wellengang, verbindet Himmel und Erde (geht über Herbst und Tod hinaus), und drittens kann man schon sagen, daß diese Antwort in aller Freundschaft dem Fragenden jede Zufahrt zum gewohnten Port abschneidet, zum Hafen der Resignation: »Der Gelbe Strom führt schon vom Oberlauf her trübes Wasser und trägt den Sand und Schlamm bis hin ins Gelbe Meer.«

Eine alte Gedichtzeile sagt:

> Das Weltgesetz ist keineswegs geheim verborgen,
> Es liegt vor dir, wie einst, auch heute offen da.

*

Meister Gundert erwähnt hier, was für manch anderes Beispiel gilt: »Eine ganz wörtliche Übertragung würde nicht immer einen klaren Sinn ergeben haben. Es mußte daher manches umschrieben, gekürzt oder ergänzt werden, um das Ganze leserlich zu machen.« Die Niederschrift von der Smaragdenen Felswand, nur Meisterhänden anvertraut, war als Geheimschrift im kalligraphischen »Stenogramm« gedacht, nicht, wenigstens damals nicht, als Bibel des Zen. Der Europäer, selbst wenn er zenbelesen ist, kann vielleicht gut die Hälfte dessen erahnen, was ein Zen-Meister vom Bi-Yän-Lu schöpfte. Wer ein (z. B.) japanisches Zen-Kloster einige Zeit als Gastmönch erleben durfte, kann sich etwa zu zwei Dritteln in die dargestellten Szenen einleben.

Nicht zu weit hergeholt wäre der Vergleich, einem Südseeinsulaner Schnee begreiflich zu machen oder meinetwegen einem Eskimo den Geschmack von Honig in Worten zu erklären. Deutlicher vielleicht noch ein Vergleich mit der Trance eines Schamanen: dazu erstens ein lebendiger Reisebericht für Leser, zweitens der Erzähler, der nahe dabeistand und alles sah, vielleicht filmte, und erst dann die Stufe, wo einer mitmachte und selbst in Trance fiel. – Das gleiche gilt, wenn ich statt Trance eben Erhellung oder das große Wort Erleuchtung setze, um das es alles in allem im Zen, wenn auch abgewiegelt und oft unausgesprochen, geht: DEN GROSSEN TOD, DIE OFFENE WEITE, DURCHSEIN DURCH DAS SEIN.

In unserem Beispiel dürfte dem Anfangsverständnis unsere Naturentfremdung entgegenstehen. »Kirschblüte«

oder »Herbst« hat bei uns weder in der Natur noch in der Symbolik fernöstlichen Stellenwert. Dazu kommt, daß es natürlich auf einer neuchinesischen Schreibmaschine Zeichen für Herbst gibt: aber ein Malmeister nimmt seinen Tuschpinsel und gibt dem Zeichen Herbst einmaligen Charakter (objektiv und subjektiv) und dichterische Schönheit. *Das* muß man sich auch bei einem japanischen Haiku (5–7–5silbig) gemalt verdichtet dazudenken. Hier ein Beispiel nach J. D. Salinger*:

> Nachts im Haus; weiße
> Katze beißt zärtlich eines
> Witwers linke Hand.

Als nächstes denkt ein Abendländer bei Herbst vielleicht an Schwermut. Lorca spricht von den »bleiernen Hunden, die durch die Wälder von Tamavit gekommen sind«. Allein damit ist der Sinn der Frage des offenbar alternden Mönches keineswegs erschöpft. Angenommen, er ist mehr als dreißig Jahre im Kloster, dann wohl auch in einer inneren Krisis, an einem Punkt, an dem alles welk wird und zerblättert und ins leere, unerfüllte Nichts zu zerfließen droht. Längst haftet der Mönch nicht mehr an irdisch Sinnlichem. Aber auch Gundert äußert die Vermutung, daß dem Mönch seine geistige Heimat selbst fragwürdig, ja schal geworden ist. Ist nicht Buddha auch nur ein Name, Nirvana bloß ein Begriff? Und war das ganze geschäftige Treiben in den Klöstern, Übungen, Kultus, das ungeheure Wichtignehmen von Erhellungen, nicht auch nur eine besondere Neuauflage von Samsara, der gemeinen Welt mit ihren versteckten Leidenschaften, Eifersüchten? Als Novize hatte er das alles nicht so

* Aus »Seymour wird vorgestellt« (Köln 1965). Das zitierte Gedicht gehört zu jenen, deren Lektüre der Autor keinem Menschen empfiehlt, »der nicht wenigstens zweimal in seinem Leben, und zwar möglichst langsam, gestorben ist« – das Nirwana im Großen Tod erfahren hat.

gesehen: doch jetzt in seinem Lebensherbst – noch immer nicht »erleuchtet« – meint er, das alles als Täuschung, wenn nicht Heuchelei zu durchschauen: denn auch bei Mönchen in Zen-Klöstern, also Menschen, »menschelt es«. Der Mönch resigniert und erwartet auf sublim distanzierte Weise vom Meister dessen Einmütigkeit in puncto, sagen wir, »Heiterer Resignation«.*

Der Meister kennt, auch aus eigener Durchgangserfahrung, den ziemlich verzweifelten Ort, an dem der Mönch in seinem Inneren angelangt ist – Kierkegaard würde sagen, das Stadium »verzweifelt man selbst sein zu wollen«. Wie sonst nicht selten, fertigt Yün-men diesen Mann nicht wortkarg oder barsch ab. Er nimmt das Lied vom Herbst aller Dinge selbst auf mit dem ermutigenden Zuruf vom goldenen Wind, der bald auch diesem Mönch sein ganzes Wesen offenbart. Das ist alles andere als euphemistischer Zweckoptimismus. Wäre der Mönch nicht kurz vor dem entscheidenden Durchbruch oder gar ein hoffnungsloser Zen-Fall, würde er ihm statt Zenübungen vielleicht Rosenzüchten empfehlen. Gerade im Herbst sind der kleine und der große Tod nahe. Mancher Mönch hatte seine große Erleuchtung inmitten der kleinen, letalen Todesstunde. Und mancher Zen-Meister hatte erst im beginnenden Greisenalter den großen Durchbruch. Auch das läßt Yün-men durchklingen: Schau her, auch mir altem Mönch öffnet der goldene Herbstwind sein ganzes Wesen: Öffne auch du dein Herz »dem herbstlich verklärten Sonnenlicht«, um es, gerade im Alter, nirvanisch erhellen zu lassen.

* Die hoffnungslos-konsequente Altersverzweiflung beschrieb Jean Améry in »Altwerden, Revolte, Resignation«, gefolgt vom literarischen und tatsächlichen »Hand an sich legen«. Schade, daß er die gelassenen und lachenden Zen-Greise in manchen Klöstern nicht erlebt hat, mitten im ›dsung‹, im ganzen Geist des ZEN.

Nan-tjüans unverkündigte Wahrheit

Meister Nan-tjüan besuchte den Abt We-dscheng auf dem Hundertklafterberg. Im geistesgleichen Spiel stellte der Abt an Nan-tjüan beiläufig die Frage: *Was meinst du – hatten die Väter, die uns vorangegangen sind, noch irgendeine Wahrheit, welche sie den Menschen nicht unbedingt auf die Nase banden?*

Nan-tjüan sagte darauf augenzwinkernd: DIE HATTEN SIE ALLERDINGS. Mit dieser Einigkeit nicht genug, fragte der Abt weiter: UND WAS, GLAUBST DU, IST DIESE WAHRHEIT, WELCHE SIE DEN MENSCHEN NICHT GESAGT HABEN?

Nan-tjüan gab als Antwort:

Geist ist es nicht, es ist auch nicht Buddha:
Es ist an sich gar nichts!

Der Abt vom Hundertklafterberg stimmte zu: GENAU DAS IST ES.

Nan-tjüan abwiegelnd: ICH HAB' DAS NUR SO HINGESAGT. WIE DENKST DU ÜBER DAS UNSAGBARE?

Lachend erwiderte der Abt: KEINE AHNUNG: ICH ÜBERLASSE DAS DEN GROSSEN SCHRIFTGELEHRTEN; WIE SOLL ICH WISSEN, WAS DIE ALTEN GESAGT HABEN UND WAS NICHT?

Nan-tjüan kommentierte: DA SOLL EINER KLUG DARAUS WERDEN.

Da sprach der Meister vom Hundertklafterberg: NOCH DEUTLICHER KANN ICH ES DIR WIRKLICH NICHT MACHEN. Und beide Meister lachten.

Yün-men bemerkt dazu: schon bei der ersten Frage, ob die Alten eine Weisheit in der Hinterhand behielten, müßten einem Durchschnittsmönch eigentlich die Zähne ausfallen.

Dumme Frage, beide wissen die Antwort. Und dann sagt der geschwätzige Nan-tjüan auch noch: »Die hatten sie allerdings«, als ob es das noch unter solchen Meistern gebraucht hätte. Was für redselige Tolpatsche. Na ja, Zen-Meister unter sich dürfen schon mal ZEN auf den Arm nehmen – und blödeln. Seht nur, wie der Alte vom Hundertklafterberg mit den Händen fuchtelt und es einfach nicht lassen kann, das unsägliche Spiel mit seiner Frage weiter zu treiben, von einem Fettnapf direkt in den nächsten. Aus dem spaßigen Geplänkel plötzlich in die Tiefe: »Es ist nicht Geist, nicht Buddha; es ist GAR NICHTS.« Der Abt: *Du sagst es*. Höchste Zeit für beide, das Maul zu halten. Aber nein; sie spielen *noch* eine Runde. Nan-tjüan bohrt dem Abt in der Nase, was er zum Unsagbaren zu sagen habe. Der Abt druckst herum: bin kein Schriftgelehrter, »wie soll ich wissen, was die Alten gesagt haben und was nicht –«; gerade noch drückt er sich am Tod vorbei; Dornen stecken im weichen Schlamm; sich selbst versteckt er hinterm Baum und merkt nicht, daß jeder seinen Schatten sehen kann. Was fällt ihm ein, uns derart an der Nase herumzuführen? Wie gut, daß Nan-tjüan, gespielt oder nicht, da nicht mehr ganz mitkommt. Verstünde er's in voller Tragweite, zerspränge ihm vielleicht der Kopf in Stücke. So genau wollte er das auch wieder nicht wissen. Ein Glück, daß er sich ziemlich dumm stellt. Der alte Abt: »Noch deutlicher kann ich es dir wirklich nicht sagen.« Reif auf Schnee. Drachenkopf vorne, und hinten ein lustiges Drachenschwänzchen. Das hilft nicht viel, bringt aber beide wenigstens zum hellen Lachen.

*

In diesem Beispiel, von jedem Historiker etwas anders interpretiert, geht es jedenfalls mal nicht um irgendeine Belehrung. Handelte es sich nur um schlagfertige Zen-Burschen, die sich zum Spaß eine säuische Schlammballenschlacht liefern, dann könnten wir ruhig und unbeteiligt zusehen, wie sich die beiden mit nassem Dreck über und über besudeln. Da sind jedoch zwei große Meister am Werk, wie zwei klare Spiegel auf ein und demselben Ständer. Lassen wir den Dichter Hsüä-dou im Lobgesang auf uns wirken:

Den Vätern, dem Buddha, ging es von je
Nicht bloß um die anderen Leute.
Das Kuttenvolk reckt die Hälse und läuft
Um die Wette, wie einst, so wie heute.
Im Spiegel, dem klaren und stillen zieh'n
Der Bilder wechselnde Scharen.
Doch beide, wiewohl nach Süden gewandt,
Seh'n nördlich den Stern, den polaren.
Dort hängt die Deichsel herab –
Kein Ort, den man sucht, wo er sei. –
Greifst du fest in die Nüstern hinein,
Dann kommst du am Munde vorbei.

*

Beim Spiegelvergleich im Gedicht erinnert Yüan-wu an ein Gespräch, das ein Schüler des We-schan, Meister Ling-yün, führte. Diesen fragte ein Mönch: »Was ist, wenn (im Seelenspiegel) alles bis aufs kleinste Stäubchen rein weggewischt ist?« Ling-yün erwiderte: »Dann kann immer noch der Irrtum einströmen, der sich an die Wahrheit als an etwas Dauerhaftes und Feststehendes halten möchte.« Darauf der Mönch: »Gibt es also noch etwas Höheres?« – »Ja«, sagte Ling-yün. Und als der Mönch nun wissen wollte, was das sei, sprach er zu ihm: »Geh und brich deinen reinen Spiegel in Stücke! Dann können wir wieder darüber reden.« Denn auf unser Beispiel bezogen: Es ist nicht einmal ein klarer Spiegel: Es IST AN SICH GAR NICHTS.

Natürlich wissen von Anfang an beide Meister, auf welch gefährliches Glatteis sie sich mit ihrer Wechselrede vom Unsagbaren, begeben. »Was die Alten gesagt oder nicht gesagt haben«, ist wohl eine Anspielung vor allem auf *den* Alten, den Patriarchen Ma. Wir kennen seine Maxime: MERKT EUCH, DER EIGENE GEIST, DAS EIGENE HERZ, DAS IST BUDDHA. Das Wahrheitsgesetz des Geistes, das trägt jeder einzelne, ja sogar Hinz und Kunz, in sich. Darum heißt es in dem Lankavatara-Sutra: *Buddhaworte haben ihren inneren Sinn im Geist; ihr Lehrsatz vom Gesetz der Wahrheit besagt, daß es einen solchen Lehrsatz nicht gibt. Denn wer nach dem Gesetz der Wahrheit sucht, für den gibt es nichts zu suchen*: ES EXISTIERT AUSSERHALB DES GEISTES NICHT NOCH SONSTWO EIN BUDDHA UND AUSSERHALB DES BUDDHA NICHT NOCH SONSTWO EIN GEIST.*

Als ein Mönch vor Ma äußerte, er suche das Gesetz des Buddha, versetzte der Patriarch: »Du läßt also den Schatz, den du im eigenen Haus verborgen hast, gleichgültig herumliegen, läufst fort und suchst in der Welt nach anderen Schätzen. Was soll das? Hier bei mir ist für dich nichts zu holen, auch kein Buddhagesetz.« Der Mönch fragte: »Was ist denn das für eine Schatzkammer, die sich in meinem Haus befinden soll?« Ma erklärte: »EBEN DAS, WAS JETZT

* Genauso sprach schon zu Beginn des 9. Jahrhunderts Meister Joshu (Shin-sai): »Der authentische Buddha ist einzig und allein in eurem eigenen Geist.« Von demselben Meister existiert eine andere signifikante Geschichte. Ein Besucher fragte Joshu, unter welcher Devise sein Kloster stünde. Joshu schüttelte den Kopf: »Hier gibt's keine Devise«. – »Aber Ihr seid doch der Abt hier? Da wird doch sicher eine bestimmte Devise aus den Reden Buddhas existieren.« Der Abt antwortete: »Hier gibt's keine Devise. Und das einzige Wort, das ich in meinem Kloster nicht gerne höre, das ist *Buddha*.«

Dazu passen die »Credo quia absurdum«-Verse des Meisters Schau-hsiu:

Einen Buddha, den hat's überhaupt nicht gegeben –
Und niemals kam ein Bodhidharma aus dem Westen ...

HIER AN MICH DIESE FRAGE STELLT, DAS IST DEINE SCHATZKAMMER. *Die ist mit allem Notwendigen ausgerüstet; nichts fehlt; und du kannst über sie ganz frei verfügen. Was brauchst du da noch draußen herumzusuchen?* In diesem Augenblick ging dem Mönch ein großes Licht auf.

Der Bezug auf Ma wird noch deutlicher durch eine andere Begegnung eines Mönches mit diesem Patriarchen. »Weshalb, Ehrwürdiger, lehrt Ihr, *der Geist, nichts anderes, sei Buddha*?« Ihm erwiderte Ma: »Damit die kleinen Kinder endlich aufhören zu schreien.« Der Mönch: »Und was, wenn sie aufgehört haben zu schreien?« – »Dann«, sagte Ma, »ist es etwas anderes als Geist und etwas anderes als Buddha.« Der Mönch ließ nicht locker: »Was jedoch ist Eure Unterweisung, wenn einer kommt, auf den weder Eure erste noch die zweite Antwort paßt?« Der Großmeister antwortete: »Dem werde ich klarmachen: Es ist gar nichts.«

Tai-sui und We-schan

Der spätere Meister Tai-sui war in der ersten Hälfte des 9. Jahrhunderts als Sohn vornehmer Eltern in der Stadt Yäntin aufgewachsen und hatte sich als junger Mönch auf die weite Pilgerfahrt ins große Reich begeben, um möglichst alle Lehrer von Rang selbst zu erleben.

Zitat: »Auf dieser langen Wanderschaft von einem ZEN-Kloster zum anderen hatte ich nur den einen Wunsch: jedem Meister ganz in die Augen zu sehen; wenn ich in den Augen etwas entdeckte, das so aussah, als wäre es *feinstofflich* von DEM, dann blieb ich ein halbes Jahr. Bei *grobstofflicher* Gemütsart blieb ich bloß zwei Tage. Zähle ich's zusammen, so sind es über sechzig anerkannte Lehrer des Gesetzes, zu deren Füßen ich gesessen habe. Das große Auge habe ich bei einem oder zweien gefunden. Die Weisheiten der anderen kann ich getrost vergessen.«

Mehrere Jahre hielt sich der spätere Meister Tai-sui im Kreise von We-schan auf und kümmerte sich als Aufwärter um das tägliche Feuermachen. Eines Tages sprach ihn We-schan an: »Jetzt bist du schon einige Jahre hier; wie kommt es, daß du noch immer nicht verstehst, vorzutreten und eine Frage zu stellen?« Tai-sui sagte: »Was muß ich denn fragen, um Es zu erlangen?« We-schan erwiderte: »Wenn du schon nicht selber drauf kommst, so könntest du fragen: ›Was ist es mit Buddha?‹« Da sprang Tai-sui vor und hielt dem We-schan mit der Hand den Mund zu. Nach einer Weile sagte We-schan anerkennend: »Falls du irgendwann einmal den bisherigen Aufwärter suchst, wirst du ihn kaum mehr finden.«

Zur vollen Klarheit verhalf ihm Altmeister Da-an im damals berühmten Kloster We-schan. Nicht umsonst bedeutet Da-an: Große Ruhe. Bekannt war er dadurch geworden, daß er den schon in gewisser Weise erfahrenen Schülern wie dem späteren Meister Tai-sui das Wichtigtun um Zen mit den Worten austrieb: »Dreißig Jahre bin ich hier auf dem We-schan-Berg, habe We-schan Reis gegessen und We-schan Mist gemacht, habe überhaupt keine Zeile We-schan-Zen studiert und nur gelernt wie man mit einem ›Wasserbüffel‹ umgeht und fertig wird.«

Schlußendlich – dieser eine Satz – »wechselte Tai-sui seine dunkel-trüben Augäpfel aus« und erfüllte sie mit innerem Licht.*

* Seit der ersten Ausgabe des »Weisheitsbuches« wird immer wieder angefragt, wie es um das »innere Licht« hier bei uns stünde. Sylvia Schäfer, Atemtherapeutin, verdanke ich (Achim Seidl, Anm. d. Verlages) die Auswertung meiner rund 30 Jahre Psychotheraphie einschließlich der Meditationserfahrungen im Zenhaus Obermühle in Habach, das ich mitgegründet und geleitet habe und das bis Mitte der achtziger Jahre von den bayerischen Behörden geduldet wurde: Gut ein Drittel meiner Klientel konnte, nach oft jahrelanger analytischer Einsicht ins eigene Unbewußte, (bauchgeatmete) zen-meditative Erhellungen erleben. Wenige Männer und Frauen erfuhren auf diese Weise Enlightments, einzelne davon DAS als voll *durchschlagende* ›Erleuchtung‹. – Unser Zenhaus wurde auch von intellektueller, philosophischer und – neben einfachen Mönchen und Nonnen – hochtheologischer Prominenz aus verschiedenen Regionen besucht. Gleich welcher religiöser Herkunft: Tiefe Enlightments erfuhren niemals einen *persönlichen* Christusgott, Jahwe, Allah oder Buddha – ›göttliches‹ DAS immer ›bloß‹ als reines lichterfülltes NICHTS im Sinn Meister Eckharts oder eben des ZEN, unter Zerschlagen aller heiligen (Ego-)Bild-Vorstellungen, oft mit wahnsinnigem Gelächter über die philosophisch-theologischen ›Himmelsgebäude‹ verbunden.

Dschau-dschous große Rettichköpfe

Hinweis: Die Landschaft Dschau-dschou, unter deren Namen der greise Meister berühmt geworden ist, gehörte in der Tang-Zeit zum Verwaltungskreis Dschen (etwa 250 km südwestlich vom alten Peking). Fruchtbares Schwemmland des Huang-ho.

Vom Altmeister Nan-tjüan (Schüler des Patriarchen Ma) berichteten wir im vorletzten Beispiel (s. S. 177ff.) über: »Unverkündete Wahrheit«. (Dschau-dschou war lange sein Schüler.)

Wir legen euch Mönchen folgendes Beispiel vor:

Ein Mönch fragte Dschau-dschou: »Mir ist gesagt worden, der Ehrwürdige habe den Altmeister Nan-tjüan noch persönlich gekannt. Ist das wirklich wahr?«

Dschau-dschou erwiderte: JEDER WEISS: IM KREISE DSCHEN GEDEIHEN DIE BESTEN RETTICHKÖPFE.

Dieser Mönch, meint Yüan-wu, ist offenbar einer von den Experten, die es im Stellen von geschickten Fragen durch lange Übung weit gebracht haben. In seiner Frage rollen »schon richtige Augen drin«. Hilft ihm aber alles nichts angesichts der Meisterschaft eines Dschau-dschou. Bei dieser Antwort kann man nur den Hut ziehen: sie enthält einfach NICHTS, enthält ALLES und DAS. Dieser alte Chinese erinnert stark an einen Taschendieb, der den Leuten am hellichten Tag ihr Geld aus dem Kimono holt. Da müßte der Mönch schon ein Kerl von besonderen Herzenskräften sein, um noch mitten im Sprühen der Funken des Geistesblitzes zum Gegenschlag auszuholen.

Der Einsiedler Tscheng kommentiert dieses Gespräch so: das heiße westlich gefragt und östlich geantwortet, will sagen, Dschau-dschou gebe überhaupt keine Antwort, vermeide einfach, dem Fragenden in die Schlinge zu gehen. Keine Ahnung haben diese Leute. – Und erst Fa-yüan. Er bemerkt in den »Neun Zonen der Buddhistischen Zenlehre«, die Antwort Dschau-dschous sei nur mit einem flüchtigen Seitenblick auf den Mönch gesprochen. So gedacht, wird er diesen Meister nicht einmal im Traum zu Gesicht bekommen. Andere Neunmalkluge sagen, in ganz China wisse man seit eh und je, daß im Bezirk Dschen besonders große Rettiche gedeihen; ebenso sei bekannt, daß der Meister ein Schüler des Nan-tjüan gewesen sei, und so antwortete Dschau-dschou eben auch mit einem Gemeinplatz: Wahrlich, eine gut ausgetüftelte Erklärung, hat nur leider mit der Sache, um die ES geht, überhaupt nichts zu tun.

*

Zenbeflissene Leser und Leserinnen, die diesem Stundenbuch aus der Bibel des Zen durch alle Fallstricke, Fußangeln und jedes chinesische Dornengestrüpp wegtreu bis zu diesem Beispiel folgten, seien hiermit – ich bin sicher, ganz im Sinne von Altmeister Gundert – zu potentiellen Zen-Novizen ernannt. In dieser Eigenschaft und gewisser Erfahrung seien sie nunmehr selbst aufgefordert, sich einen Reim auf diesen Aushang zu machen. Beginnen sie bitte mit der Frage des Mönchs, die auch einem Meister vom Range Dschau-dschous in die Eingeweide greift. Warum tut sie das? Merkt ihr wenigstens den Versuch, den großen Meister gegen einen noch größeren auszuspielen – ob er nun bejaht oder verneint? Und was die wahrhaft meisterliche Antwort betrifft, so laßt mich etwas ausholen. Stellen wir uns ein paar ausgedachte Möglichkeiten vor:

Erstens mal die Fast-Unmöglichkeit, ein rein pragmatischer Manager habe in unserm Buch durch achtloses Bibelstechen gerade diese Beispiele herausgeblättert: der versteht vor lauter Rettichköpfen kopfschüttelnd noch »nicht einmal Bahnhof«. Nach diesem keinen von uns hinter dem Ofen hervorholenden Ausrutscher eine zweite Vorstellung:

Ein Historiker, Sinologe, Psycho- oder Soziologe liest das Beispiel kurz durch, durchschaut es auf den ersten Blick und ordnet es schmunzelnd unter die bekannt abstrusen Zen-Paradoxien ein. Punktum.

Drittens einer, der »dem Büffel immerhin auf der Spur ist«: Er erkennt zunächst die Fragefalle. Hat er den Großmeister nicht gekannt? Ach, wie schade. Hat er ihn noch erlebt: wie schade, daß nicht der Großmeister und nur der alte Dschau-dschou vor mir ist. Der hätte mir eine ungeheure Erleuchtung verpassen können, oder? Dann die Antwort: gar nicht so absurd; da steckt was drin. Mehr als daß da bekanntlich gute Rettichköpfe gedeihen. War Nan-tjüan auch ein großer (Rettich-)Kopf? Ist Dschau-dschou so einer? Soll und kann der Mönch auch hier mit *seinem* Rettichkopf gut gedeihen? Wenn ihr Mönche in spe all diese und weitere Überlegungen jetzt in einem einzigen hellen Gedankenblatt zusammenlegt, dann hat euch Novizen der große Taschenspieler Dschau-dschou schon unbemerkt und ohne chirurgischen Eingriff eure Augäpfel ausgewechselt. Mit seinen Rettichköpfen stemmt der Meister den Himmel in die Höhe, stützt die Erde, schlägt Nägel in Stücke, zersägt Eisen. Erst dem Gourmet ergibt die Jujube-Frucht ihren feinen Geschmack (wer sie unvorsichtig verschlingt, hat faden Ungeschmack im Mund).

*

Dschau-dschou soll das sagenhafte Alter von 119 Jahren erreicht haben. 857, schon achtzigjährig, wurde er Abt, nachdem er vorher vierzig Jahre lang bei Altmeister Nantjüan geblieben war.

In der Tat hat also Dschau-dschou dort Entscheindendes erlebt. Früh verwaist, hatte der Achtzehnjährige seine heimatliche Provinz Schantung verlassen und war einem dreißig Jahre älteren Klausner begegnet. Dieser, Nan-tjüan, fragte ihn, woher er komme. »Vom Kloster mit dem Glückverheißenden Bildnis«, erwiderte der Novize. »Und was für ein Bildnis hast du dort gesehen?« – »Nichts besonders Glückverheißendes; bloß ein liegender Buddha, der aus dem Irdischen ins Nirvana eingeht.« Nan-tjüan, der seine Freude an dem Novizen hatte, fragte weiter: »Hast du denn irgendeinen Hausherrn, dem du angehörst, oder wanderst du von Ort zu Ort?« – »Ich bin ein junger Mönch, noch in der Probezeit, und habe einen Hausherrn, dem ich zugehöre.« Auf die Frage des Meisters, wer dieser Hausherr sei, verneigte sich der Novize und huldigte so dem, dessen Führung er sich künftig überlassen wollte.

Eines Tages leitete der Novize das entscheidende Gespräch ein: »Was ist es um den WEG?« Nan-tjüan sagte: DEINE ALLTAGS-SEELE, DAS IST DER WEG. – »Kann man auf sowas denn hinsteuern – oder soll man das gar nicht?« Der Meister: »Wenn du vorsätzlich danach strebst, so widerstrebst du ihm.« Der spätere Dschau-dschou forschte weiter: »Wie kann ich aber ohne vorsätzliche Überlegung wissen, ob dieses oder jenes ein WEG ist oder nicht?«

Da sprach Nan-tjüan: DER WEG IST VON WISSEN UND UNWISSEN UNABHÄNGIG. *Wissen ist nur Selbsttäuschung, Nichtwissen ist nur Mangel an Kenntnisnahme. Wo einer den* WEG, *an dem nichts zu bezweifeln ist, wirklich erreicht hat, da ist er frei und ledig, wie in der* OFFENEN WEITE *des ungeheuer leeren Raums, und fragt nicht mehr nach Ja und Nein.* Diese Rede schlug bei dem Novizen ins tiefste Herz; er ging auf den Sung-schan, den einstigen Aufenthalt des Bodhidharma, und legte dort sein Mönchsgelübde ab.

Zurück zum Frage- und Antwortspiel, ist die insgeheime Schwärmerei des Mönches gut verstehbar, entfernt ihn aber vom Hier und Jetzt. Die leicht überhörbare Klippe in der Fangfrage des Mönches jedoch formuliert Altmeister Gundert kaum übertreffbar so: *Wie reimt sich die so unbedingt behauptete Selbständigkeit und Ursprünglichkeit des angeborenen Wesens mit der ebenso geforderten geistigen Gemeinschaft, mit der Übermittlung von Geist zu Geist?* – Schlammfrage voller Dornen. Dschau-dschou aber hatte in ruhiger Tiefe solche Künste und Geschichten längst hinter sich – und macht sich einen Rettichkopf daraus.

Lin-dji und die Frage nach dem Sinn des Buddhagesetzes

Von diesem großen Meister heißt es: Man sieht ihn, durchlässig nach allen Richtungen, in kontemplativer Versenkung sitzen, und auf einmal gehen einem selbst zehnfach die Augen auf. Mit einem Wort sperrt er die Ströme deiner Gedanken; tausendfache Regung ist einfach abgetan.

Sind aber auch noch heute welche da, bereit, mit ihm den Großen Tod zu sterben und frei mit ihm zu leben? Die Große Wahrheit hängt vor aller Augen offen aus; bloß faltet man den Aushang nicht so leicht zusammen, um ihn in die Tasche gesteckt getrost nach Hause zu nehmen. Versucht euch im Klettergarten eines Alten.

Hier das Beispiel:

Nach jahrelangen Überlegungen trat eines Tages auch der Vorsitzer des Klosters bei der Audienz vor und stellte an Lin-dji die Frage: WAS IST LETZTEN ENDES DER GANZE SINN DES BUDDHAGESETZES?

Lin-dji sprang von seinem Zen-Sitz herunter, packte ihn mit der einen Hand am Kragen, schlug ihn mit der anderen und stieß ihn von sich.

Betroffen stand jener da, als warte er auf etwas.

Ein Mönch, der neben ihm saß, wandte sich an ihn: *Vorsitzer Ding, warum macht Ihr nicht Eure Verbeugung, dankt und geht?*

DING VERBEUGTE SICH, DANKTE – UND – MIT EINEM MAL BEGRIFF ER ALLES.

Yüan-wu kommentierte: Der Meister ist gut und sanft mit ihm wie eine sorgende Großmutter. Einer von der Größenordnung des Lin-dji, »der kann den Himmel umdrehn und zur Erde machen (er zeigt, wie fern dem Zen die reine

Theorie z. B. auf theologischem Gebiet ist), ist frei von Ja und Nein und hat, je nach Stunde und Sekunde, je nach dem Status des Gegenübers, beide oder auch das Weder-Noch zur Verfügung.

Was den Vorsitzer Ding angeht: der ist ein Nordchinese, ganz einfach und geradeaus; nachdem ihm das Licht aufgesteckt worden war, trat er nicht selbst als Meister auf, sondern blieb als Vorsitzer im Kloster.

Eines Tages unterwegs begegneten ihm die drei nachmaligen Meister Yän-tou, Hsüä-feng und Tjin-schan. Auf die Frage nach dem Befinden des alten Lin-dji erwiderte Ding: »Er hat bereits dem Wechsel der Generationen stattgegeben.«

Da der begehrte Meister in die Stille eingegangen war, wollten die drei Mönche wenigstens einige Unterweisungen hören.

Ding erzählte: »Eines Tages sagte Lin-dji: ›Auf eurem roten Herzklumpen sitzt ein echter Mensch ohne Rang und Namen; der geht dauernd bei euch allen durch das Tor des Angesichts aus und ein. Sollte einer von euch ihn etwa bei sich noch nicht erkannt haben, so möge er ihn sich anschauen!‹

Einer der Mönche trat vor und fragte: ›Was heißt das, ein echter Mensch ohne Rang und Namen?‹ Da packte Lin-dji ihn an der Kutte und schrie: ›Sag du es! Raus mit der Sprache!‹ Der Mönch zerbrach sich schweigend den Kopf; da stieß ihn der Meister weg und rief: ›Ein echter Mensch ohne Rang und Namen – und was für ein Mistkratzer!‹ Damit zog er sich in sein Zimmer zurück.«

Zwei der Mönche staunten, der junge Tjin-schan meinte: »Warum hat er nicht einfach gesagt: ›Du bist aber kein echter Mensch ohne Rang und Namen?‹« Da wurde er von Ding gepackt, der rief: »Ein echter Mensch ohne Rang und Namen und kein echter Mensch ohne Rang und Namen – wie weit sind die voneinander entfernt? Raus mit der Sprache!« Tjin-schan brachte kein Wort heraus und wurde gelb und grün im Gesicht. Die andern beiden erbaten, ihn zu schonen und für diesmal noch freizugeben. Ding ließ Tjin-schan los und sagte dazu: »Wäre es nicht wegen der beiden betagten Chinesen, ich hätte den Bettnässer da erwürgen können.«

Ein andermal war Ding auf dem Rückweg von einer Totenfeier und ruhte sich auf einer Flußbrücke aus. Zwei gelehrte Magister kamen. Der eine fragte den Vorsitzer: »Wie tief ist eigentlich der Grund im Dschan-(= Zen-) Fluß?« Der bärenstarke Ding packte ihn und hielt ihn über's Brückengeländer, damit er gleich »den Tiefen auf den Grund gehen könne« – bis er ihn, auf Bitten des anderen, losließ. – Das alles zeigt so recht das Wesen der Rinzai-Schule von Lin-dji, der beim »Grenzüberschreiter« Huang-bo in die Meisterschule gegangen war. Zuvor im Sinne des Konfuzius erzogen, schulte sich Lin-dji bald in der Lehre Buddhas, wurde darin Experte, aber nicht recht glücklich, und wandte sich dann dem berühmten Hung-bo zu (der ihn kaum zu beachten schien), während der Vorsitzer und spätere Meister Mu-dschou bald das große Werkzeug in dem Novizen erkannte. Nach drei Jahren Mönchsdienst erhoffte sich Lin-dji den Wendepunkt durch einen Vortritt bei Meister Huang-bo mit der Frage nach dem Sinn des Buddhagesetzes. Huang-bo traktierte den Novizen mit dem Schlagholz. Dem Vorsitzer klagte dieser offen, er verstehe den Meister wirklich nicht; dann versuchte er es ein zweites Mal: Schläge! Beim dritten Anlauf wieder nur wortlose Schläge des Meisters. Da hatte Lin-dji die Schnauze voll, enttäuscht, im Stolz verletzt, und wollte sich einem anderen Meister zuwenden. Mu-dschou war es zu verdanken, daß er sich wenigstens noch vom Meister verabschiedete. Huang-bo, der Lin-dji nie unterschätzt hatte, riet ihm, zunächst Da-yü aufzusuchen, der sich selbst den »großen Einfaltspinsel« nannte. Ihm klagte Lin-dji sein Leid. Da-yü sagte sofort, Huang-bo habe etwas Besonderes mit ihm vor, ob er das nicht merke. Plötzlich brach in Lin-dji das lang verhaltene innere Wesen ganz von selbst mit Übermacht hervor und er begriff, tränenüberströmt, daß Huang-bos Schläge alles andere bedeuteten als er vermutet hatte. Freilich war dann, wie er zu Da-yü meinte, an der ganzen Buddha-Lehre »nicht allzuviel dran«.‹*

Buddha sagt im Shurangama-Sutra: »Ich brauche nur die Finger aufeinanderzulegen, so erstrahlt das Licht des Meereszeichens. Wenn du dagegen auch nur einen Augenblick im Herzen die Gedanken aufrührst, dann steigt sogleich der ganze Unrat (dinglicher Vorstellungen) in dir mit seiner ganzen Mühsal auf.« – »Im selben Augenblick, in dem die ganze Welt im Buddhalicht erstrahlt«, sagt Yüan-wu, »ist sie auch ihrer trügerischen Wesenhaftigkeit entkleidet: Alles liegt offen zu Tage«, meint Yüan-wu weiter – »und stürzt hinunter in den Abgrund der Vernichtung.«

Zurück zu Lin-dji. In seiner Erhellung und Begeisterung gab er als erstes die Schläge von Huang-bo mit einem lachenden Boxschlag an Da-yü weiter; der schimpfte Lin-dji »Kuttenbrunser« und verwies ihn an Huang-bo zurück.

So stellte er sich nochmals seinem eigentlichen Meister. Huang-bo sah sofort, was inzwischen los war: da stand nicht der gequälte Fragende von einst (»wer mit erhitztem Dolche kommt, dem bleibt der Geist verschlossen«); da stand ein ganz anderer, aufrecht, frei, im Blicke Löwenmut. Huang-bo selbst hatte in diesem großen Augenblick Mühe, seine Gefühle zu verbergen, und herrschte den Mönch an:

* Jeder geschulte Dialektiker findet eines Tages den Hebel, mit dessen Hilfe man den Buddhismus aufgrund seiner eigenen Thesen aus den (konventionellen) Angeln heben kann, in toto mit dem Satz von der Leerheit, vom Nichtsein aller Dharmas oder Seinselemente; wenn die Welt der Dinge *nichtig* ist, fällt darunter auch die Wirklichkeit des Buddha und seiner Lehre – jedenfalls nach widerspruchsfreier Logik: Es ist eben an sich gar nichts.

»Was, schon wieder hier?« Der spätere Meister Lin-dji verneigte sich und konterte: »Bloß weil Ihr es, tief in Eurem Herzen, gut mit mir meint.« – »Wieso das?« fragte Huang-bo scharf und hörte von Da-yü und dessen Rat. »Ein schöner Schwätzer, der alte Einfaltspinsel«, schimpfte Huang-bo, »den werde ich vertrommeln, wenn er nächstens kommt.«

»Wozu warten«, rief plötzlich Lin-dji, »warum nicht besser gleich getrommelt!« Und damit stand er auch schon hinter Huang-bo und schlug ihn ins Kreuz.

Huang-bo, hell auflachend, schrie: »Bist du total verrückt! Einem alten Tiger einfach über die Schnurrhaare zu streichen.«

Da erscholl auch schon in den Ohren des Meisters ein gewaltiges Ho'! des Tigerjungen, so daß Huang-bo schleunigst nach dem Aufwärter rief: »Führe diesen irren Heiligen sofort in die Meditationshalle ab.«

Noch heute gilt in der japanischen Rinzai-Schule die Redensart: Wer den Geist des Meisters wirklich erfassen wolle, müsse wie Lin-dji eine Faust besitzen, die guten Muts dem Alten eines versetzen kann und dem Tiger einfach die Faust in den Rachen steckt.

Einige Jahre später übergab Huang-bo als Zeichen des Siegels an Lin-dji das »Stützbrett« und ein kleines Tischchen, das er damals von Bai-dschang als Unterpfand erhalten hatte. Bald nach Huang-bos Eingehen in die Stille wurde Lin-dji im chinesischen Zen der Meister. Mit dem Blick des schwebenden Adlers erschaute Lin-dji die für den Schüler entscheidende Sekunde der Wahrheit – und mit dem Mut des Löwen fiel er ihn an. Da wurde der Stock beinahe zur Zärtlichkeit, die vier Stufen des Ho'! drangen tief ins Herz und erweckten Leben.

(Sanftmütigere Temperamente zogen damals schon die stillere Soto-Schule mit ihrem »Za-Zen des schweigenden Leuchtens« vor.)

Kein größeres Mißverständnis als das einer »sklavischen Züchtigung«!*

Was bei Meistern wie Lin-dji sich ereignete, war keineswegs Aggression auf eine etwa vermessene Frage: Als Kraftausbruch aus unterster Tiefe, der das Menschenwesen an der Wurzel angreift und es in seinen (rationalen) Grundfesten erschüttert, ist der Ansprung DIE EINZIGARTIGE CHANCE UND EINZIG (EXISTENTIELL) RICHTIGE ANTWORT! Und für die ehrliche Folgerichtigkeit im ZEN spricht, daß sich solch eruptive Urkraft auch irgendwann zur echten Sekunde gleichmächtig gegen den Meister richtet: Das Tigerjunge sollte mit des Meisters Schwert das seine ehrlich kreuzen und nicht ruhen, bis er jenen in sich selbst überwunden, ja auch den Patriarchen und den Buddha »getötet« hat – als »Riesenwucht, die Dämme zu zerreißen, die den Strom des Lebens aufhielten.«

* In diesem Punkt überempfindliche Europäer dürfen sich in Zen-Klöstern durch ein kleines Schild am Meditationsplatz verbitten, je »geschlagen« zu werden. Wie schade!

Mandarin Tschen bei Meister Dsi-fu

Hinweis: Zwischen Osten und Westen macht er keinen Unterschied. Süd und Nord hält er nicht auseinander. Bei ihm geht der Morgen in den Abend über, und vom Abend kommt er wieder in den Morgen. Nur Schläfrige würden sagen: Der Mann träumt. Manchmal hat er Augen, blitzend wie Sternschnuppen. Muß man da noch sagen: Der ist aber hell?

Hin und wieder nennt er den Süden Norden. Was meint ihr Mönche: Tut er das mit Absicht oder ist es unbewußt? Ist er ein außergewöhnlicher Mann des Wegs, des Höchsten, oder nur ein Mensch wie alle andern auch?

Gelingt es euch, in das, was hinter allen Erscheinungen liegt, hinein- und durchzublicken – und wenn ihr dadurch den Sinn von alledem begreift: dann werdet ihr auch verstehen, warum die Alten einmal so verfahren und ein andermal NICHT SO. Seht her:

Ein Beispiel:

Der Mandarin Tschen-tsau besuchte Meister Dsi-fu.

ALS DSI-FU IHN KOMMEN SAH, BESCHRIEB ER EINE KREISFIGUR IN DER LUFT. Tschen-tsau beeilte sich zu sagen: »Da kommt Euer Jünger, wie Ihr seht, auf Euch zu, und wir haben uns noch nicht einmal höflicherweise begrüßt. Warum seid Ihr so vorschnell und zeichnet einen Kreis in die Luft?«

DSI-FU DREHTE SICH UM UND VERSCHLOSS DIE TÜR ZU SEINEM ZIMMER.

Hsüä-dou bemerkte dazu: *Tschen-tsau ist eben bloß mit einem einzigen Auge ausgestattet.*

(Bemerkung: Der alte Hsüä-dou hat oben auf der Stirn noch ein drittes Auge. Kaum angekommen, steckt der Mandarin schon im Kreisbild von Dsi-fu drinnen, der schlafmützige Chinese: scholastisch hochgebildeter Mandarin. Großes Tier. Doch allzu deutlich ringelt sich hinter seinem imposanten Drachenkopf ein Schlangenschwänzchen.)

*

Der hohe Staatssekretär war Laienschüler des Meisters Mudschou. Sooft der Kreismandarin einen Zen-Mönch daherkommen sah, prüfte er ihn mit seiner dialektischen Scholastik auf Herz und Nieren. Eines Tages hielt er einem Zen-Pilger einen Reiskloß hin, und als dieser die Hand danach ausstreckte, zog er seine Hand schnell zurück. Als der Mönch, unfähig, sich sofort aus dem Gefühl des Habens in das Nichts zurückzuversetzen, ihn entgeistert anstarrte, klatschte der Mandarin in die Hände und rief aus: »Hab' ich mir's doch gedacht...« – Allzugerne hätte der Kreismandarin mit solchen und ähnlichen Spielchen auch einen Zen-Meister aufs Kreuz gelegt. So lud er eines Tages Yün-men zu sich und stellt ihm gleich zu Beginn eine Frage mit folgenden Worten: »Aus den klassischen Schriften (konfuzianischer Richtung) habe ich nichts zu fragen. Und über die buddhistischen Richtungen mit den drei Fahrzeugen und den ›zwölferlei Lehrtypen‹ kann ich mir bei den Magistern Auskunft holen. Was aber ist es um die Sache, um deretwillen ihr Kuttenmönche in eurer rauhen Tracht von Ort zu Ort zieht?«

Yün-men fragte zurück: »Wievielen anderen hat der Herr Staatssekretär schon diese Frage vorgelegt?«

Tschen-tsau versetzte gebieterisch: »Ich frage jetzt hier den Herrn Klosterabt.«

Yün-men erwiderte: »Lassen wir *den* doch erst mal beiseite! Aber was ist denn der Sinn von alledem, was die

Magister Euch lehren?« Tschen-tsau sagte: »Das steht auf den gelben Papierrollen mit der roten Walze« (so nannte man die Sammlung kanonischer Sutren nach ihrem Aussehen).

Yün-men hakte nach: »Das sind Schriftzeichen und Worte; was jedoch ist der Sinn der Lehre, die sie enthalten?«

Tschen-tsau antwortete: »Der Mund möchte es sagen, aber die Worte ersterben ihm; der Geist sucht den Zusammenhang, aber die Gedanken gehen ihm aus.«

Yün-men nun in seinem Element: »Daß dem Mund bei dem Versuch, es auszusprechen, die Worte ersterben, hat seinen Grund darin, daß der Mund es mit Worten zu tun hat; daß dem Geist bei dem Bemühen, den Zusammenhang zu finden, die Gedanken ausgehen, hat seinen Grund darin, daß er es mit wirren Vorstellungen zu tun hat. Was aber ist der Sinn der Lehre?« Tschen-tsau hatte keine Antwort. Da fuhr Yün-men fort: »Mir ist zu Ohren gekommen, daß der Herr Staatssekretär das Sutra von der LOTOSBLÜTE DES GESETZES lese. Stimmt das?« Der Mandarin bejahte. Da sagte Yün-men: »In diesem Sutra steht, daß alles Tun und Treiben zur Fristung unseres Lebens der wirklichen Gestalt der Dinge (nämlich in ihrer Gestaltlosigkeit) in keiner Weise zuwiderlaufe: ›Der höchste Himmel, der höchste Zustand seliger Versenkung ist da, wo man keine Vorstellung mehr hat – und doch auch wiederum nicht behaupten kann, keine Vorstellung zu haben.‹« Yün-men folgert: wenn man jenes Sutra recht versteht, wie es die Seligkeiten auch dem naivsten Menschen zuspricht, so kann man darin eben nicht starr sitzen bleiben; darum fährt er fort: »Doch wie viele sind es heutzutage, die aus dem Überwärtigen wieder den Weg herunterfinden?«

Wieder hatte der Mandarin nichts darauf zu sagen. Yünmen fuhr in der Unterweisung fort: »Staatssekretär, erlaubt mir eine Bitte: Urteilt nicht vorschnell! Wir Kuttenbrüder haben die drei Sammlungen von Sutren samt den fünf Lehrtrakten hinter uns geworfen, leben zehn, zwanzig Jahre in den Bergwäldern unserer Klöster und wissen in bezug auf die gefragte Sache, auf DAS, selbst noch immer keinen Rat. Wie sollte der Herr Staatssekretär so rasch verstehen können, worum es hierbei geht?«

Da verbeugte sich Tschen-tsau und gab zu: »Das war mein Fehler.«

*

Eines anderen Tages, als der Mandarin mit Gefolge in den Wachturm über dem Tor durch die Stadtmauer gestiegen war, sahen sie von oben eine Schar Mönche daherkommen. Ein Beamter meinte, das seien Dschan-Mönche. Tschen-tsau wettete: »Das sind *keine* Zen-Mönche.« Zum Exempel rief der Mandarin herunter: »Vorsitzender!« Da hoben alle Mönche die Köpfe. Der Staatssekretär triumphierte; denn ein richtiger Zen-Mönch dreht auf einen Anruf dieser Art den Kopf nicht um. – Die meisten Menschen, wie auch der Mandarin, sind darauf aus, sich möglichst reichlich mit Einzeldingen, und sei es auch geistiger Art, zu versehen; darum haben sie für *das*, dieses Ungeheure, gar keinen Raum in sich zur Verfügung. Nur die Leeren, die »aller Dinge bar sind«, die hauslos nur bei Bergen und am Meer zu Gast sind: die haben für das eine Große in ihrem Herzen Raum. Vorausgesetzt, daß die wahre Größe in nichts anderem besteht als eben in der Leerheit und Ichlosigkeit, ist das eine Höhe, neben der alle anderen Größen, z. B. die eines hochgebildeten Mandarins, verblassen. Sicher ein hoher Herr, kommt der Sekretär aus dem Kreis, den Dsi-fu ihm in die Luft gezeichnet hat, nie heraus. Weiterungen kann der Meister getrost weglassen: jeder Disput mit diesem Herrn wäre sinnlos vergeudete Zeit. Das Wesentliche wurde ohne Worte gesagt, der Eingebildete abgefertigt, der sich für ganz was Großes hält.

Darum schließen die Verse des Dichters Feng-hsüä:

Ich bin gewohnt, durch Walfischfang des Meeres
Flut zu klären.
Dem Frosch im Schlamme nachzuwaten, preßt
mir nur Seufzer aus.

Yang-schans Fünf-Wolken-Spitzen

YANG-SCHAN fragte einen zenbewanderten Mönch: *Wo seid Ihr in letzter Zeit gewesen?*

Der Mönch antwortete: *In den Lu-schan-Klosterbergen.*

Yang-schan forschte weiter: *Habt Ihr Euch jemals die Höhenluft an den Fünf-Wolken-Spitzen um die Nase wehen lassen?*

Der Mönch verneinte verlegen: *Bis dahin bin ich nie gekommen.*

Yang-schan stellte abschließend fest: DANN HABT IHR EUCH ALSO NOCH NIEMALS IN HÖHEREN GEBIRGSREGIONEN HERUMGETRIEBEN.

Yün-men machte dazu die Randbemerkung: Diese Worte kommen ganz und gar aus Mitgefühl und Erbarmen; darum redet der Meister wie einer, der sich ins Gras hat fallen lassen.

Zwischenbemerkung: Nicht – wie die Regel in Audienzen – tritt der Mönch mit einer Frage vor den Meister; der selbst eröffnet die Partie mit dem hintergründigen Spielzug: *Woher des Weges*, was einzig auf die Frage abzielt: *Wes Geistes bist du?* Nun hat der Mönch mit seinen »Lu-schan-Bergen« schon was anzubieten: wegen ihrer wilden Schönheit waren sie bei Malern und Dichtern beliebt; in Klausen und Klöstern hausten dort Gelehrte und mönchische Geistesmenschen auf der Suche nach dem WEG. Dennoch hört der Meister sofort aus der Antwort heraus: zwar bin ich, redlich bemüht, in den Luschan-Bergen gewesen, aber ... von irgendeinem Hoch-Erlebnis ist nichts zu spüren gewesen. – An sich wäre damit schon alles gelaufen. Das mit den Fünf-Wolken-Spitzen besagt nur, daß es eben höhere Regionen gibt, die der Mönch noch nicht erlebt hat. Und zenbewandert weiß der Mönch natürlich, daß das Frage- und Antwortspiel die rein geographischen Realitäten längst verlassen hat: Auch wenn er das Fünf-Wolken-Gebirge besucht hätte, würde das gar nichts ändern. Der wahre Meister prüft ganz aus seinem Herzen: »Hat der Fragende DAS DA, oder hat er's nicht?«

*

Sein früherer Meister We-schan richtete eines Tages an Yang-schan die Frage: »Wenn da ein Mönch zu dir gewandert kommt, wie prüfst du ihn?« Yang-schan sagte: »Als Prüfstein hebe ich einfach den Jakschweif hoch und frage, ob man das an anderen Orten auch habe? Dann warte ich, was der Mönch mir erzählt, und sage darauf nur: Lassen wir das einmal beiseite, aber wie steht es mit DEM?« We-schan bejahte: »Das sind die Fänge und Krallen jener, die überwärts gerichtet sind.«

*

In dieser Hinsicht wird vor allem das Eingangsgespräch zwischen Großmeister Ma und Meister Bai-dschang im Zen-Aushang gerühmt. In dem Gespräch, das Yüan-wu von den beiden anführt, ist die Spannung zwischen Ausforschungsdrang und tiefer Scheu vor jedem Wort so mächtig, daß die Verständigung sich auf mehreren Ebenen von dem Vorhandensein des Das vergewissert.

Ma eröffnet: »Wo kommst du her?« Bai-dschang versetzte: »Ich bin von unten den Berg heraufgestiegen.«

Der Patriarch fragte: »Bist du denn unterwegs irgend jemandem begegnet?« Bai-dschang verneinte: KEINER MENSCHENSEELE AUSSER MIR. Der Patriarch überlegte: VON WOHER BRINGST DU MIR DIESE KUNDE? Bai-dschang verneigte sich entschuldigend: *Ich habe zuviel gesagt.* Der

Patriarch erwiderte: *Nein, der Fehler lag bei mir altem Mönch!* – Und beide wußten jetzt genau umeinander Bescheid. Fa-yän dichtete den Vers »Vom Rundumvollkommenen Wesen«*:

Höchste Vernunft vergißt Gefühl und Rede;
Wo fände sich für sie ein Gleichniswort?
Am Ende sinkt in Nacht und Eiseskälte
Der Mond gelassen in den Abgrund dort.

Einige Worte Yang-schans über seine Art zu lehren:

»Kuttenmönche! Möge jeder von euch das Licht in sich umdrehen und nach innen blicken. Seit Urgedenken habt ihr euch von der Helle abgewandt in die Dunkelheit. Die Wurzeln eurer wirren Denkart im Niederwärtigen lassen sich kaum mit einem Ruck ausreißen; das ist auch der Grund, warum wir Lehrer immer wieder zu Notbehelfen greifen ... das ist, wie wenn man kleinen Kindern vergilbte Herbstblätter zum Spielen gibt, damit sie aufhören zu schreien; doch was wäre daraus Sinnvolles zu entnehmen? Oder auch: es ist, wie wenn ein Kaufmann verschiedensten Ramsch gemischt mit Gold und Silber in seinem Laden

* Meister Fa-yän hatte in einem bereits erwähnten Beispiel (s. S. 67ff.) dem Mönch Hiu-tschau auf die Frage nach dem Buddha zur Antwort gegeben: »Du bist Hui-tschau!« – Sein Gesang enthält übrigens für jenes Eintauchen in den Abgrund der Vergessenheit eine Art dogmatischer Legitimation. Nach der Mahayana-Lehre des Meisters Vasubandhu können wir uns und die Dinge in drei Weisen betrachten: 1. Der Glaube, ein Individuum sei eine ewige Wirklichkeit. 2. Eine rational bedingte Beschaffenheit des Menschen, uneigentlich, aus fremden Ursachen abgeleitet. 3. Die nur dem erleuchteten Sinn aufgegangene wahre Beschaffenheit; die im Grunde leeren Dinglichkeiten, aus denen sich unser Dasein formt, bilden ein unfaßbares, unterschiedsloses Eines, erkannt vom »rundumvollkommenen Wesen«; denn es erfüllt die ganze Welt ohne Trug und ist ohne Werden und Vergehen: BUDDHA.

feilhält ... je nach der Kundschaft ... kommt ein Kunde und verlangt Rattendreck, so kriegt er den; verlangt einer nach lauterem Gold, so biete ich ihm *das* an ... Versuche ich mich aber am inneren Sinn des ZEN, versteht mich kaum einer, sitzt er mir auch noch so nahe ... wieviel weniger erst eine Bruderschaft von fünf- bis siebenhundert Hörern ... Rede ich von weiß nicht was, da drängen sich alle vor, um etwas aufzuschnappen ... Doch das ist, wie wenn ich Kinder mit der leeren Faust nasführte, als hätte ich etwas drin ... ich erkläre jetzt ganz klar und im vollen Ernst: In alledem steckt gar nichts, auch nicht hinter dem gewissen Heiligsein ... Hört endlich auf, Ankerplätze für eure Gedanken und Gefühle aufzusuchen ... steuert auf die hohe See hinaus ... dazu braucht ihr nur euch selbst ... weder hilft euch da das Orakel ›dreifacher Hellsicht‹ noch die Weissagungen des ›sechsfältigen Zugangs zur Geisterwelt‹ ... haltet euch an den eigenen Baum heiligen Lebens, dringt zum Stamm und Ursprung durch, erkennt Kern und Herz der *Sache* ... zu irgendeiner Zeit, an irgendeinem künftigen Tag ist es so weit, daß ihr selbst Es habt, frei und leicht und fernab von gewöhnlichen Gedanken und Gefühlen.«

We-schan sagte einst: »Wenn die unterscheidenden Gefühle und Gedanken von gemein und heilig sich erschöpfen, dann erst enthüllt das Wesen seine Wahrheit, seinen ewigen Bestand; dann ist die Große Einheit und die Mannigfaltigkeit der Einzeldinge nicht mehr zweierlei: Und eben dies ist das Wie und So der Buddhaschaft.«

Gesang:

Heraus aus dem Gras – und ins Gras hinein.
Wer löst es, erforscht es und dränge ein?
Weißen Gewölks hochgeschichtete Hülle,
Und purpurner Sonne leuchtender Schein.

An manchen Tagen bleiben die Fünf-Wolken-Gipfel verhüllt im dichten Dunst. Doch plötzlich teilt sich das Gewölk, die Sonne bricht durch: Das Dunkel war nichts weiter als ein Schatten ihres eigenen Lichts.

Der Narretei des Anhaftens an den zehntausend Dingen ist der alte Narr am besten gewachsen. Darum beschließt Hsüä-dou seinen Gesang mit dem sagenumwobenen närrischen Einsiedler vom Kaltenberg. Bei diesem erschien von Zeit zu Zeit ein allen Regeln spottender Halbidiot, zerlumpt, auf dem Kopf einen Hut aus Birkenrinde, Holzschuhe an den Füßen. Beide führten dann tiefsinnige Gespräche über Buddhatum und Dichtung, wobei sie oft zusammen hell auflachten. Sie summten Lieder und verballhornten buddhistische Gesänge, strolchten Hand in Hand durch die Gegend, blickten vom Gras in den Himmel hinauf, verachteten das Weltgetriebe und liebten die Welt zugleich: ein Zen-Freundespaar, das auch für die Malerei zu einem beliebten Sujet zur Darstellung des im Zen tief verwurzelten Humors wurde.

Ähnlich der große Meister Yang-schan: lächelnd sah er die ganze Nichtigkeit allen Geschehens, versinkt in ihr und findet eben darin eine neue Helle, das wahre Licht.

Am Ende des achten Jahrhunderts schwanden allmählich seine Kräfte. Da versammelte er in seinem Kloster »Zum östlichen Frieden« den Kreis seiner Schüler um sich und trug seine Abschiedsverse vor:

> Das Maß ist voll mit siebenundsiebzig Jahr'!
> VERGÄNGLICHKEIT: das Wort wird heute wahr:
> Die Sonne steht genau im hohen Mittagsort.
> Umschließe meine Knie, du mein Händepaar!

Damit nahm der Meister die Hockerstellung ein (in welcher ein Mönchsleichnam einbalsamiert und beerdigt wurde), und verharrte in dieser Haltung bis zu seinem letzten Atemzug.

Tschang-scha wandert ins Gebirge

Der große Meister Tschang-scha hatte das Gesetz von Nan-tjüan übernommen, ungefähr in derselben Zeit wie Dschau-dschou. Sein ZEN-Organ war scharf, immer lebhaft und schlagfertig. Fragte jemand etwas über die Lehre, erklärte Tschang-scha sie; erbat einer einen Gesang, gab er ihm einen auf ihn gemünzten Gesang. Und wer ein geistiges Schwertfechten mit ihm suchte, dem lieferte er ein Meistertreffen.

Bei solchen Treffen stand ob seines Scharfsinns Meister Yang-schan (vgl. S. 102) als Gegner oft an erster Stelle. Eines Abends, als er auf einem Spaziergang mit Tschang-scha ganz den Impressionen einer Mondnacht hingegeben war, sagte Yang-schan, zur Mondscheibe deutend: *Das zu erleben, ist für jeden Menschen, einen wie den anderen, offen; nur daß sie nichts damit anfangen können: es nicht anzuwenden wissen.*

Tschang-scha wandte sich ihm zu: *Darf ich es gleich mal auf dich anwenden?* Yang-schan nickte: *Gut, veranschauliche mir deine Weise der Anwendung!*

Da versetzte ihm Tschang-scha einen solchen Fußtritt, daß er zu Boden sürzte. Als Yang-schan wieder aufgestanden war, sagte er anerkennend zu Tschang-scha: »Onkelchen Großmeister, du bist wahrhaftig ein schleichendes Ungeheuer!« Seitdem hieß Tschang-scha bei den Insidern des ZEN nur noch TSËN: das schleichende Ungeheuer (= der Tiger – wörtlich übersetzt: das große Kriechtier).

Das Beispiel:

TSËN, das schleichende Ungeheuer, hatte sich einen ganzen Tag in den Bergen ergangen, bis er abends wieder durch den Klosterhof schritt.

Der Vorsitzende kam auf ihn zu: Ehrwürdiger, wo seid Ihr gewesen?

Tsën erwiderte: *Im Gebirge.*

Der Vorsitzende wollte genauer wissen: *Bis wohin seid Ihr gekommen?*

Tsën berichtete: Erst lief ich dem Duft von Gras und Kräutern nach, und auf der Jagd nach fallenden Blüten kam ich nach und nach wieder zurück.

Der Vorsitzer bemerkte dazu: Das klingt ja stark nach Frühlingsstimmung.

Tsën versetzte:

Ist auch schöner, als wenn Herbsttau
auf die Lotosblätter tropft

Hsüä-dou schließt ab: *Achtung und Dank sei ihm für diese Antwort!*

Zwischenbemerkungen: Tschang-scha hatte sich eines Tages in den Bergen ergangen und kehrte wieder in den Klosterhof zurück ... Da hat sich der alte Königstiger einen ganzen Tag lang mal so richtig ins Gras fallen lassen.

Der Vorsitzer fragte ihn ehrerbietig und doch fast vorwurfsvoll: »Ehrwürdiger, wo seid Ihr (den ganzen langen Tag) gewesen?« Und in seiner Frage liegt viel mehr, als er selbst wahrhaben will: er will dem alten Chinesen auf den Puls fühlen und hofft insgeheim, von Überwärtigem zu hören, z. B. daß sein Abt sich mit dem Großmeister N. N. getroffen habe. Doch da kommt schon die erste Enttäuschung: Der Ehrwürdige ist nur im Gebirge herumgestrichen. Jetzt will der Vorsitzer, immerhin der zweite Mann im Zen-Kloster, den Alten womöglich in die Feuergrube stoßen mit der Frage: »Bis wohin seid Ihr gekommen?« Ein Zen-Mann heutiger Tage würde da leicht auf den Leim kriechen und vielleicht antworten: »Bis zur Hütte unterm

Alpenhorn«. Ganz anders der alte TSËN. Frei von jedem vernünftigen Kalkül, ja auch ganz frei von irgendwelchen blutrünstigen Verpflichtungen, ein schleichendes Ungeheuer zu spielen, geht der große Meister ganz auf Samtpfoten: »Erst lief ich dem Duft von Gras und Kräutern nach, und auf der Jagd nach fallenden Blüten kam ich (streunender Kater) nach und nach wieder zurück.« Dahinter lauert der Tigerblick im Dornengestrüpp: die fast unverschämte Unbefangenheit des Meisters ist in Wahrheit die Frucht langjähriger harter Übung.

Der Vorsitzer versteht zwar die Zen-Welt nicht mehr, möchte jedoch nicht als Spielverderber erscheinen. Selbst längst schon im Gras hockend, möchte er gerne den Meister vom Hochmut her ins Gras zwingen: »Das klingt ja stark nach (sentimentaler) Frühlingsstimmung.« Als ob er dem Alten nachsichtig einen unheiligen Ausrutscher ins Niederwärtige, wenn auch nicht ohne Ironie, verzeihen würde.

Stark und unbeirrt bekräftigt TSËN: »Ist auch wohltuender, als wenn Herbsttau auf die Lotosblätter tropft.« Und haut damit seine Tigertatze dem Vorsitzer um die Ohren. »Warum, wieso?« fragen da die Kuttenbrüder und reißen ihre Augen auf, die geistigen Dünnbrettbohrer! Ist nicht die Wehmut herbstlichen Verwelkens ein buddhistisches Idealsymbol für: alles verweht, alles vergeht? Und hört sich das nicht an wie der Anfang eines buddhistisch-lyrischen Zen-Gedichts: Wenn Herbsttau auf die Lotosblätter tropft (also auf Buddhas Lieblingsblume)... ihr Welken ist doch nichts anderes als Nirvana, Kern aller buddhistischen Erkenntnis!

Kaum harmloser als der große Fußtritt, den das schleichende Ungeheuer in der zerredeten Mondnacht seinem Freunde Yang-schan gab, verschlägt der Tiger jetzt dem Vorsitzer Kopf und Sprache. Angesichts der »Kühlen Höhe« des Geheimnisses dieses großen Meisters könnte er sich für die »Frühlingsstimmung« noch nachträglich am liebsten die eigene Zunge abbeißen: die Kluft wird offenbar, die ihn (als Bewohner des Vorgebirges) noch vom rätselhaften Hochgebirge des Meisters trennt.

Yüan-wu ist es, der für den noch wie betäubten Vorsitzer die Frage formuliert, die ihn bewegt: »Was gibt es da für einen Endpunkt (oder, auf englisch gesagt, für eine deadline)?« Bis zu welchem Grade von Gelöstheit habe ich auf dem Zen-Weg noch zu gelangen? Und weil der Vorsitzer keine Worte findet und sich vor Verblüffung noch nicht einmal verneigt hat, übernimmt es Hsüä-dou, ein Dankwort, auch für alle Zen-Begeisterten, zu sagen, im Gesang erläutert:

Das Erdenrund – von Staub und Flecken frei!
Wer hätte nicht das reine Auge dafür offen?
Erst hinterm Duft von Gras und Kräutern her,
Und dann den fallenden Blüten nachgelaufen. –
Ein Kranich sträubt den Schwanz auf kahlem Baum;
Ein Affe, närrisch, plärrt herab vom alten Turm.
Der Tiger TSËN hat keine Grenzen mehr im Sinn.
Ach........ Oh............ oh... Ach...!

Dort, wo der Dichter, im achten Vers, außer »ach« keine Worte mehr findet – »sein Wortschatz reicht nicht hin, sein Opfer völlig auszurauben« – dichtet der Mönch vom Berge, Yüan-wu, so zu Ende:

...»Tschang-scha hat keine Grenzen mehr im Sinn.–
Hebt einen Schacht aus und vergrabt noch tiefer ihn.«

Tschang-scha-TSËN ist ein menschliches Exempel der Intention der Blumenschmuck-Sutra mit ihrer Überzeugung »von der rundumvollkommenen Einheit menschlicher Existenz mit dem ganzen Universum«. – So sprach der alte Königstiger zu seinen Schülern: »Wenn ich hier versuchte, euch das Wesen und Wirken der allerhöchsten Wahrheit hinter die Ohren zu schreiben, dann wird da drüben, hinter unserer Lehrhalle, das Gras auf einmal drei Meter in die Höhe schießen. Ich kann nicht anders als euch zu bezeugen: das ganze Universum ist im Grunde nichts anderes als das Augenpaar des Shramana, des um erlösende Erkenntnis sich übenden Mönches. Das ganze weite Universum ist nichts anderes als der ganze Leib des Shramana. Und das ganze Universum ist in dem Lichte deiner eigenen Vorstellung enthalten; im ganzen weiten Universum gibt es nichts, was nicht du selbst bist.

Solange dieses Licht noch nicht in euch aufgegangen ist, gibt es nichts, worauf ihr euch verlassen könntet, auch nicht auf Zen. Solange dieses Licht nicht in euch aufgegangen ist, gibt es auch keinen Buddha, kann von Menschen, die erwacht sind, nicht die Rede sein und nicht einmal von Bergen, Strömen und unserem Erdboden hier.«

Wie aber, wenn eines Tages dieses Licht aus einer anderen Welt uns erhellt, uns gar erleuchtet? Gerade hier zweigt ein neuer Irrweg ab, von dem der Vorsitzer sein Lied singt: Erhellung blendet ihm den Blick dafür, daß auch er immer noch der schwache Mensch ist wie zuvor, und daß umgekehrt diese nichtig-vergängliche Welt trotzdem und gerade deshalb wunderschön und wohltuend ist. Nur mönchische Engherzigkeit dünkt sich über die niederwärtige Welt erhaben. – Gewiß liegt der Anfang höheren Lebens am Ort der Weltverneinung und Selbstverleugnung; davon läßt sich das Zen so wenig wie der übrige Buddhismus etwas abdingen.*

* Konsequente Kehrseite aller Erlösungsreligionen ist das Leiden »im irdischen Jammertal«. Christentum und Islam glauben an den lebendigen Gott bzw. Allah im Jenseits, an ein Jüngstes Gericht und persönliche Wiederauferstehung. Aus östlicher Sicht bleibt bei diesen Religionen unbedingt, auch in mönchischer Askese und erhabener Gottes- und Nächstenliebe, ein sublimes Ich erhalten. Fernöstlicher Hochinitiation ist jedes Ich, auch ein noch so sublimiertes, suspekt; daher ist im Zen die Aufopferung in Nächstenliebe höher angesetzt zum »ichlosen Mitleiden mit allen Lebewesen«. – Von einem indischen Brahmanen bekam ich vor einiger Zeit den hym-

Denn im Zen ist Konsequenz dieser Verneinung, daß unser Ich, moderner gesagt unser Ich-Wahn, mit ins Nichts versinkt, bis sich ein anderes Selbstbewußtsein auszeugt und erhebt (jenseits des Gegensatzes von Ich und Du), von dem man rational am besten schweigt.

*

Es war einmal ein Gelehrter namens Dschang Dscho, ausgezeichnet mit dem siebten und angesehensten akademischen Grad des »blühenden Talents«. Nur das eben, sein »Hsin«*, lag im argen. Nachdem er von vorne bis hinten das

nisch-integren »Lobgesang des Alls« (T. de Chardin) lapidar zurückgesandt, voll roter Markierungen, auf manchen Seiten mehr als ein Dutzend: Wann immer vom eigenen »Ich«, »mein Gott und Ich«, wir beide »Du, mein Gott und Ich« dort die Rede ist (zit. aus »Transzendenz als Erfahrung«, Festschr. Dürckheim, München 1966, S. 199).

* Jenes Das, auf dessen Vorhandensein es im Zen ankommt, heißt chinesisch: »Wu-shin ohne Hsin (shin)«, wobei Hsin bewußtes Denken, Regungen des Herzens, Absicht bedeutet. Wu-shin ohne Shin heißt frei im Herzen, nur Das im geistigen Sinn. – Nach dem Vorhandensein des Das zu fragen, ist natürlich nicht auf Zen beschränkt: Das gab es zu allen Völkern und Zeiten. Ebenso verkehrt wäre, aus Dem ein fernöstliches Spezificum zu machen, wie die Inflationierung des Das in abendländischen Vergleichen. (Denn Zen ist eben [nur] Zen.) Wenn wir solche Vergleiche nicht scheuen, so könnte durchaus ein alter Zen-Meister gesagt haben: »Alles Sein fließt im Strome des Entstehens und Vergehens« (Heraklit). – Meinen letzten Meister, Yuho Seki, traf ich im Klostergarten in verneigender Anbetung vor einem alten Steinbuddha. Auf mein leichtes Erstaunen sagte er fast das gleiche, was Niels Bohr antwortete, als ihn ein Journalist auf den Widerspruch zwischen Naturwissenschaft und dem Hufeisen über der Türe des Nobelpreisträgers aufmerksam machte: »Das soll auch helfen, wenn man nicht daran glaubt.« – Nicht nur Karl Valentin, auch ein auf Erhellung erpichter Zen-Mönch hätte sagen können: »Erst wartete ich langsam, dann wartete ich immer schneller und schneller«, oder nach einer versäumten Entscheidung: »Möchten täten wir schon wollen, aber dürfen haben

ganze Sutra der Buddha-Namen durchstudiert und sich einen Brummschädel angelesen hatte, kam er, Meister Tschang-scha zu befragen: »Nun habe ich von hunderttausend Buddhas nichts erfahren als nur die Namen; dabei möchte ich doch auch gerne wissen, in welchem Buddhaland jeder von denen wohnt und ob sie was zum Heil der Welt getan haben oder nicht.«

Darauf sagte Tschang-scha Tsën, seine Krallen einziehend: »Der große Dichter Tsui Hau hat seine berühmtesten Verse dem ›Turm zum gelben Kranich‹ gewidmet. Ich darf wohl annehmen, daß auch Sie, Herr Professor, dazu ein lyrisches Gedicht gemacht haben?« Dschang Dscho verneinte: »Über diesen Gegenstand habe ich bis jetzt noch nichts verfaßt.«

Da hakte Tschang-scha katzenfreundlich nach: »Vielleicht sollten Sie DAS in Ihren Mußestunden in ein Gedicht fassen!« Die meisterhafte Art des alten Tigers, den Suchenden Verkehrtes aus der Hand zu schlagen und ihm gleichzeitig die Hand zu reichen, war in der Tat, wie Yüan-wu es begeistert ausdrückt, »schlagfertig wie ein Blitz, wie wenn Perlen rollen und einer ganz lässig Edelsteine hin- und herwendet.«

So geht der Meister »blitzartig« auf jenes Sutra gar nicht ein, nicht einmal mit einer einzigen Silbe. Und führt den verkopften, an den Buddha-Namen gescheiterten Delinquenten an die Zen-Qualität eines der berühmtesten Gedichte heran, von dessen Meisterschaft die Sage ging, selbst für den Dichterfürsten Li Tai-bo sei das Sujet vom »Gelben

wir uns nicht getraut«. – Im amerikanischen Slang, z. B., wird ein Bild, ein Blues auf jenes unsagbare Das geprüft durch die Unterscheidung, ob es mit »mind-fucking« oder »with balls« gemacht ist, anders gesagt, aus dem Primat des Kopfes (Hsin) konstruiert wurde oder aus der Magengrube, dem Primat des Hara, entstand: Aus dem Bauch mit dem Kopf. – Dem Gläubigen (Christen, Moslem, Buddhisten) ist Das einfach »das göttliche Geheimnis«.

Kranich« ein Tabu gewesen. Daran wird sich das kleine gelehrte Welt-Ich des Gastes all seine intellektuellen Zähne ausbeißen, mit der Chance, dem Buddhatum in sich selbst, ohne Hsin, sich von innen zu nähern.

Traumsicher findet dieser Meister genau das heraus, was dem logischen Verstand des Gelehrten direkt zuwiderläuft. Yüan-wu macht sich geradezu ein Vergnügen daraus, der weltläufigen Gescheitheit »die blind-naive Torheit« dieses Meisters gegenüberzustellen. Und erinnert an Dschau-dschou, welcher frühmorgens beim Anziehen sich wie ein ärmlich-täppischer Narr verhält. – So »kindisch« ist auch die ganze Lebenshaltung des alten Königstigers. Seine naive Lebendigkeit hat alle Maßstäbe vergessen, um an sich selbst zu denken: das »ungefärbte Weiß« kindlicher Einfalt endet im »Seidenschwarz« gereifter Weisheit und bewährter Würde.

Der alte Meister-Tiger

Pan-schan stellt das Sein der Dinge in Frage

Hinweis: Nach dem Ausschlag eines zuckenden Blitzes gedankenvoll zum Firmament emporzuschauen, ist verlorene Mühe. Und noch vor dem Krachen seines Donnerschlags wirst du dir schwerlich die Ohren verstopfen können.

Wer nicht a priori den klaren Blick hat und die griffbereite Hand, wie sollte der imstande sein, Es sich einzuverleiben?

Da gibt es welche, die mit zerfurchter Stirn gesenkten Kopfes hin und her kalkulieren und dabei gar nicht wahrnehmen, daß sie gleich alle zusammen ins Gespensterloch stürzen, wo vor ihren toten Schädeln schon die Höllengeister auf sie lauern.

Hört, ihr Kuttenmönche! Was ist, wenn einer, ganz außerhalb der üblichen Geleise seines Denkvermögens, unbekümmert um richtig oder falsch oder irgendwelche Folgen, plötzlich mit einer gerade in ihm aufsteigenden Erkenntnis einfach herausplatzt: Wie stellt ihr Euch dem – und was sagt ihr dazu?

Hier das Beispiel:

Mitten in der Unterweisung seiner Hörer rief Meister Panschan in die Halle: IN DEN DREI ERLEBNISBEREICHEN (dem Reich der Triebe und Begierden, dem Reich der Formen und Gestalten und dem Bereich des Unsichtbar-Überwärtigen) EXISTIERT ÜBERHAUPT KEIN EINZIGES DING. UND WO WÄRE DA ETWAS WIE GEIST ZU SUCHEN? NIRGENDS!

Später fügte er dem noch hinzu:

Die vier Großen Dinglichkeiten: Erde, Wasser, Feuer, Wind, sind im Grunde leer. Wo wäre darin für den Buddha eine Wohnstatt? Das Gestirn über mir steht still; ohne Makel bietet es sich dar von Angesicht zu Angesicht. Sonst ist weiter nichts zu sagen!

Gesang:

In drei Reichen nicht ein einzig Ding!
Wo wäre da noch Geist zu suchen?
Weiße Wolken bilden das Firmament.
Bergquellen als Harfenspiel. –
Hier eine Weise, dort zwei Weisen –
Kaum einer, der sie je begriff.
Der Regen – vorbei. Nachts im Teich
Wird das Wasser des Herbstes tief.

Einer der Alten hat gesagt: »Wenn ein Erhellter einen Satz, der außerhalb der Möglichkeiten unserer Stimme liegt, trotzdem in Worte faßt, dann darfst du seinen Sinn nicht im bewußten Denken suchen.« Sagt mir, wie es denn um diesen Sinn steht? Hier habt ihr vorsichtig Schweigenden auch gleich meine Antwort: Es ist ein Schwerthieb in den reißenden Strom, ein Blitzeszucken, ein Sternschnuppenflug. Mit rationalem Erörtern, mit forschendem Erwägen des Einerseits und Andererseits könnten selbst Tausende von Buddhas, wenn sie in der Welt aufträten, schlechterdings nur ins Dunkel greifen.

Zugegeben, vor solchen, die schon tief in den innersten Hintergrund ihrer Seele vorgestoßen sind, denen ES bis in die Knochen und ins Mark gedrungen ist: bei diesen wenigen wird es für Pan-schan, der ihnen ja nichts Neues zu sagen weiß, zunächst eine Niederlage geben.

Andere, die zwar fähig wären, einen Ausspruch dieser Größe in sich aufzunehmen, die sich aber mit dem Kopf bald nach links und bald nach rechts wenden, werden sich mit der gescheiten Feststellung zufriedengeben, der Meister habe hier eben ein Holzscheit gefunden – als Bruchstück aus dem Ganzen ewiger Wahrheit: das letzte, was hier zu sagen wäre.

Das allerletzte jedoch sind jene, die im Schlamm des Wortlauts herumrühren und im Kehrichthaufen banalen Geredes wühlen: Die werden Pan-schan nicht einmal im Traum zu sehen bekommen.

Das Dilemma ist, jemandem ein überwärtiges Licht aufstecken zu wollen, das er aber erst dann hell leuchtend in Freiheit zu sehen vermag, wenn er schon in jene überwärtigen Bereiche vorgedrungen ist. Und schon gar nicht läßt sich der Weg nach den überwärtigen Höhen erzwingen. Sagte doch der dritte Patriarch:

> »Wer sich verzwängt, verliert die Richtung,
> kommt zähneknirschend immer auf den Holzweg.
> Laßt innen los, dann gibt es sich von selbst!
> Denn niemals geht Es weg, nie steht Es fest.«

Nicht fatalistischer Faulheit wird hier das Wort geredet, vielmehr dem aus dem inneren Herzen kommenden »Absichtslosen Wollen«.* Und wenn ein Siebengescheiter aus Pan-schans Ausruf den messerscharfen Rückschluß zieht: ohne Dinglichkeiten in den drei Reichen gibt es also auch keinen BUDDHA, kein GESETZ; so schlägt ihn gerade *das* hinunter in die Totenhöhle. Die Alten kannten und nannten das »die Gefahr der tiefen Fallgrube der an sich Befreiten«. In einem Traktat des Nagarjuna heißt es: »Auch diejenigen, die an keine Zwecke und keine Sache mehr gebunden sind, haben noch die Not der goldenen Ketten zu bestehen: Auch das Gold des Nichtmehranhaftens, der Freiheit, kann selbst zur Kette werden. Selbst hier muß also noch auf den untersten Grund hindurchgestoßen sein, dann erst erlangt man

* Erinnert sei hier an Eugen Herrigel: »Zen in der Kunst des Bogenschießens« (München 1983), und andere Zen-Künste »zweckloser« Intention.

ES.«* Und wenn dann einer wie Pan-schan so weit im egolosen Mitleiden kommt, daß der für Unsagbares doch noch Worte findet und dort, wo man an sich nichts tun kann, doch noch tätig wird: so ist er eben einer, DER AUS DEM TOD ZURÜCKGEKEHRT IST.

Yüan-wu nennt es anspruchslos »den letzten Endpunkt überwärtiger Wahrheit, an dem du zum erstenmal begreifst und dir erlaubst, daß du dich in aller Ruhe niedersetzen kannst«.

Su, der Meister und Dichter (Su Schi) hatte einst in den Lu-schan-Bergen den Zen-Meister Tschang-dsung aufgesucht, die ganze Nacht sich mit ihm über Dingliches und Nichtdinglichkeiten unterredet und dann im Morgenlicht sein »Finde«-Gedicht verfaßt:

»Des Bergbachs Rauschen also ist des Buddha Weltenstimme.
Warum das Bergmassiv denn nicht sein makelloser Leib?
Die Sutrenchöre dieser Nacht, die vierundachtzigtausend,
Wie bring' ich eines Tages sie den Menschen zu Gehör?«

Denn die Erfahrung lehrt, daß Herz und Geist des ZEN, je mehr man davon redet, um so leichter Schaden nehmen können. Schweigen, ja geradezu Verneinen, vermag das Innerste der Wahrheit zu schützen. Das ist eben alles andere als Nihilismus, wie das Abendland das Buddhatum rational mißversteht – ist der eine bescheidene Verzicht auf Rationalisierung, wo es um DAS geht, das alle Worte und Begriffe weit hinter sich läßt. Auf diesem transpersonalen Blatt ist

* Auch der Zölibat als Prinzip kann zur goldenen Kette werden: Ein mit sichtbarer Aura erleuchteter Meister, längst den Großen Tod gestorben, nur von den goldenen Ketten unfrei, begab sich eines Nachts zu einem Mädchen. Ein Jünger, der ihm nachgeschlichen war, bat morgens voller Entsetzen um eine Erklärung. Der freie Meister sagte nur: NICHT VERSTEHEN KÖNNEN, HEISST EINFACH NICHT WISSEN.

keine Schrift mehr zu erkennen. Es ist, ohne Ich, ohne Dinge: LEER. Wer aber Zen-Augen hat zu lesen, erblickt auf dem leeren Blatt die Fülle der Wahrheit. Da steht weder, daß es »keine Dinglichkeiten« gebe, noch daß im Gegenteil die Dinglichkeiten objektive Wesenheiten außerhalb von uns seien, denen ein eigenes Sein zugeschrieben werden könnte (vgl. das Problem des Kaisers Wu-Di, S. 23 ff.). Was sich einzig von diesem leeren Blatt ablesen läßt, hat ein japanischer Dichter in fünf Versen ergründet:

Ist die Welt ein Traum?
Oder ist sie wesenhaft?
Sage: Weder wesenhaft,
Noch ein Traum. Ich weiß um
Ein Etwas, ein Nichts in Einem.

Ein Etwas also und gleichzeitig Nichts, ein Nichts UND Etwas. (Was über den berühmten Satz des Calderon de la Barca: »La vida es sueño« noch hinausgeht:

Leben, was ist das?
Illusion oder Wahn?
Ein Schatten, eine Fiktion?
DAS GANZE LEBEN: EIN TRAUM!
Und Träume – sind eben Träume!)

Der weise Narr im Zen als Traumtänzer?

Als der Ehrwürdige vom Pan-schan-Kloster sich der Verwandlung nahe fühlte, sprach er zu der Versammlung seiner Kuttenmönche: »Ist überhaupt einer unter euch, der meine wahre Gestalt von ferne erkennen und treffen kann?«

Jeder Schüler in der Versammlung zeichnete ein Bild des Meisters und wies es ihm vor. Der Meister aber schimpfte sie alle aus. Da trat Pu-hua vor und sagte: »Ich könnte ein entfernteres Abbild von Euch geben.« Pan-schan: »Zeig es mir altem Mönch vor!« Pu-hua lachte, schlug vor dem Meister einen Purzelbaum und ging hinaus. Der Kommentar Pan-schans: »Dieser Kerl wird noch einmal in der Manier des weisen Narren Menschen zur Erkenntnis führen.«

In der Geschichte der chinesischen Zen-Bewegung spielt dieser Pu-hua später eine Rolle dadurch, daß er dem Lin-dji (Vater der Rinzai-Schule) mit seinen Narrenpossen über den Weg lief. Lin-dji, an sich in seinem Kloster auf strenge Zucht aus, erkannte doch an, daß alle die Eulenspiegeleien die Widersprüchlichkeit des Weltgeschehens trefflich abspiegelten.

Pu-hua, als heiliger Narr beim Volk beliebt, zog umher, hielt kauzige Reden, sang Verse – und brachte Zen unter die Leute. Alt geworden, bat er eines Tages statt um Speise um ein ihm angemessenes Gewand. Viele boten ihm alle möglichen Kleidungsstücke an; er wies sie alle zurück. Lin-dji erfuhr davon und begriff. Er bestellte einen Sarg und schenkte ihn Pu-hua mit den Worten: »Ich habe dir ein angemessenes Gewand anfertigen lassen; tu damit was du willst.« Überglücklich band sich Pu-hua die Sitz-Kiste auf den Rücken, tanzte damit durch die Straßen, sang einen Vers auf Meister Lin-dji und gab bekannt, er werde sich beim Osttor dem letzten Samadhi überlassen. Alles lief bei diesem Tor zusammen; Pu-hua jedoch sagte dort: »Heute paßt es mir noch nicht, dafür morgen am Südtor.« Aber auch dort schob er es wieder auf und vertröstete die Neugierigen auf das Westtor anderen Tages. Als auch daraus nichts geworden war, gaben es die Leute auf, ihm nachzulaufen. So ging er am vierten Tag allein durchs Nordtor vor die Stadt hinaus, setzte sich in seinen Sarg und ließ ihn durch einen Vorübergehenden zunageln: und so ging dieser weise Narr*

* Unter der Narrenkappe lassen sich am wirksamsten auch goldene Ketten durchbrechen; daher auch die »Narrenfreiheit« des auch und gerade die höfische Etikette durchbrechenden Hofnarren, der, wie die Kinder, die Wahrheit in Komik sagen durfte. – Armut, Keuschheit, Gehorsam dienten zu allen Orten und Zeiten als Garanten für

in die Verwandlung ein. – Die spätere Legende schmückt sein Ende aus: Als man in der Stadt davon erfahren hatte, lief die Menge zum Nordtor. Tatsächlich fand sich dort der vernagelte Sarg, nur merkwürdig leicht. Man öffnete ihn schließlich, und wie durch ein Wunder fand sich von Pu-hua darin keine Spur. Statt dessen mochten manche Gläubige beschwören, hoch in der Luft ein Narrenglöckchen vernommen zu haben, das fern und immer ferner tönte, bis es still wurde.

»eigentlicheres«, transzendentes Leben. So schwer diese Gelübde einzuhalten sind, auch im christlichen Raum wartet für den sich selbst Überwindenden die Gefahr, überheblich zu werden, zu »himmeln«. Therese von Avila wußte davon ein Lied zu singen und prägte den Gegen-Satz: »Wenn Fasten, dann Fasten, wenn Rebhuhn, dann Rebhuhn.« – Um nicht hochmütig zu werden, wurde im Altertum von Vestalinnen, im Frühchristentum von Nonnenklöstern an bestimmten Tagen das Keuschheitsgelübde durch Hingabe an jedermann durchbrochen. Erst die Neuzeit bestand unerbittlich auf Konsequenz – mit der Folge unüberwindlicher Klostermauern. – Wie ein heiliger Narr auch diese Barriere spielend übersteigt, findet sich, literarisch heiter verdichtet, in den dialektischen »Spuren« des Philosophen Ernst Bloch, hier in der Geschichte von dem Mönch, einem überaus frommen und einfältigen Mann, dem nur sein Trieb viel zu schaffen machte. Geißel und Kasteiungen halfen nichts: Da schlüpfte eines Abends ein Weib in seine Zelle, unter dem Vorwand zu beichten; eine stadtbekannte Hure, im Übergang zur Betschwester, also der Lage sehr gewachsen. – Wie nun der Bruder gegen Morgen erwachte, aus einem Schlaf, den er seit seiner Kindheit nicht mehr gekannt hatte, so süß und satt, mit einer Ruhe, die nichts mehr als fromme Gedanken im Sinne hatte, warf er sich nieder und dankte Gott, daß er ihm endlich ein Mittel gezeigt habe, den Stachel loszuwerden. – Der Erzähler dieser alten Schnurre fügt hinzu, daß der Prior, als er von der Sache erfuhr und auch davon, daß der Mönch aus reinster Dummheit das Gelübde gebrochen, ja, das Evangelium verwirrt habe, ihm verziehen und für ihn gebetet hat: damit er mit den Eseln dereinst ins Paradies gelange.«

Feng-hsüäs Eiserner Stier

Die Ausnahmeerscheinung Feng-hsüä wird als großer Meister aus der Schule Lin-djis verehrt; in ihr ist er zu einer geradezu mythischen Figur geworden. Die Legende will von geheimnisvollen Weissagungen berichten: der seherische Yang-schan verhieß das einstige Kommen eines dem Lin-dji ebenbürtigen Nachfolgers, eines Großmeisters also von ungewöhnlicher Geisteskraft.

Nüchterne Historiker wissen von der Geburt um 896. Der hochintelligente Junge habe von klein auf Fleisch und scharfe Gewürze gemieden. Von den Eltern aus sollte auch er durch juristische Studien die Beamtenlaufbahn ergreifen, fiel aber in der Staatsprüfung durch. Dieser Schlag hatte sein Gutes, lenkte seine Intentionen nicht auf geringere, vielmehr auf höhere Ambitionen: Er trat in Hang-dschou in das erste Buddhakloster der Provinz ein, unterzog sich strengsten Exerzitien und legte bald als Novize »Yän-dschau« das Mönchsgelübde ab. Viele Jahre studierte der Novize sogar in der Nacht alle wichtigen Sutren und Traktate, besonders auch das Sutra »von der Lotosblüte des guten Gesetzes«. Vollgestopft mit scholastischer Dogmatik, blitzgescheit und redegewandt begann der vierundzwanzigjährige Mönch, Zen-Meister aus der Schule Bodhidharmas und des sechsten Patriarchen aufzusuchen – genauer gesagt, sich diese aus seiner selbsterrichteten hohen Warte geradezu vorzuknöpfen.

Zunächst aber macht auf Yän-dschau tiefen Eindruck der Meister im Jui-yän-Kloster. Der rief sich selber beständig an: »Herr und Meister!« Daraufhin schrie Jui-yän sich selbst zu: »Ja!« Dann rief er weiter sich zu: »Sei sternenklar mein Herz, laß künftig dich nicht mehr von anderen beirren!« Danach sprach er zu sich: »In der Tat! Selbst sich in die Hand nehmen, sich mit sich selbst befassen – ist das einzig Senkrechte!«

Solch ein transpersonales Selbstgespräch hatte der junge Mönch noch nie vernommen: das schrieb er sich in den Hinterkopf.

Über weitere (Mittel-)Stationen kommt Yän-dschau dann zu Djing-tjing, jenem »Gluckhennen«-Meister des »Schale-Aufbrechens«. (Yüan-wu berichtet dort von einem Mönch, der Nan-yuän um Belehrung über den »Feile-Picke-Vorgang« bittet. Der Meister sagte: »Unter Eingeweihten feilt und pickt man nicht...!« – vgl. S. 100ff.)

Djing-tjing hat ohne Frage auch den jungen Yän-dschau gütig in der Bereitschaft aufgenommen, ihm den Dienst der Bruthenne zu erweisen. Auf diese Geistesart, die ihm in jenem Mönch als Widersacher entgegentrat, war er offensichtlich nicht gefaßt. Das war kein Erdgebundener wie die anderen; das war ein Vogel Greif, der über Land und Wasser kühn hinwegfliegt.

Von Djing-tjing gefragt, wo er gerade herkomme, erwiderte der spätere Meister Feng-hsüä: »Ich bin auf eigene Faust unterwegs und komme von Osten.«

Djing-tjing konstatierte: »Da bist du über den kleinen Fluß hergekommen, oder nicht?«

Feng-hsüä sprach: »Ein großes Fahrzeug treibt im leeren Raum; da gibt es keinen kleinen Fluß zu überqueren!«

Djing-tjing blieb zunächst die Spucke weg, dann konterte er: »Über den Spiegelsee und die Gemäldeberge fliegt nicht einmal ein Vogel weg, junger Mann! Klau nicht anderen Leuten Dichterworte, die du einmal aufgeschnappt hast.« (Es gibt Tabus heiliger Stätten, die nicht einmal Vögel überfliegen. Dir ist wohl in den Kopf gestiegen, was du von Dauisten vernommen hast.) Ungerührt erwidert Feng-hsüä: »Selbst der mächtige Ozean duckt sich hinter dem Gewicht großer Kriegsschiffe; auch das Sternheer der Milchstraße zieht mit vollen Segeln über die fünf großen

Sterne unseres Reiches hinweg.« Dem hielt Meister Djing-tjing seinen Jakschweif hoch entgegen und fragte: »Wie stellst du dich dazu?«

Feng-hsüä fragte zurück: »Was ist denn das für ein Ding da?« Djing-tjin versetzte: »Dachte ich mir's doch! Du hast keine Ahnung!«

Feng-hsüä, frontal angreifend: »Vortreten im Ausfall, dann wieder verschwinden, mal etwas zusammenrollen, dann wieder entfalten, das sind so die Kunststücke, deren ich mich ebenso bediene wie Ihr, Meister.« (Er bildet sich ein, alle Zen-Meister im Grunde längst durchschaut zu haben.)

Djing-tjing konterte: »Bei den Orakelspielen mit dem Wasserkessel wird oft barer Unsinn gequasselt; und auch im tiefen Schlaf sagt mancher wirres Zeug.«

Feng-hsüä ließ nicht locker: »In einem weiten Marschland kann den Blicken auch ein tiefes Wald- und Berg-Gebiet verborgen bleiben; List und Geduld bringen selbst einen Panther ins Netz.«

Da antwortete Djing-tjing: »Deine Jugendsünde will ich dir vergeben, deine Schuld erlassen. Jetzt aber ist es höchste Zeit für dich, zu verschwinden!« Und beendete damit die Audienz. Im Hinausgehen sagte Feng-hsüä noch: »Mein Besuch war umsonst!«

Nachdenklich kam er bis in die Lehrhalle und haderte mit sich: Ein echter Kämpe ficht zu Ende; wie kann ich vor dem Abschluß eines Gung-an (Koan) über höchste Fragen einfach aufgeben! Er kehrte um, trat in das Privatzimmer, wo Djing-tjing jetzt saß, verneigte sich und sprach: »Vorhin war ich so unverschämt, dem Ehrwürdigen unbotmäßige Halbwahrheiten zuzumuten und ihm ins Angesicht zu trotzen; nun unterwerfe ich mich dem Herzen und der Güte des Ehrwürdigen.« Doch immer noch ritt ihn der Teufel und zeigte seinen Pferdefuß: »Allerdings habe ich noch nicht hören dürfen, was mir als Fehler vorgeworfen wird.«

Djing-tjing in seiner Geduld eröffnete nochmals das Koan-Spiel mit der Frage: »Sagtest du nicht vorhin, du seiest von Osten hergekommen? Warst du nicht etwa bei Meister Tsui-yän?« Sofort setzte Feng-hsüä wieder seine Vernebelungstaktik fort und fragte: »Ach so, Ihr meint von dem Meister, der östlich vom Baugai-Kloster seinen Sitz hat?«

Djing-tjing wurde leicht ungehalten: »Anstatt mit deinem ewigen Abschweifen in die leere Weite aufzuhören, kommst du mir schon wieder mit deinen Märchen aus dem Buch der Lieder!«

Feng-hsüä erwiderte: »Triffst du auf deinem Wege einen Fechter, so biete ihm zum Gruß dein Schwert; doch einem, der kein Dichter ist, dem darfst du nicht mit Versen kommen.«

Djing-tjing hakte hier sofort ein: »Behalte deine Lieder gleich für dich, mach's kurz und zeige mir dein Schwert!«

Feng-hsüä, in die Enge getrieben, wich aus: »Ein Dämon hat es mir bei Nacht entwendet.«

Djing-tjing resumierte: »Nicht bloß, daß du gegen jede Regel verstößt, du zeigst auch deine Unentschlossenheit.«

Feng-hsüä wieder im Aufwind: »Wie sollte ich vom Sinn und Herzen eines Buddhas alten Schlags ein klares Bild bekommen, ohne gegen Brauch und Sitte zu verstoßen?« Djing-tjing fragte: »Was verstehst du unter Sinn und Herz eines Buddhas vom alten Schlag?« Feng-hsüä triumphierend: »Das ist nun das zweite Mal, daß der Ehrwürdige mir die Gunst erweist, meine Worte gelten zu lassen; doch: Wo bleibt da noch etwas vom echten Meister übrig?« Djing-tjing wurde laut: »Der Kuttenbruder da vom Osten vermag noch nicht einmal ein Weizenkorn von einer Bohne zu unterscheiden. Er tönt nur immer, daß er ES schon habe, HAT ES ABER NICHT! Wie könnte auch einer es haben, wenn er sich innerlich dagegen sträubt?«

Nun lenkte, wenn auch noch polternd, Feng-hsüä in gewissem Sinne ein: »Gewaltige Meereswogen steigen auf in einer Breite bis zu tausend Klaftern; wenn sich der Sturm gelegt hat, sind sie wieder mit dem Wasser vereint.«

Djing-tjing sprach noch: »Ein einziges Wort kann schon den Strom mannigfaltiger Gedanken abschneiden, und alle Widerworte schlafen ein und schwinden.«

Feng-hsüä verneigte sich in Verehrung. Der Meister strich ihm dreimal mit dem Jakschweif über den Scheitel und sagte zu ihm: »Das war ein Gespräch von Rang. Setze dich zu mir zu einer gemeinsamen Schale Tee.«

Die sommerliche Übungszeit verbrachte Feng-hsüä im Hirschtor-Kloster mit dem alterfahrenen Guo; der war jahrzehntelang Aufwärter bei dem berühmten Dö-schan gewesen und goß eher noch Wasser auf die ohnehin »aufmüpfige« Mühle des Feng-hsüä. Dann riet er ihm, Nan-yüan aufzusuchen, um sich mit ihm zu messen.

Feng-hsüä wanderte zum Südhof-Kloster (Nan-yüan). Dort trat er zur Audienztür herein, ohne Gruß, ohne Verneigung. Nan-yüan fuhr ihn an: »Offenbar bist du beim Eintreten nicht in der Lage, zu unterscheiden, wer hier der Herr im Hause ist.« Feng-hsüä versetzte: »Die Frage nach dem letzten Sinn dieses Unterschieds möge doch der Ehrwürdige bitte selbst entscheiden!« Nan-yüan hob die linke Hand und schlug sich damit aufs Knie. Da schrie Feng-hsüä: »Ho'!«

Nan-yüan hob die rechte Hand und schlug sich damit auf's rechte Knie. Feng-hsüä schrie wieder: »Ho'!«

Nan-yüan hob die linke Hand: »Diese Hand sagt aus: die unterschiedslose Gleichheit hat auch ihr Wahres, aber nur die Hälfte der ganzen Wahrheit.« Dann hob er seine rechte Hand und fragte: »Wie jedoch steht es mit *der?*« Feng-hsüä antwortete: BLIND! (was beides umfaßt: dafür bin ich blind und/oder: Ihr seid blind). Nan-yüans rechte Hand griff nach dem Schlagholz. Feng-hsüä rief: »Das darf doch nicht Euer Ernst sein; gleich werd' ich dem Meister den Stock entreißen und ihn damit schlagen; sagt bloß nicht, das komme nicht in Frage!« Da schleuderte Nan-yüan sein Schlagholz zu Boden und schimpfte vor sich hin: »Was sagt einer dazu: da habe ich heute vor diesem Gelbgesicht doch tatsächlich auch mal den Dummen spielen dürfen.«

Feng-hsüä bemerkte dazu: »Das ist ungefähr so, Ehrwürdiger, als hättet Ihr in Eurer Bettelschale nichts mit nach Hause gebracht und würdet vorgeben, gar keinen Hunger zu haben.« Nan-yüan faßte seinen Gast persönlich an: »Verdammich, bist du nicht schon früher mal hiergewesen?« Feng-hsüä fragte zurück: »Was ist das für eine familiäre Art, mit mir zu reden?« Nan-yüan beschwichtigend: »Schon gut, schon gut; man wird ja wohl noch fragen dürfen.« Feng-hsüä gab zurück: »Wenn schon, dann darf man das auch nicht so einfach wieder fallen lassen.« Nan-yüan, der im stillen seine wahre Freude an dem Freigeist hatte, schloß die Gesprächsrunde mit der Einladung: »Komm, setz dich zu mir zu einer Tasse Tee.« – Klare Punktvorteile für den Meister.

Am Tage darauf eröffnete Nan-yüan die Sitzung mit der obligaten Frage nach der sommerlichen Übungszeit. Feng-hsüä antwortete sachlich, ohne Umschweife: »Den Sommer verbrachte ich im Hirschtorkloster bei dem Vorsitzer Guo.« Nan-yüan nickte beifällig: »Ein sachkundiger Mann; was hat er denn zu dir gesagt?«

Feng-hsüä gab zur Antwort: »Er hat mir von Anfang an bis zum Ende geraten, immer von oben zu kommen und die Oberhand zu behalten.« Kaum hatte er ausgeredet, schlug ihn Nan-yüan mit dem Stock und jagte ihn mit den Worten zum Zimmer hinaus: »Was soll ich mit einem Chinesen anfangen, der sich solch einer Niederlage ausliefert!«

Feng-hsüä fügte sich freiwillig in die Bruderschaft und wurde Obergärtner. Eines Tages kam Nan-yüan in den Zen-Garten und fragte ihn: »Wenn der Meister seinen Stock gebraucht; wie setzt man sich damit im Süden auseinander?«

Feng-hsüä, der ja aus dem Süden* kam, erwiderte: »Dort setzt man sich in bestimmter Rede und Gegenrede auseinander.« Dann fragte er den Meister: »Und wie hält der Ehrwürdige es in solchen Fällen?«

Mit festem Griff hob Nan-yüan sein Schlagholz hoch und sprach: JE NACH SEELENZUSTAND DES EINZELNEN KANN ES SICH, GERADE UNTERM STOCK, IM HERZEN EINES MÖNCHES EREIGNEN, DASS SEIN GEDULDIGES JA ZUR AN SICH LEEREN DINGLICHKEIT DEM JA DES MEISTERS ENTSPRICHT.

Bei diesen Worten stieg in Feng-hsüä himmelweit die GROSSE KLARHEIT auf.

* Chinas Süden ist »südlicher«, der Norden ernsthafter. – Di-tsang fragte einen Mönch, den ersten Go-Stein etwa so setzend, wie ein Schachspieler mit dem Königsbauern eröffnet: »Wo bist du vorher gewesen?« Der Mönch antwortete: »Im Süden«. Der Meister: »Wie steht es dort um das Gesetz des Buddha?« Der Mönch erwiderte: »Die theologischen Diskussionen haben dort allerhöchsten Rang.« Da konstatierte Di-tsang: DAS IST FREILICH ETWAS VÖLLIG ANDERES, ALS WENN WIR ARMEN IM GEISTE HIER SETZLINGE AUSPFLANZEN UND DAVON REIS ERNTEN, UM IHN DANN AUFZUESSEN.

Yün-mens Goldhaarlöwe

Vorbemerkung: Aus abendländischer Sicht oft zu wenig bedacht wird die Tatsache, daß der Buddhismus, als sich etwa um 500 unserer Zeitrechnung die Zen-Bewegung entfaltete, schon tausend Jahre bestand. Und ähnlich, wie sich aus dem einzigartigen Menschen Jesus im Laufe vieler Jahrhunderte der »Sohn Gottes«, aus »Mirjam« die »Gottesmutter Maria«, herauskristallisierte, so hatte sich das ursprüngliche Buddhatum geistig ungemein entfaltet und vergöttlicht mit einem kaum überschaubaren Reichtum an Lehrbegriffen, dogmatischen Systemen, Riten und kultischem Gepränge. Gerade gegen dieses Übermaß an Lehren und Formen, gegen die Erstarrung im Brimborium, ist ZEN erwacht und aufgetreten mit dem Anspruch, zum Ursprung, zur eigentlichen Lebensquelle dieser alten Religion zurückzuführen.

Inzwischen hatte, unter den Lehrbegriffen der Scholastik, die Weisheit vom »dreifachen Buddhaleib« besonders im »Großen Fahrzeug« enorme Bedeutung erlangt. (Sehr verkürzt: Buddha, nach fünfzig Lehrjahren in die nirvanische Ver-Nichtung eingegangen, existiert nicht mehr, nur sein GESETZ DER WAHRHEIT: der DHARMA. Der Inbegriff des Buddha, sein Dharma, ist sein »Wahrheits-Leib«. Da Gautama jedoch nur Inkarnation des ewigen Buddha ist, *eine* Fleischwerdung von früheren und zukünftigen, so gab es neben dem Dharma- oder Wahrheitsleib den sogenannten UMWANDLUNGSLEIB. Endlich führten die mönchischen Visionserlebnisse zu einer Versenkungsstufe zwischen irdischem und ewigem Buddhaleib, in der geistigen Schau der Bodhisattvas – wie Manjushri auf goldenem Löwen – verdichtet zu einer Art »Seligkeitsleib«.) Tiefenpsychologisch vereinfacht, war es auf diesen Umwegen über den Wahrheitsleib je nach Geistigkeit möglich geworden, zum Beispiel den Buddha des »sieghaften Sonnenlichts« ähnlich anzubeten wie Andersgläubige in den Erlösungsreligionen ihren höchsten Gott. Was die von Bodhidharma ausgegangenen Schulen des ZEN intendierten, war einfach der Anspruch, Ursprung im Buddhatum zu sein, von Buddha selbst nach der Nacht unterm Baum der Erleuchtung auf innerlich geheime Weise überliefert: »Nach tausend Jahren Buddhismus versteht sich ZEN als Religiosität des BUDDHA-HERZENS. (Spätbuddhisten erschien ZEN oft als unheilig, als Häresie.)

Hinweis: Wer wie angewurzelt auf dem Boden der weltläufigen Wahrheiten stehenbleibt, sitzt wie ein gefangener Affe im Bambuskäfig. Wer mitten auf dem weltlichen Weg das Überweltliche wahrnimmt, der gleicht dem geschmeidigen Tiger, der den steilsten Hang erklettert. Doch wer himmelnd über dem Boden schwebt, fällt nur allzuleicht ins nächste Brunnenloch. So fragte ein Mönch seinen Meister nach einem Gleichnis für den makellos reinen Wahrheitsleib des Buddha. Hsüan-scha wies auf sein schlimmes Bein und erwiderte: »Wie triefender Eiter!« Das ist einer von den Alten mit dem diamantenen Auge! Ein Kernsatz aus dem Nirvanasutra lautet: »Wer den Sinn des Buddhawesens erfassen will, der muß genau auf Zeit und Stunde, Grund und Anlaß achten«; denn die Buddhaschaft liegt als Same im allerinnersten Wesen des Menschen vergraben. Da braucht es Regen, Sonnenschein und andere Erweckungen zur rechten Zeit. Abkehr vom Äußeren und Einkehr bei sich selbst, das ist immer *das erste*. Und dann bedarf es meist des Vorbilds eines Seelenführers, der die Buddhaschaft persönlich in sich selbst verkörpert hat: ein Tiger, überlegen, königlich und frei.

Wenn einer hundertfach geläutertes Gold zu schmieden wünscht, dann braucht er dazu notwendig den Ofen und den Blasebalg eines Meisterschmieds.

Prüft und erkennt in diesem Beispiel die Echtheit einer gegenwärtigen Erscheinung des Großen Wirkens. Hier der Koan:

Ein Mönch fragt Yün-men: *Wie ist der klare reine Wahrheitsleib?* Yün-men deutete auf den Klostergarten und sprach: EIN RUNDES DICHTES BEET VON BLÜHENDEN PÄONIEN.

Der erfahrene Mönch sagte: *Gut und schön – und was weiter?*

Meister Yün-men gab zur Antwort:

Ein Goldhaarlöwe

Aus einer reinen Quelle sprühender Lebendigkeit fällt hier das Wort Goldhaarlöwe, ein bewundernder Name für den Buddha, den Kern des Buddha-Herzens. Daran mit intellektuellen Gedanken herumzuraten, führt an diesem Inbegriff vorbei. Welch gerade Antwort auf eine krumme Frage! Und da wird nicht bloß gleichzeitig gelobt und getadelt: das »Umgreifende« kommt zu dir. Darum sagt Bai-dschang: »Die ganze Fülle mannigfaltiger Erscheinungen und alle Worte, die gesprochen werden: alles macht kehrt und kommt zuletzt nur auf dich selbst zurück.«

Yung-djia dichtet:

Den eigenen Leib der Wahrheit wahrgenommen,
Bleibt außer Buddha dir kein einziges Ding...

Noch ein Beispiel! Ein Mönch fragte Yün-men: »Dichter sagen, das Buddhagesetz sei dem Spiegelbild des Monds im Wasser zu vergleichen; stimmt dieser Vergleich oder hinkt er?« Yün-men antwortete: »Eine reine, spiegelglatte Wasserfläche reflektiert den Mond, und er vermag nicht in sie einzudringen.« Der Mönch wollte wissen: »Ehrwürdiger, woher habt Ihr dies Euer Wissen?« Yün-men drehte den Spieß um und fragte: »Von woher kommt diese zweite

Frage?« Da fragte der gewitzte Mönch zurück: »Und was wäre dann, wenn ich mit dieser Auskunft weitergehe?« Yün-men gab zur Antwort: »Geh nur: es führen viele gewundene Pfade ins Hochgebirge hinauf.«

Gesang:

Päonien-Blüten-Dickicht –
Mach kein »großes Gesicht«!
Am Waagbalken sitzt der Stern,
Sitzt an den Waagschalen nicht.
»Schön und gut! – Und was dann?«
Von Augenmaß kaum eine Spur!
Die Aura goldbehaarter Löwen,
Als Wahrheitsleib. Ja, seht sie nur!

Yün-men antwortete mit zwei Gleichnissen über den Kopf des Fragenden hinweg zur Audienz aller Mönche. Ganz im Sinne des Bodhidharma »richtet er keinen Schriftbuchstaben auf; er weist mit ausgestrecktem Finger auf das Herz des Menschen, daß er im Anblick seiner eigenen innersten Natur zum Buddha werde.« Der Geist des Wahrheitsleibes ist ebenso im triefenden Eiter wie in den dicht blühenden Päonien. In den Worten von Rilke: »Laß dir alles geschehn, Schönheit und Schrecken. Man muß nur gehn.« Ähnlich sagte Augustinus vom »Geist der Weisheit«, den »die heiligen Schriften nennen: er hat vieles in sich; doch was er hat, das ist er selbst, und das alles ist *Einer.*« All das zu verstehen auf dem alttestamentlichen Hintergrund der Hiobsformel: »Der Mensch, vom Weibe geboren, lebt kurze Zeit und ist voll Unruhe; gehet auf wie eine Blume, und fällt ab, fleucht wie ein Schatten und bleibet nicht.« (Hiob, 14. Kapitel).

Nach der Luther-Bibel ist die Welterschaffung auf das Jahr 4004 vor Christi, die Vertreibung aus dem Paradies auf 4003 festgelegt. Während also bis vor nicht allzulanger Zeit der Westen das Bestehen der Welt auf kaum sechstausend

Jahre einschätzte, wechselten im Östlichen Denken vier »Kalpas« im ewigen Kreislauf. Ein einziges altindisches Kalpa dauert so lange, daß ein gewöhnlicher Mensch es auch nicht in Potenzen auszudrücken vermag. Im Gleichnis: Aus dem Weltmeer ragt ein würfelförmiger Felsblock, der je vier Meilen in der Länge, Breite und Höhe mißt; alle hundert Jahre kommt ein Engelwesen geflogen und streift mit seinem Flügel den riesigen Felsquader. Wenn dadurch eines unabsehbar fernen Tages der Felsblock abgetragen wird: dann ist ein Kalpa vorüber. Die bisher am weitesten entfernte Galaxie sandte nach Schätzungen der heutigen Astrophysik ihre Strahlen vor etwa zwölf Milliarden Lichtjahren aus. Die Sonne ist einer von hundert Millionen Sternen im Milchstraßensystem – bei Existenz von hundert Millionen ähnlicher Sternsysteme.

Gautama Buddha wußte um diese Äonen. – Karl Jaspers bedachte die Wahrscheinlichkeit, daß sich eine Erde wie die unsere (jeweils über Jahrmillionen) bis zur atomaren Selbstvernichtung in spe »entwickle«.

*

Dem nahe verwandt der Kreislauf buddhistischen Denkens: Unser Leib, nackt vom Mutterschoß ausgestoßen, nährt und rührt sich in Freuden und Leiden – um alsbald ins Grab zu sinken: Nichtig unser Ich, nichtig die Welt. Was bleibt da noch außer Leugnung und Verneinung? Eben die befreiende Erkenntnis dieses Nichts, Leib der diamantenen Wahrheit, der Seligkeitsleib. Der Buddha in mir als Goldhaarlöwe.

Nan-tjüan: Wie Träumende

Ein Sutra sagt: »Alle Lebenden sind seit anfangslosen Zeiten im Irrtum ihres Ich befangen und machen es zu einer Sache, einem Ding, verlieren so ihr Herz, ihren Geist und lassen sich von den Dingen drehen. Wenn sie selbst die Dinge drehen könnten, wären sie dem Buddha gleich.«

Einer der vier Weltweisen, der Dharma-Lehrer Dschau, schrieb im 3. Jahrhundert eine Abhandlung »Von der Namenlosigkeit des Nirvana«. Als der um Generationen spätere Zen-Meister Schi-tou darin eine Stelle las, an der es heißt: »Wer die Welt der Dinge so versteht, daß er in all diesen immer sich selber sieht, der allein dürfte sich einen Heiligen nennen«, durchfuhr ihn ein Geistesblitz. Er schlug auf den Tisch und rief: »Der Heilige besitzt kein eigenes Selbst, weil *alles* eigenes Selbst ist; wer könnte da noch von Ich und Du, von eigenem Selbst und einem Andern reden!«

Und vom Weg sagt Laudse*:

Hört ein Verständiger vom Dau,
Folgt er ihm unbeirrt.
Hört ein Mittelmäßiger vom Dau,
Folgt er ihm schwankend und verliert es.
Hört ein Verständiger vom Dau,
So lacht er laut auf.
Was wäre denn das für ein Dau,
Das Unverständige nicht verlachen! ...
Wer das Dau versteht, scheint unverständig;
Wer im Dau fortschreitet, scheint rückwärts zu geh'n ...
Verborgen und namenlos ist das Dau;
Doch Alles verleiht es den Dingen und vollendet sie.

* Früher: Laotse und Tao (statt Dau).

Nun das Beispiel:

Der Würdenträger Lu Geng befand sich im Gespräch mit Meister Nan-tjüan. Lu Geng sagte mit erhobener Stimme: »Bei Dschau, dem Lehrer des Gesetzes, stehen die Worte: HIMMEL UND ERDE HABEN MIT MIR EIN UND DIESELBE WURZEL. DAS GANZE ALL BILDET MIT MIR ZUSAMMEN EINEN EINZIGEN LEIB. IST *das* NICHT IM HÖCHSTEN GRADE WUNDERBAR?!«

Nan-tjüan wies auf die Blütenpracht im Klostergarten und sprach zu Lu Geng:

Die Menschen unserer Zeit betrachten diesen
Blütenbusch wie Träumende im Schlaf

Nan-tjüan nimmt den vom Anhauch des Überwärtigen Trunkenen an der Hand, führt Lu Geng bis zum Rande einer Felswand von zehntausend Klaftern und versetzt ihm einen Stoß, der seinem träumenden Ich den Lebensfaden abreißt.

Ihr Mönche, wenn ihr in euren Disputen einander immer nur auf ebenem Boden umwerft, dann werdet ihr es bis zum Nimmerleinstag nicht begreifen, was es heißt, den Lebensfaden abzureißen; werdet immer noch so sein wie Träumende, die gern erwachen möchten, ohne aufzuwachen, die sich immer nur von neuem aufwecken lassen.

Natürlich versteht der Würdenträger die Anspielung auf jene (auch bei uns bekannte) Traumgeschichte des Dschuang Dschou, der erzählt: »Ich träumte einmal, ich sei ein Schmetterling und flatterte umher. Ich fühlte mich beglückt und wußte nichts von Dschou. Plötzlich erwachte ich und war nun richtig wieder Dschou. Hat es nun Dschou geträumt, er sei ein Schmetterling, oder träumt es jetzt vielleicht dem Schmetterling, er sei Dschou?« Und doch ist zwischen Dschou und dem Schmetterling ein Unterschied: die bewußte Verwandlung der Dinge.

Laudse sagt: »Im DAU herrscht Gegensatzeinheit. Gegensätze haben durch ihre Geschiedenheit ihr Bestehen; durch ihr Bestehen kommen sie zum Vergehen. Alle Dinge – jenseits von Bestehen oder Vergehen – sind in der Einheit aufgehoben. Genau besehen ist zwischen mir und anderen kein Unterschied.«*

Der Präsentheit des ZEN zuwider hält Lu Geng eine »Rede im Schlaf«: betrachtet die Blumen wie ein Träumender, weil er sich in seiner eigenen Wirklichkeit noch nicht gesehen hat. Hätte er das erlebt, könnte er wie Laudse sagen: »Himmel und Erde sind groß von Gestalt; ich bin von derselben Gestalt; gleich wie jene lebe auch ich im nichtvorhandenen Leeren.« Oder wie Fa-yän: »Dieser Kerl ist diesem Kerl sein Kerl, und ich selbst bin meinem Ich sein Ich. Himmelsrichtungen kannst du nach Belieben gelten lassen oder auch nicht. Nur das Ich hat keine Möglichkeit, sich selbst etwa nicht gelten zu lassen.« (Lapidar hält Kierkegaard den »Objektivisten« entgegen: »Das Subjekt läßt sich nicht in die Ecke stellen wie ein Spazierstock.«) »Trotzdem«, sagt Hsüä-dou, »sind Berge und Ströme nicht nur Spiegelreflexe subjektiver Einbildung.«

Vom Geheimnis der Subjekt-Objekt-Spaltung wie der gleichzeitigen Gegensatzeinheit hat der junge Nan-tjüang schon gezeugt (s. S. 177ff.). Gefragt, ob die vorangegangenen Meister irgendwelche Wahrheit besessen hätten, die sie ungesagt ließen, läßt er sich vom älteren Meister verleiten, etwas von diesem Unsagbaren auszusprechen: ES IST NICHT GEIST, ES IST NICHT BUDDHA, ES IST GAR NICHTS.

* Vom altindischen »tat tvam asi« (das alles bist du selbst) über Platon, Kant bis zu C. G. Jungs »Subjektstufe« und der »Existenz« der gleichnamigen Philosophie zieht sich hier ein roter Faden. Um 1840 liest man schon bei Schopenhauer: »So gut wie im Traum in allen uns erscheinenden Personen wir selbst stecken, genau so ist es im Wachen der Fall – wenn auch nicht so leicht einzusehen.« (Es sei denn in der »Welt als Wille und Vorstellung«.)

In unserem Aushang gibt Nan-tjüan dem Würdenträger zu verstehen, daß er nichts nötiger hat als echtes, waches Sehen ohne träumerische Esoterik. Durch die Blume läßt sich in der Tat keine schlagkräftigere Antwort finden als Nan-tjüans stiller Hinweis auf einen Blütenbusch.

Vielleicht hätte ein Hindeuten ohne Worte genügt, zumindest wenn beide allein – ohne die Audienz der Mönche im Hintergrund – gewesen wären; denn an sich steht bei Zen-Meistern im Vordergrund das personale Eingehen ins Geheimnis ohne Worte. Lu Geng braucht wirklich nichts weiter, als sich eine solche Blume richtig anzusehen: nicht als Biologe, nicht als Träumer. Im reinen Sehen ist bereits die Reflexion auf mich, den Sehenden, und auf die Blume als das Angesehene aufgehoben. Und wenn nach der wachen Versenkung in die Blume, in den Bach, in die Sterne, Blick und Gedanken sich nunmehr dem Innersten der eigenen Existenz zuwenden, kommte es zum Erschauern; und im Erschauern zum Verstummen. Und im Schweigen öffnet sich der Abgrund ewiger Stille.

Meister Schi-tou, uns von dem Ausspruch bekannt: »Auch der Heilige besitze kein eigenes Selbst, weil alles eigenes Selbst ist«, schrieb die Essenz seiner Erkenntnisse in vierundvierzig Sätzen zu je fünf Wortzeichen unter dem Titel nieder: »Ungleich und gleich im Bunde« – eine Schrift, die heute noch bei der Sôtô-Zenrichtung (neben dem Shōbōgenzō des Dōgen Zenji, 1200–1253)* hoch angesehen ist.

* Dōgen, der erste Patriarch des japanischen Sôtô-Zen, gibt interessanterweise nicht nur tiefe Einblicke in die »Schatzkammer der Erkenntnis des wahren Dharma«. Sein Shōbōgenzō enthält daneben auch ganz präzise Verhaltensvorschriften, vom Schneiden der Haare und Nägel bis hin zum Abort: »Sei schweigsam, singe nicht, sabbere und grunze nicht und zeichne nichts an die Wand. Hebe den Saum des Kimono hoch und gehe in die Hocke. Verwende kein altes

Über seine »Einheitserkenntnis« sagt Schi-tou:

»Meine Lehre vom GESETZ, die ich von früheren Buddhas übernommen habe, handelt nicht von ungeheuren Fortschritten in meditativer Versenkung: sie will nicht mehr und nicht weniger erreichen als das Wissen und die Schau eines Buddha. Der Kernsatz meiner Lehre heißt: ›In der innersten Mitte des Menschen, eben da ist Buddha. – Herz, Geist, Buddha, irrende Lebewesen, befreiende Erlösung von Verblendung, das alles ist, wenn auch dem Namen nach verschieden, im Grunde seines Wesens doch Eines.‹ Ihr Mönche: Es gilt für euch, im innersten Herzen einzusehen, daß man sich vom Glauben an eine Dauerhaftigkeit der Dinge ebenso fernzuhalten hat wie vom Fixiertsein ans NICHTS. Die Grundnatur ist weder rein noch unrein; taufrisch ist sie, heil und rund. Profan und heilig stehen sich gleich ... Alle drei Welten erscheinen in eurem Bewußtsein; ebenso treten die sechs Wege des Kreislaufs von Geburt und Tod (nämlich die der Höllenwesen, der hungernden Gespenster, Tiere, streitenden Geister, Menschen, Himmelswesen) alle tief aus eurem Herzen her in Erscheinung. Wer das begreift, dringt überall durch. Jeden von euch möchte ich gerne so weit bringen, daß die urgründige Stille des Wahrheitsleibes bei ihm in seiner innersten Mitte Eingang finde.«

Dazu zwei Beispiele aus Schi-tous Wirken:

Ein Mönch, der sich in Gedanken mit dem Paradies des Buddhas Amitabha beschäftigt hatte, fragt nach dem »Reinen Land«. Schi-tou gab als Antwort: »Wer kann dich denn beschmutzen?« – Ein anderer Mönch fragte nach der Erlösung. Meister Schi-tou fragte zurück: »Wer kann dich denn gefangenhalten?«

Papier oder eines mit Schriftzeichen. Gehe an den Fluß und verwende drei Schlammsandbälle. Einen zum Waschen des Genitals, einen für deinen Hintern, den letzten Ball zum Reinigen deiner Hände ...« (Bd. II, 96.)

Dschau-dschou fragt nach Leben aus dem Großen Tod

Eine alte Redensart* besagt, es gebe zweierlei Ketten, die den Menschen in Gefangenschaft halten können: die eiserne Kette der Verblendung, des Ich-Wahns, und die goldene Kette der Fixierung ans Überwärtige. – In der Qualität besteht zwar zwischen beiden ein gewaltiger Unterschied, in der Wirkung jedoch sind sich beide gleich.

In unserem Beispiel erkennen sich zwei Meister als Weggenossen:

Dschau-dschou fragte Tou-dsi:
Wie ist das eigentlich dann, wenn einer, der den Großen Tod gestorben ist, nun im Gegenteil lebendig wird?
Tou-dsi erwiderte:
Nächtliche Gänge lasse ich nicht zu. Man muß es mit der Tageshelle halten, um dahin zu kommen.

Gelehrte gibt es wohl so viele wie Haare auf einem Büffel; doch nur wenige sind wie das Horn des Einhorns, wie eine Lotosblüte im Feuer.

* Auf diesen Passus berufen sich beide Richtungen des japanischen Zen, Rinzai und Sôtô (sogar im Bogenschießen rivalisieren zwei Schulrichtungen). Aus europäischer Sicht sind die Unterschiede minimal, unnötig hochstilisiert, z. B. Za-Zen-Sitzen gegenüber oder gegen die Wand oder früher einmal der Streit, ob beim Meditieren besser die linke oder rechte Hand unten ist. Im Vergleich haben Katholiken und Protestanten (auch unnötige, aber) fundamentale Differenzen. – Aus der Geschichte gilt: Ohne indischen Ursprung keine Hochblüte des chinesischen Zen im Mittelalter und ohne Kultivierung in Japan heute kein Zen. Entsprechend ist das Gewand eines Zen-Mönchs zu je einem Drittel indisch, chinesisch und japanisch. Möge China, das jetzt die Zen-Klöster restauriert, eines Tages auch die Zen-Tradition tolerieren, erneuern!

Diebe brechen nicht bei armen Leuten ein: sie wisssen, wo etwas zu holen ist. Ein Meister ist des anderen schwerer Frage und ebensolcher Antwort würdig. Man nennt im Zen eine Frage wie die von Dschau-dschou eine »Herzensvorgang-Frage«, in welcher der Fragende von einer eigenen Erhellung ausgeht, um zu erkunden, wieweit der andere ähnliche Erfahrung hat. Seht, ihr Mönche, wie meisterhaft beide die geschliffenen Klingen ihres Geistes kreuzen: Beide von genau derselben Art.

Gesang:

Lebendig wachen Auges stellt er
Wieder sich Sterbenden gleich.
Was braucht er denn, verbotene Kost
Zu prüfen so großen Durchblick?

Die Alten, die Buddhas, mein' ich,
Kamen so weit noch nicht.
Und wer wohl hätte in nichts zerstreut
Den Wurf von Staub und Sand?

Um zu zeigen, von welcher Art Dschau-dschou war, berichtet das Bi-Yän-Lu von folgender Szene: Eines Tages hatte Tou-dsi für Dschau-dschou die Teematte auf dem Boden ausgebreitet und sich ihm gegenüber gesetzt. *Persönlich* reichte er dem Gast gedämpfte Klöße hinüber, ohne daß Dschau-dschou diese Geste auch nur eines Blickes würdigte. Daraufhin ließ Tou-dsi *durch seinen Aufwärter* runde Weizenkuchen anbieten. Dschau-dschou nahm die Kuchen an und bedankte sich beim Diener mit dreimaliger Verbeugung.

Ihr Mönche, sagt mir, wie kann er das gemeint haben?

Bei Gundert, der das auch sozial gut verstehen kann, heißt es weiter: »Seht, dieser Mann ist schlechthin auf den wesentlichen Grund gerichtet und leistet andern dadurch einen Dienst, daß er ihnen eben dies ihr eigentliches Teil vor Augen stellt.«*

Und ebenso schwer zu verstehen – und spielend leicht daneben zu interpretieren – sind die schonungslosen Tautologien, für die Meister Tou-dsi berühmt wurde: seine lapidaren Volltreffer.

Ein Mönch fragte: »Was ist der Weg?« Antwort: »Der WEG.« – »Was ist Buddha?« Antwort: »Der BUDDHA.«

Die eingangs erwähnte Redensart im Zen spricht von zweierlei Ketten, die den Menschen in Gefangenschaft halten: die eiserne Kette des rein rationalen, pragmatischen Irrwahns, und die goldene Kette nirvanischen Hochmuts im Transzendenten. In diesem Sinne fragte ein Mönch Tou-dsi: »Wie ist es, wenn die goldene Kette noch nicht aufgesprungen ist?« Antwort: SIE IST OFFEN! – »Wie aber, wenn der goldene Hahn zum Erwachen in die Klarheit noch nicht gekräht hat?« Antwort: SOLCH EINEN TON GIBT ES NICHT. »Und wie nachher, wenn der Hahn schon gekräht hat?« Antwort des Meisters: JEDER WEISS UM SEINE ZEIT VON SELBST!

Einer der Alten pflegte paradoxerweise zu sagen: »Wenn du möchtest, daß dein Meister ganz auf dich eingehen soll, dann komme ihm beim Fragen nicht mit Fragen! Die Frage steckt in der Antwort; die Antwort steckt in der Frage!«

Dschau-dschou stellt ganz in diesem Sinne gar keine »Frage«. Ohnehin ist seine Sicht klar und fleckenlos rein; sein Anhaften an Lebenstrieben ist längst abgeschnitten: seit langem ist er, wie im Zweiten Beispiel erläutert, den Großen Tod gestorben – und »der ist wieder in Leben umgeschlagen«.

* BI-YÄN-LU, Band II, S. 160. (Ich habe das nie ganz verstanden – nicht vor und nicht nach meiner Zen-Priester-»Würde« – und hätte die freundlich dargebotenen Knödel einfach in die Hand genommen).

Über diesen Wechselbezug sagt Yün-men: »Erst wenn der Tote in dir ganz und gar getötet ist, erblickst du dich als Lebenden; und erst wenn der Lebende in dir ganz und gar lebendig ist, erblickst du dich als Toten.«

So weit kamen selbst die alten Buddhas nicht, meint Hsüä-dou im Gesang. Vergleichsweise waren sie auf der Erkenntnisstufe des Paulus, der schon sagte: »Ich bin mit Christus gekreuzigt; ich sterbe täglich.« Und eine idealistische Ahnung davon klingt uns natürlich durch Goethe in den Ohren: »Und solang du das nicht hast, dieses: Stirb und werde! bist du nur ein trüber Gast auf der dunklen Erde.« Im Zen würde man sagen, das ist die gefährliche Grenze, wo die Redensarten vom Sterben, aus welchem neues Leben komme, zum Gerede, ja zum Unfug werden können.

Dschau-dschou kann sich diesen Unfug mit Tou-dsi leisten. Beide haben die Erfahrungen des Großen Todes längst hinter sich, auch und gerade wenn Dschau-dschou sich so stellt, als wüßte er von diesen Dingen nur vom Hörensagen aus schönen Gedichten. Tou-dsi durchschaut natürlich dieses Spiel auf den ersten Blick, geht auf den Wortlaut gar nicht ein, deckt den abgründigen Hinterhalt auf, nennt ihn eine Einladung zu trübem Gang in finstere Nacht und lobt dafür die Tageshelle, die allein den lebendigen Weg nach dem Großen Tod beleuchtet: Beide erkennen sich in lächelnder Übereinstimmung als Weggenossen. Ihnen ist der Große Tod nicht nur Verzicht, Traurigkeit, Resignation: er führt in ein neues Leben jenseits des Gegensatzes vom kleinen Leben und Sterben: zur wahren Freiheit.

*

Bevor sich Tou-dsi geistig vor allem in die Unergründlichkeit der Buddhanatur vertiefte, hatte er als Mönch in jahrelanger Gründlichkeit die »Anfangsübung stiller Versenkung« praktiziert, bei der es auf ruhiges und regelmäßiges

Aus- und Einatmen ankommt.* Überliefert von der Ausbildung des späteren Meisters Tou-dsi ist sein Studium des Blumenschmucksutra und die Beschäftigung mit dem Bericht über die entscheidende Begegnung des zweiten Patriarchen Hui-ko mit dem ersten, Bodhidharma, in dem so gut wie nichts von irgendeiner Art Belehrung festgehalten ist. Deshalb fragt Tou-dsi seinen Meister: *Wie hat eigentlich Bodhidharma den zweiten Patriarchen belehrt?* Die Antwort, die Tsui-we ihm gab, beleuchtete blitzartig den heiteren Wahrheitsernst des Zen und seiner echten Meister. Er sagte einfach: UND WAS HAST DU DAVON, WENN JETZT DU MICH ANSIEHST?

Solch eine Meisterantwort hatte Tsou-dsi bisher nicht erlebt. Neues war in ihm aufgebrochen, doch noch nicht wolkenlos klar. Eines Tages, als der Meister in der großen Halle hin und her ging, nahm er sich ein Herz und fragte: *Den geheimen Sinn, in und mit dem der Patriarch aus dem Westen hergekommen ist, wie macht Ihr den, Ehrwürdiger, den Mönchen deutlich?* Tsui-we blieb stehen und blickte

* Ein guter Einstieg in Za-Zen (Sitzen in Meditationshaltung) ist z. B. »Autogenes Training« mit seinen ersten beiden Übungen der Schwere und Wärme. Unerläßlich als nächster Schritt die Zwerchfell- oder Bauchatmung (da die meisten Menschen ab dem Schulbesuch »verkehrt herum« atmen). Akzent immer auf der Ausatmung (zumindest bei Europäern und Japanern – im Gegensatz zu manchen Indern). Tou-dsi kennt bereits die Atem-»Zählbetrachtung«, wo z. B. der Ausatem zehnmal zehn mitgezählt wird – schon um dem Verstand sozusagen »was zu fressen zu geben«. Vgl. Dürckheim: »Meditieren – wozu und wie« und »Hara«. – Nur: Atmen bedarf persönlicher Anleitung, ist individuell, auch bei Mann und Frau verschieden; ferner: Za-Zen setzt Erfahrung im ZEN voraus. Sinnlos und nicht ungefährlich (in Richtung Psychose) wäre der Versuch, auf psychische Störungen oder Süchte wie Alkoholabusus oder Kettenrauchen, gewissermaßen »draufzumeditieren«. Im übrigen aber ist das Atmen aus der Leibesmitte heraus – in vielen Sportarten schon eingebürgert – jedermann anzuraten, vor allem auch Schwangeren zur schmerzfreien Geburt.

seinem Schüler durchdringend in die Augen. Dennoch bat Tou-dsi um Belehrung. Da fuhr Tsui-we ihn an: WAS BRAUCHST DU AUS DEM BACH EIN ZWEITESMAL ZU SCHÖPFEN? DAS GIBT NUR TRÜBES WASSER! Da fiel es dem Fragenden wie Schuppen von den Augen und er sah von da ab klar.

Dschau-dschou war schon ein mönchischer Greis, als er Tou-dsi, den Einsiedler vom Würfelberg, aufsuchte. Der kam gerade seinen Berg herunter, um Öl einzukaufen. Ein sehr alter Mönch fragte ihn nach Tou-dsi. Statt einer Antwort bat Tou-dsi um Kleingeld für Tee und Salz. Dschau-dschou ging zur Einsiedlerklause, wartete, und als Tou-dsi mit einem Ölkrug zurückkam, rief der greise Wanderer: »Statt des berühmten Tou-dsi sehe ich nur einen alten Mann, der Öl besorgt.« – »Dann siehst du eben«, war die Antwort, »einen alten Mann, der Öl kauft – UND WEISST VON TOU-DSI GAR NICHTS.«

»Was ist schon Besonderes an diesem Tou-dsi«, fragte Dschau-dschou. Da streckte Tou-dsi seinen Ölkrug in die Höhe und rief: »Öl kauft er, Tee und Salz! Braucht man das etwa nicht?« Von da an waren beide Gesinnungsgenossen.

Daß zwischen zwei so großen Geistern immer freundschaftliche Spannungen auftraten, davon gab unser Beispiel Kunde. Aber eben dieser Koan zeigt, wie zwischen verschiedenen Geistern und Schulrichtungen alles an sich Trennende vom EINEN, GROSSEN umgriffen und überragt wird. Den Großen Tod einmal im Erleben gestorben zu sein, ist im ZEN entscheidend – aber kein Grund, sich darauf auszuruhen. Nur dadurch erhält jeder einzelne sein Leben frisch, daß er es täglich in den Tod gibt.

In alten Bibeln steht unter Beispielen oft: »Hieraus lernen wir.« Aus unserm Beispiel ist von den beiden Zen-Meistern vor allem der Zuruf an altergraute Zen-Mönche und Nonnen herauszuhören: SEI LÄNGST SCHON GESTORBEN UND TUE, WAS DIR UND ANDEREN FREUDE MACHT!

FREI UND LEICHT: WEISE IST NUR DER ALTE NARR, DIE ALTE NÄRRIN. SEI KEIN NARR: SEI LÄNGST SCHON GESTORBEN UND TUE, WAS DIR SPASS MACHT: Sei ein alter weiser Narr!

Des Privatgelehrten Pang wunderschöne Schneeflocken

Hinweis: Eben hatten wir es mit zwei ganz verschiedenen, doch ebenbürtigen Meistern zu tun, bei denen sich Rede und Gegenrede »wie Pfeil und Lanzenspitze« gegenseitig ergänzten und sich aufhoben.

Das jetzige Kapitel hat Hsüä-dou, als er nach Vorbildern der »Alten« suchte, ganz bewußt in Yüan-wus Niederschrift von der Smaragdenen Felswand aufgenommen und einem privatstudierten Laien-Zen-Meister gewidmet, der ohne Mönchsgelübde tief in die Lehren des Konfuzius, des DAU und schließlich des Buddha-WEGES eindrang. (Der in der zenpriesterlichen Hierarchie akkreditierte Zen-Meister Yau-schan spielt anfangs nur eine Nebenrolle.)

Erinnern wir uns: in den früheren Beispielen handelte es sich in der Hauptsache um offiziell anerkannte Zen-Äbte und deren Mönchsgemeinde. Dann auch um selbsternannte Zen-Meister, die als Einsiedler lebten und berühmt wurden, darunter auch die große Zen-Meisterin Liu, »der Mühlstein«. Manchesmal war auch von »privatstudierten« Gelehrten des Zen die Rede, denen weder der Studienweg der kaiserlichen Beamtenlaufbahn noch der theologisch-scholastische Studienweg im Kloster zur Verfügung stand. Auf buddhistischem Boden gab es schon in Indien sogenannte »Hausväter« (im Gegensatz zur »Hauslosigkeit« der Mönche), die als hochgebildete Laien ohne Verzicht auf das »Glück der Sinne« den Buddha verehrten und ein heiter frommes Leben führten. (Buddhistische Klöster standen immer jedermann auf Zeit offen). Privatgelehrte Hausväter also behielten ihren Beruf und Besitz (von dem sie den Klöstern spendeten) und lebten nicht im Zölibat. So heißt es vom privatstudierten Pang: »In seiner Hausgemeinschaft mischten sich die täglichen Handelsgeschäfte mit Gesprächen über höchste Dinge. Ließ er irgendein Zen-Wort fallen, gaben Frau und Tochter ihm mit adäquaten Einfällen schlagfertig Bescheid: Ihr trivialer Alltag war von einem stillen Glanz durchleuchtet.«

Eines Tages begab sich der Privatstudierte Pang zu Meister Schi-tou. Ihm legte er die Frage vor: »Einer, der mit den trivialen Gesetzen der Dinglichkeiten nicht übereinstimmt, was geschieht mit einem solchen ...?« Geschwind, noch bevor er ausreden konnte, hatte Schi-tou ihm den Mund zugehalten.

Das weckte in Pang eine Einsicht, und er dichtete:

Die täglichen Geschäfte sind sich gleich.
Sie kommen eben, und ich mache mit.
Eins um das andere, ohne Federlesen,
Von Fall zu Fall, gerade oder krumm.
Zinnober, Purpur – wer schuf Hof und Rang?
Frei und makellos sind nur die blauen Berge.
Das Zauberische ist, wo Geist hindurchdringt:
Ich trage Wasser, schlepp' mein Brennholz her.

Danach suchte Pang den Patriarchen Ma-dsu auf, um dort wieder seine Gewissensfrage zu stellen: »Einer, der mit den Tausenden von dinglichen Verhaltensregeln nicht übereinstimmt, was für ein Mensch ist der?« Der Patriarch lächelte und erwiderte: »Darüber rede ich erst dann mit dir, wenn du das ganze Wasser aus dem Jangtsekiang an einem einzigen Tag ausgetrunken hast.« Da ging dem Privatstudierten der innere Sinn weit auf, er erwachte zu großer Einsicht und verfaßte folgendes Gedicht:

Das ganze All: enthalten ist in EINEM.
Das Einzelne ergibt sich absichtslos von selbst.
Dies ist des Buddha Übung und Geheimnis.
Das Herz ist leer geworden; Heimkehr ist erreicht.

Nach und nach wurde der Privatgelehrte Pang, ohnehin beliebt beim einfachen Volk, wegen seiner Meisterschaft im Zen-Gespräch ein hochangesehener Gast in jedem Kloster des Reiches.

Darum heißt es im *voraus* zum Beispiel: Schlicht und einfach trägt er vor, was er auf dem Herzen hat; allein auf sich gestellt, geht er ins Wasser bis an den Gürtel und schleppt sein Netz durch trüben Schlamm.

Wer da – im Schneeflockengestöber – lange überlegt, erblickt vor seinem Totenkopf Gespenster; und wer noch weiter nachsinnt, findet sich am Fuß der Schwarzen Berge in der Unterwelt wieder. Wer Augen hat, dem leuchtet hell und heller die Sonne am Himmel – alles verwehender reiner Wind umkreist die Erde. Doch die Es nicht haben, fragen sich: Haben unsere Alten nicht doch was Wirres, Kauderwelsches in der Art und Weise, wie sie reden? Nun:

Das Beispiel:

Der Privatgelehrte Pang hatte sich von Meister Yau-schan verabschiedet.

Yau-schan beorderte zehn seiner Zen-Mönche, Pang bis an das Hoftor zu begleiten.

Der Zen-Gelehrte wies mit seiner Hand auf das Schneegestöber in der Luft und sagte: WUNDERSCHÖN, WIE ALLE DIE ZERSTREUTEN SCHNEEFLOCKEN JE IHREN SEPARATEN PLATZ FINDEN UND NICHT AUF GEBALLTE ORTE FALLEN.

Da wollte der Mönch Tjüan es genauer wissen und fragte: »Wo fallen sie denn hin?« Pang versetzte ihm einen flachen Schlag mit der Hand.

Tjüan meinte darauf: »Auch ein Privatgelehrter wie Ihr sollte sich nicht so gehen lassen.«

Pang sprach: »So was wie du nennt sich Zen-Mönch? Dich hat der alte Yama, König der Unterwelt, noch längst nicht freigelassen.«

Tjüan fragte zurück: »Und wie steht es in dieser Hinsicht mit dem Herrn Privatgelehrten?«

Pang versetzte ihm abermals einen Schlag mit der Hand und sagte nachdrücklich: DIE AUGEN SEHEN ES UND SIND DOCH WIE BLIND; DER MUND SPRICHT DAVON UND IST DOCH WIE STUMM. Hsüä-do seinerseits bemerkt hierzu: »Besser gleich die erste Frage mit einer Handvoll Schnee an den Kopf erwidert!«

Das wieder kommentiert Yüan-wu: »Der alte Hsüä-dou soll sich mit seinem Schneeballwurf auch nicht so haben!«

Ihr Mönche! Wer hätte nun besser wem einen Schneeball sofort an den Kopf geworfen? Der Privatgelehrte auf die spitze Frage des Mönchs? Oder hätte gleich der Mönch Tjüan mit einer beherzten Zenhand voll Schnee dem alten Pang sein Schwärmen (von ewiger Ordnung selbst im Schneegestöber) austreiben können?

Hsüä-dou will andeuten, daß hier ein privatstudierter Zen-Meister mittlerer Güte einem nicht ganz ausgegorenen Zen-Mönch die nötigen Leviten liest, nicht vergleichbar mit den großen Meistern (wie Yang-schan in der wunderschönen Mondnacht mit dem prompten Fußtritt des Gesinnungsgenossen Tschang-scha; vgl. S. 205 ff.).

Gesang:

Ach, hätte das Mönchlein ihn doch
Mit einer Handvoll Schnee beworfen.
Dem alten Pang und seinem Schlagwerk
Wär' dann wohl die Puste ausgeblieben.
Wer ist sich selber schon bewußt, daß
Auch die äthergleiche Reinheit zergeht?
Das müßte schon ein Mann wie Bodhidharma sein.

Die innere Verve des Pang ist eben deshalb immer Herr der Lage, weil dem Mönch Tjüan außer unausgegorenem Widerspruchsgeist es einfach an Stoßkraft fehlt, um dem alten Pang Paroli zu bieten. Als Kuttenmönch, wenn auch viele Jahre jünger, fühlt sich Tjüan, der ja das Gelübde der Armut und Hauslosigkeit abgelegt hat, dem Privatgelehrten (in ziviler Kleidung) leicht überlegen. Zu Unrecht, wie das Beispiel belegt. Schon die Frage, die Pang einst dem Meister Schi-tou vortrug, zeigte seine Fortgeschrittenheit im Zen-Geist. Zeitlebens ging es ihm um die Buddhaschaft und um den Frieden im Nirvana; und je inniger er diesen ruhigen Frieden suchte, um so schwerer litt er unter dem allgemeinen Alltag, in dem die Zwänge der Dinglichkeiten vorherrschen. Der scheinbare Widerspruch des Tagesgeschehens mit dem gesamten Weltgeschehen hatte ihn ja zu Schi-tou getrieben. Als der ihm schlagartig den Mund zuhielt, war er im Innersten erschrocken und mächtiger getroffen, als in seinen Dichterworten erkennbar: Die ganze volle Wahrheit, die das ewig Eine und den Kontrast des Dinglichen in einer einzigen Zusammenschau umfaßt, blitzte zumindest als Ahnung erstmals in ihm auf. Er begann zu begreifen, daß die Wunderwelt des Buddha nirgendwo anders zu finden ist, als eben in dem Alltag seines Geschäfts, seiner Familie, deren kleinen Problemen er gerne entflohen wäre – in eines der Klöster, wo Dingliches aufs Minimale reduziert, aber dennoch immer anwesend ist. Und schwer ringt Pang sich zu dem Gedanken durch, daß der Friede des Nirvana das Irdische nicht nur dort verzaubert, wo es gut und schön ist, vielmehr auch da, wo das Brotverdienen Mühe macht und Sorgen um Frau und Kinder schmerzen: »Ich trage Wasser, schleppe Brennholz her.«

Bei Großmeister Ma wird ihm später ähnlich Bescheid gesagt wie bei Schi-tou: DU VERLANGST UNMÖGLICHES! Dich sticht der Größenwahn, einen ganzen Fluß aussaufen zu wollen. Und doch als »Wendesatz« (der dialektisch in sein Gegenteil umschlagen muß) fordert Ma symbolisch: Du mußt das ganze Dilemma ein für allemal als Ganzes hinunterschlucken. Das ist das Gegenstück zum Größenwahn; es ist die Auslieferung des eigenen »Welt-Ich« mit dem Geschenk – Christen sprechen von Gnade –, daß etwas unbegreiflich Höheres vom Selbst des Ausgelieferten Besitz ergreift: Statt Zwiespalt zwischen Ich und allem Nicht-Ich nun das EINE, DAS NICHT BLOSS EINS, ABER NICHT-SCHON-ZWEI IST: »Das Herz war leer, die Heimkehr war erreicht.« Pang wußte von nun an: Wo er ging und stand, befand er sich mitten im Buddhaheiligtum. – In Ma verehrte Pang seinen geistigen Vater, bei dem er zwei Jahre blieb. Als er fortging, lud er seinen ganzen Hausrat auf ein Boot, fuhr den Heng-schan flußabwärts in den großen Dungtingsee und versenkte darin den Großteil seiner Habe. Er verkaufte sein Haus, baute eine bescheidene Buddha-Klause und lebte darin mit den Seinen, indem er Bambuslöffel schnitzte und verkaufte, ohne in seinem Herzen irgendwelchem Materiellen anzuhaften. In diesem Bezug war sein Leben mönchisch geworden, nicht aber in dem, was Schopenhauer »die Gattung«, also die Hausgemeinschaft mit Frau und Kindern, nennt. Denn das Mönchsgelübde der Hauslosigkeit verschont zwar vom Hauskreuz, verzichtet aber einsam auf Partnerschaft und Kind, auf Zärtlichkeit und Eros: zölibatäre Askese statt Sinnenfreude.*

Das in der Tat ist auch der Springpunkt im ganzen Beispiel, von Hsüä-dou und Yüan-wu durch eine insgeheime Dreistufen-Leiter aufgezeigt. Zuerst durch den zwar im

* Zum Zölibat ein Hinweis auf naheliegende christozentrische Mißverständnisse: Schon etwa tausend Jahre vor Augustinus wurde in Indien von heiligen Gottsuchern sexuelle Libido sublimiert, durch Atmung, Yoga, Ejakulation und Pollution verhindert – im Tantrismus dagegen sollte gerade sexuelle (apersonale) Ekstase den Absprung ins Transzendente erleichtern; doch »Sünde« war sexueller Sinnengenuß nicht, nur letzten Endes mehr Leiden als Lust bringend. So auch ein buddhistischer Mönch im chinesischen Mittelalter oder im heutigen Japan: Mangels Klostermauern oder Kontrolle, Sünde, Hölle, Beichte, kann ein Zen-Mönch jederzeit das Kloster

Gelübde stehenden, jedoch nicht recht zenerfahrenen Mönch Tjüan. Gleichsam auf zweiter Stufe darüber der Laien-Zen-Gelehrte Pang. Und dann wird begeistert von Meister Yau-schan, der wolkenlosen Klarheit nahe, berichtet, der im Koan eine Figur im Hintergrund bleibt.

Als Novize hatte sich der spätere Meister Yau-schan mit großem Ernst den Studien und der Einhaltung der Ordensregel hingegeben. Eines schönen Tages jedoch sprach er zu sich selbst: Ein aufrichtiger Kerl muß auch ohne Satzung und Gebote frei und rein in sich selber sein. Wie kann man nur aus der minutiösen Befolgung von Reglement so viel Aufhebens machen. Sprach's und ging ins Gebirge – zu Schi-tou. Dort fragte er in der Audienz: »Ich habe zwar die Lehre der drei Fahrzeuge und alle zwölf Gattungen von Texten gründlich studiert ›mit heißem Bemüh'n‹; habe nun jedoch gehört, daß in der neuen südlichen Zen-Bewegung davon die Rede ist, man müsse nur direkt auf das Herz des Menschen deuten und so dort eindringen, daß er im Anblick seiner innersten Natur zum Buddha werde; ich muß gestehen, daß mir das unklar wie ein versiegeltes Buch ist, und bitte um Belehrung.«

Meister Schi-tou antwortete: SO WAS KRIEGT MAN WEDER, WENN ES SO IST, WIE DU GEHÖRT HAST, UND AUCH NICHT, WENN ES NICHT SO IST. UND WIE STEHST DU DAZU, WENN ES SOWOHL SO IST, ALS AUCH NICHT SO?

Der Novize war so verblüfft und im Hals zugeschnürt, daß er kein Wort herausbrachte. Auf Empfehlung ging er zum Meister Ma, der auf dieselbe Frage nicht viel deutlicher antwortete: »Ich lasse die Leute das eine Mal die Augenbrauen hochziehen und Es anzwinkern; ein anderes Mal

verlassen, den Sinnen frönen und wieder zurückkommen – er bestraft sich ja in jeder Süchtigkeit selbst. Nonnen hatten im Verzicht auf Mutterschaft das sublime Ziel eines geistigen Kindes auf dem Wege zur KWANNON, dem Inbegriff des Weiblichen in BUDDHA.

verzichte ich darauf. Manchmal ist einer, der die Augenbrauen hochzieht und Es anzwinkert, in Ordnung, und manchmal ist einer, der die Augenbrauen hochzieht und Es anzwinkert, nicht in Ordnung. Wie steht es nun mit dir?«

Yau-schan hatte begriffen, verneigte sich vor dem Großmeister und dankte mit den Worten: »Bei Schi-tou war ich wie ein Moskito, der am großen Stromfelsen, am ›Eisernen Stier‹, hinaufkriecht.« Ma sagte nur noch: »Gut, dann bist du schon so weit.« Von Stund an war Meister Yau-schan spontan in der Lage, »dem Ochsen durch die Haut zu sehen«* (was der meisterliche Privatgelehrte nur zu dreiviertel, der Mönch Tjüan nur zur Hälfte konnte).

Deutlich wird auch zwischen den Zeilen: sublimierte Hauslosigkeit, Freisein von Dinglichkeiten und Sinnlichkeiten ist eben der äthergleichen Reinheit und wolkenlosen Klarheit noch näher als ein sinnlich-glückliches Familien- und Geschäftsleben.

In Pangs Augen war das Schneegestöber das denkbar schönste Sinnbild für das selig-beglückende Verschwinden aller Grenzen, Unterschiede, Gegensätze. Das ist ja auch das Herzstück im Zen; doch gerade hier warnt Yün-men vor dem Überschwang: Auch die Erkenntnis absoluter Reinheit ohne irgendein Falsches ist immer nur die halbe Darbietung der ganzen Wahrheit. Schnee bedeutet eben auch Kälte, Leichentuch, neben Schneeballschlachten.

Ein großer alter Meister wie Yau-schan hätte beim wunderschönen Anblick des Schneegestöbers auch »Schnee in Augen und Ohren gehabt« und nicht einen Tupfen zuviel

* Das Urwesen Ochse (Wasserbüffel) als eines der Buddhasymbole (man denke an die heute noch in Indien heiligen Kühe) wurde seit dem 11. Jahrhundert oft in fünf, sieben oder bis zu zehn Bildern allegorisch dargestellt. Beginnend mit der Suche des Ochsen, dem Auffinden seiner Spur, dem Erblicken, Einfangen, Zähmen bis zum Heimritt auf dem Ochsen, bis Ochs und Mensch vergessen sind. – Rückkehr zum Ursprung, Betreten des Marktes der bunten Welt.

geschwärmt; und wir sagten schon, wie wenig trocken hinter den Zen-Ohren der Mönch ist. Und da sich auch Hsüädou zu sehr in seine Idee der schneegeballten Erwiderung in Versform verliebte, meint Yüan-wu ironisch ad finem: »Begraben wir sie alle miteinander in derselben Grube.«

Dung-schans Ausweg aus Kälte und Hitze

Zum Vorverständnis: Christentum und Islam, die beiden großen Erlösungsreligionen, gehen von der Erfahrung des irdischen Lebens als »Jammertal«* aus und versprechen Erlösung durch je ihre Gottheit im Paradies (den Ungläubigen Verdammung).

Die Frage, die im nachfolgenden Beispiel der Mönch dem Meister stellt, betrifft ebenso das allumfassende Problem des Leidens in der Welt, das Buddha einst aus seiner wohlbehüteten Heimat in die Hauslosigkeit getrieben hat, um zu verkünden, wie Leiden erkannt und ausgelöscht werden kann. An der Not der Menschheit aber hat sich allem Anschein nach nicht viel geändert. Wie steht es unter diesen Umständen um die Glaubwürdigkeit des Buddha, der doch verheißen hat, auf seinem Pfad werde die geplagte Menschheit Ruhe finden? Ein Paradies auf Erden?

*

Der spätere Meister Dung-schan begann bereits als Siebenjähriger das »Herz«-Sutra zu lesen und zu memorieren, das den Lehrinhalt der Sutren vom »Hinübergelangen zur vollkommenen Erkenntnis«, *Prajna-paramita*, aufs Allerkürzeste zusammenfaßt. Der Hauptinhalt beginnt sofort mit der abgrundtiefen Erfahrung, daß die Erscheinungswelt vollkommen leer ist: »... Oh, Sariputra, alle Dinge um uns sind als Leerheit zu charakterisieren: sie sind nicht entstanden, vergehen nicht, sind nicht sündhaft und nicht unschuldig;

* Angesichts all dieses Leids im Jammertal pointiert Stendhal: Die einzige Entschuldigung für Gott sei, daß es ihn als Person nicht gebe. – Gottlose Buddhisten bedürfen keiner »Theodizee«.

sie wachsen und verschwinden nicht. Deshalb ist in Leere keine Form enthalten, kein Empfinden, kein Gedanke, keine Anschauung, kein Bewußtsein; kein Auge, Ohr, keine Nase, Zunge, kein Leib ...« – An dieser Stelle tastete der Junge sein Gesicht und seinen Körper ab und sagte: »Aber das habe ich doch alles. Wie kann der Buddha sagen, daß es das nicht gebe?«

Unser Mönch lebt zwar in der Erkenntnis, daß die Erscheinungswelt vollkommen leer und eben diese Leere nichts anderes ist als die uns gegenwärtige Erscheinungswelt – aber sein Welt-Ich sehnt sich (wie Hunderte von Millionen gläubiger Christen, Hindus, Moslems und auch die meisten Buddhisten) nach einer paradiesischen Erlösung aus dieser erschreckenden Wahrheit.*

Das Beispiel:

Ein Mönch fragte Dung-schan: »Wenn einen Kälte und Hitze überfallen, wie weicht man ihnen aus?«

Dung-schan erwiderte: »Da gehst du am besten an einen Ort, wo es weder Hitze noch Kälte gibt.«

Voller Erwartung fragte der Mönch: »Was ist das für ein Ort, an dem es keine Kälte oder Hitze gibt?«

Der Meister antwortete: DAS IST DER ORT, AN DEM, WENN ES KALT IST, UNSERN MÖNCH DIE KÄLTE UMBRINGT, UND WO, WENN ES HEISS IST, DICH DIE HITZE UMBRINGT.

Zwischenbemerkung: In seinem Einkreisungsplan wirft Dung-schan seine Angel aus: »Warum wendest du dich nicht einem Orte zu, wo es keine Kälte oder Hitze gibt?«

* Aus der Sicht des Zen schafft der »Icherhaltungswahn« unseres Subjekts sich durch einen Setzungsakt eine erlösende Gottheit und das Paradies. Diese wichtige »Vorstufe zu Zen« kämpft allerdings mit ewigen Glaubenszweifeln und versucht (in der Theodizee) Gott trotz aller Weltübel irgendwie zu rechtfertigen (im Abendland von Epikur über Hiob zu Leibniz).

(beides ist in vielen Gegenden Chinas real kaum erträglich). Nun, diesen paradiesischen Ort suchen alle Schlauberger unter den Menschen – und finden ihn nicht.

Der Mönch, der sich diesen nach langer Suche aufgespürten Ochsen* gerne eingefangen hätte, fragt neugierig nach dem Ort, an dem es weder Hitze noch Kälte gibt – und verrät, wie Yüan-wu meint, damit sich und die ganze Bruderschaft. Prompt empfiehlt der Meister unserm Mönch (und seinem sehnsüchtigen kleinen Welt-Ich) den großen Tod in Eiseskälte oder im Hitzschlag, um nirvanisch frei und in wolkenloser Klarheit leben zu können – eine ebenso bittere wie barmherzige Abfuhr.

*

Der Ehrwürdige Hsin vom Berg zum Gelben Drachen kommentierte seinen Mönchen diesen Aushang: »Dung-schan trägt in seiner Antwort enge Manschettenärmel, einen hohen Halskragen und hat unter den Achselhöhlen die Säume ausgeschnitten – so streng und genau gibt er Bescheid. Kein Wunder, wenn sein Schlußsatz dem Mönche nicht eben eine süße Speise dünkt. Auch ich, der Gelbe Drache, hätte kaum eine bessere Belehrung gefunden und zitiere euch die Schlußverse eines Gedichts von Du Hsün-hau:

Erhellung braucht nicht unbedingt
Gebirge und Gewässer.
Sind Herz und Sinne ausgelöscht,
ist Feuerglut ganz kühl.«

Yüan-wu sagt weiter: »Wenn ihr das klar begriffen habt, dann werdet ihr auch verstehen, wie besonders und wunderbar die Lehre des Dung-schan von den ›Fünf Standorten

* Vgl. dazu Anmerkung zu Seite 252.

und vom Rückbezug des Richtigen auf das Einseitige‹ als Menschenführung ist.«*

Erstens: *Das Einseitige mitten im Richtigen*

Nach tiefer Mitternacht, wenn der Mond als Dunkel erhellt, laß es dich nicht verwundern, wenn du das noch nicht kennst, denn noch sitzt der Widerwille dir im Herzen vom alten Tag. (Was gemeint ist, besingen auch unsere Dichter; man denke nur an Eichendorff. Und Nietzsche läßt Zarathustra sagen: »O Mensch, gibt acht! Was spricht die tiefe Mitternacht?« – »Die Welt ist tief, und tiefer als der Tag gedacht.«)

Zweitens: *Das Richtige mitten im Einseitigen*

Das Morgenrot schwand; der Greisin kommt ein Spiegel zur Hand. Prüfend sieht sie sich ins Gesicht: das darf doch nicht wahr sein. Laß ab, in den Spiegel zu sehn und vom Zweifel am eigenen Kopf.

Drittens: *Mitten aus dem Richtigen herkommend*

Mitten durch das Nichts führt ein Pfad fern von Unrat und Staub. Und ohne daß du des Kaisers verbotenen Namen entweihst. Das schlägt selbst den Eloquentesten, der jedem die Rede verschlug.

Viertens: *Bis mitten ins Einseitige hineingegangen*

Sollten zwei Klingen die Spitzen kreuzen, tut auszuweichen nicht not.
Ein tüchtiger Fechter steht im Kampf wie die Lotosblüte im Feuer.
Jeder spürt: er hat einen Geist, der an den Himmel stößt.

* Zur ausführlichen historisch-philosophischen Interpretation der »Fünf-Standorte« sei nachdrücklich auf Gundert verwiesen: Bi-Yän-Lu Bd. II, S. 193f., 206f., 216.

Fünftens: *Schließlich angelangt in der Rückbindung beider aneinander*
Sowenig dem Sein wie dem Nichtsein verfallen: Wer stimmt das zu reinem Akkord?
Alle Menschen begehren auszubrechen aus dem gewöhnlichen Trott.
Und fallen am Ende doch wieder zurück und sitzen wieder hinter dem Ofen.

Einer der Alten meint: Wenn man nur eine dieser Regeln ganz begriffen hat, kann man die vier anderen leicht aufschlüsseln. Und Meister Yän-tou sagte, da sei nicht viel dran zu deuteln: »Es ist wie bei einem Flaschenkürbis auf dem Wasser. Drückst du ihn mit der Hand nach unten, dreht er sich einfach um – ohne die geringste Kraftanstrengung.«

In der Audienz fragte einmal ein Mönch Dung-schan: »Was wäre, wenn die großen Bodhisattvas (Manjushri und Samantabhadra) erschienen?« Dung-schan antwortete: »Dann jage sie in die nächste Wasserbüffelherde!« Der Mönch erschrak: »Ehrwürdiger, dann werde ich wie ein Pfeil in die Hölle fliegen.« Dung-schan nickte: »Und das ganz und gar mit ihrem Einverständnis.«

Wenn Dung-schan rät, sich einem Orte zuzuwenden, an dem es weder Hitze noch Kälte gibt, meint er den Standort, wo man mitten im Einseitigen das Rechte hat. Und mit der zweiten Antwort: der Ort, wo dich Kälte und Hitze umbringen, meint er den Standort, wo man mitten im Richtigen drin das Einseitige hat.

Das Richtige, wenn auch nicht falsch, ist doch einseitig. Und obwohl das Einseitige eben einseitig ist, kann es doch rundumvollkommen sein. (Ein Kommentator verwies hier auf die ins einzelne gehenden Schriften der Tsau-dung-Schule und bemerkte: Überhaupt macht man in der Lin-dji-Schule [jap. Rinzai] nicht so viel Aufhebens: denn man versteht den Koan auch so gut.) Hsüä-dou dichtete:

Die Hand gereicht, ist gleich dem Stand an himmelhoher Wand.
Aber muß Richtig und Einseitig immer so schön aneinandergereiht sein?...

Zu erwähnen war, daß die berühmten Ochsenbilder zur Darstellung der Stadien auf dem WEG zur Erhellung manchmal fünf Bilder, oft sieben oder acht und manchmal zehn Bilder umfassen.

Oder erinnern wir uns an das Drei-Bilder-Gleichnis. Bevor wir verstehen, sind die Berge Berge; wenn wir anfangen zu verstehen, sind die Berge nicht mehr Berge; sobald wir verstanden haben, sind die Berge wieder Berge.

Der WEG zum »Satori« im ZEN, bei jedem Individuum anders, hat doch grundsätzliche Konditionen, die nur bedingt für den christlichen Glauben gelten. Wir sahen schon, was geschieht, wenn die Quintessenz der »Leere« von einem Siebenjährigen abgelehnt wird: »Aber ich habe doch Augen, Ohren« usw. Im besten Sinne naiv wird an Berge als einfache Berge und an sich selbst geglaubt. Bevor es vom Saulus zum Paulus kommt, bedarf es eines Bruches: Berge sind nicht mehr »das was sie waren«, Leid fragt nach dem Sinn, Christen sprechen vom Tremendum. »Was, du lebst noch«, fragt Zarathustra, »Warum? Wofür? Wodurch? Wohin? Wo? Wie? Ist es nicht Torheit noch zu leben?« – Nun kann es zur Gotteserfahrung kommen durch Bibel, Koran, auch durch die Sutren, die eine Anbetung Buddhas als Gottesfigur und eine Gleichsetzung Nirvana =Paradies (im Jenseits oder auf Erden) nahelegen; in unserem Beispiel die Sehnsucht des Mönches, allein durch sein Wohlverhalten auf dem *achtfachen Pfad* mitsamt seinem Ich dorthin erlöst zu werden, wo es keine Schrecken der Kälte und keine quälende Hitze gibt.

Hier setzt, im Gegensatz zu Hunderten von Millionen Erlösungsgläubigen, im Zen erst die abgrundtiefe Wahrheitsforschung ein und entlarvt das Ich in seinen Wünschen, Trieben, Begierden als schuldigen Jammertal-Delinquenten, der erst im Großen Tod »umgebracht« sein muß, um wolkenlose Klarheit im Nirvana zu finden. Und von da im Ochsengleichnis schleunigst wieder zurück auf den Markt (»der da« – im Zarathustra – »heißt die bunte Kuh«). Dann werden die Berge wieder Berge: wir sind auf Stufe fünf, in der Verbindung des Einseitigen mit dem Richtigen angelangt.

Wie das aussieht, wenn ein solcher zum Hausgenossen des Meisters wird, dafür zitiert Yüan-wu eine Episode bei Meister Tsau-dschan. Der fragte einen zenerfahrenen Mönch an einem fast unerträglichen heißen Hochsommertag: »Wohin willst du bei dieser Hitze gehen, um ihr auszuweichen?« Worauf der Mönch antwortete: Da weiche ich ins Kohlenfeuer unter dem kochenden Wasserkessel aus. Tsau-dschan fragte weiter: »Und wie willst du ausgerechnet im Kohlenfeuer unterm kochenden Wasserkessel der Hitze ausweichen?«

Da erwiderte der Mönch: Dorthin kann von allen Leiden keines hinkommen!

*

Überliefert ist das erstaunliche Memorandum, das der spätere Meister Dung-schan als etwa Zwölfjähriger an seine Eltern verfaßte: Erst dankt er für ihre vielen Wohltaten und gedenkt der Pflicht, ihnen diese durch ein erfolgreiches Leben zu vergelten. »Aber«, fährt er fort, »so ernst ich es in einem weltlichen Berufe nehmen mag, so ist doch alles Wissen, alle Pflichterfüllung dem Gesetz der Unbeständigkeit, des Werdens und Vergehens, unterworfen. Auf diesem Wege ist nichts von Dauer ... Ich werde daher die Familie verlassen, mein Haupthaar scheren und, die Bettelschale in der Hand, in schwarzer Kutte gehen ... auf das Leibesleben, zu dem ich dieses mal geboren wurde, verzichten, unter Eid nicht nach Hause zurückkehren, um in der Erkenntnis des Buddha-GESETZES zur immer helleren Klarheit zu gelangen ... den Vätern und Müttern Tausender früherer Geburten zärtliche Mutterliebe seit Äonen zu vergelten, allen Vorteilen und Ehren dieser Welt, den Neigungen und Abneigungen Menschen gegenüber zu entsagen, um so in diesem gegenwärtigen Leben, und mit diesem meinem jetzigen Leib, hinüber an das andere Ufer zu gelangen.«

Heißt es doch am Ende der Kurzform des Herz-Sutra: »Da ist kein Leib mehr, kein Geist, keine Form, kein Klang, keine Farbe, kein Geschmack- oder Tastsinn, kein Gegenstand, keine Anschauung. – Wenn wir dahin kommen, bis zu jenem Bewußtsein ohne jede Vorstellung: da ist kein Wissen mehr, kein Nichtwissen; dort ist kein Alter und kein Tod, kein Auslöschen von Alter und Tod: Auf diesem Pfad gibt es kein Leiden mehr, kein Anwachsen und keine Vernichtung.

Im Geiste des Bodhisattva, der in der Geborgenheit des ›Prajnaparamita‹ verweilt: da gibt es kein Anhaften und keine Hindernisse mehr auf dem WEG und du erreichst endlich NIRVANA ... Oh, Bodhi, geh, sei gegangen, geh zu dem anderen Ufer – lande am anderen Ufer, SVAHA.«*

*

Bevor Dung-schan Meister wurde, begab er sich zu Nan-tjüan. Er kam gerade hin, als der Meister eine Gedächtnisfeier für den Patriarchen Ma ankündigte (der ja längst in die Verwandlung eingegangen war). In der Audienz fragte der

* Diese Kurzform eines »Zen-Gebetes« aus dem Herz-Sutra entspricht etwa dem christlichen Stellenwert des »Vaterunser«. Dazu wird in beiden Zen-Schulen die Reihe der Meister in der langen Tradition rhythmisch zitiert.

Meister: *Wird der alte Ma dann wohl auch zu uns hierherkommen?* Keiner der Mönche hatte darauf eine Antwort. Nur der eben Angekommene bemerkte: JA, WENN ER HIER BEGLEITUNG FINDET. Auf diese Antwort stieg der alte Nan-tjüan von seinem Meistersitz herunter und klopfte dem Mönch auf die Schulter: »Da hast du für deine jungen Jahre einen sehr feinen Edelstein geschliffen.«

Was dem späteren Meister noch schwer einging, war der Satz, daß auch die »unfühlende Natur« das GESETZ verkünde. Doch eines Tages bei Yün-yän ging Dung-schan das Licht auf, daß zum Hören der Predigt der unfühlenden Umwelt ein anderes inneres Organ nötig ist als das natürliche Ohr. Plötzlich begriff er das Amitabha-Sutra, wo geschrieben steht: »Gewässer und Vögel, Bäume und Wälder, alle beten zu Buddha und murmeln andächtig die Worte des GESETZES.« Sein Dank an Yün-yän lautete:

O du ungeheures Wunder über die Maßen:
Unfühlend kündet die Natur
Das Weltgesetz des Buddha!
Wer das mit Ohren hören will,
Vernimmt am Ende nichts.
Hinter den Augen mußt du innen Ohren haben;
Nur so ist es zu spüren und zu hören.

Durch die radikal subjektive Umkehrung der Wertung der objektiven Weltdinge gelang Dung-schan auch die Überwindung des disjunktiven, in Unterscheidungen befangenen Denkens.

Da Dung-schan bei Yün-yän »ausgelernt« hatte, wollte er von dort Abschied nehmen. Seine letzte Frage an den Meister war: »Wie soll ich des Meisters Geist und Buddha-Wesen einem anderen, der mich danach fragen sollte, künftig mitteilen?« Da beschied ihn Yün-yän: »Antworte einem solchen einfach: *Hier der Mann, der vor dir steht, der ist es!*« Damit hatte Yün-yän den gefunden, welcher ihn ersetzen würde – und Dung-schan hatte die Gewißheit der Berufung.

Noch ganz benommen vor Ergriffenheit erblickte Dung-schan unterhalb einer Quelle im stillen Wasser sein eigenes Spiegelbild, und mit einem Schlag geht ihm sein innerstes Geheimnis auf: Ich selbst, in zweierlei Erscheinungen gespalten und doch Einer. Ihm klingt des Meisters Zuruf noch im Ohr: »Sage einfach: hier der Mann, der vor dir steht, der entspricht, ja der ist Yün-yän.« Und der Mönch da im Wasserspiegel, der soll ab jetzt in der Reihe der großen Meister stehen, die im Grunde ja gar keine Reihe, sondern zeitlos ist? Träumt er, oder ist er's wirklich? Oder besser: Sage ich, er ist es, ist er es nicht; und sage ich, er ist es nicht, so ist er's. So in der Schwebe zwischen Ja und Nein, Dasein und Nichtsein dichtet er, was seitdem als sein »Findelied« allen Zen-Freunden zu denken gibt:

Bloß kein Suchen hinter andern her!
Allzu leicht entfremdet's dich dir selbst.
Erst seit ich einsam und selbständig geh',
Begegnet ein Meister des Zen dem andern.
Jetzt ist kein anderer mehr als ich,
Und doch bin ich ein anderer als er.
Ganz genau So mußt du es versteh'n,
Dann offenbart sich die Gestalt des Seins.*

Der im Findelied besungenen Schwebe zwischen Ich und Nicht-Ich entspricht das Pendeln zwischen der unerschöpflichen Fülle der Erscheinungswelt und der Leerheit des Nirvana: denn all das mündet in den geheimsten und letzten

* Höre auf, nach menschlichen oder überirdischen Göttern zu suchen; überschreite dein Ich, laß es verschwinden und finde dich als Meister selbst. – Sufis beten: »Ich bin nichts, Allah ist alles.« Christen erhalten sich unbedingt, auch in mönchischer Askese, ein dann allerdings sublimes Ich in Gottes- und Nächstenliebe – im Zen erweitert zum »egolosen Mitleiden« mit allen Lebewesen.

Sinn des Buddha-Gesetzes, nämlich in die NICHT-ZWEIHEIT. Sein oder Nichtsein ist hier nicht mehr die Frage. Beides wäre Verirrung: Bald laufen wir der Welt und ihrer Verlockung nach, hängen am eigenen Ich und Hab und Gut, bald verachten wir die »gemeinen Menschen« und ihr Streben, wollen uns von der Welt abschließen und neigen dazu, dem Nichtsein zu verfallen. Der eine Abweg führt in die Niederungen, der andere über die Wolken – bis wir DAS EINS, DAS NOCH NICHT-ZWEI IST, begreifen: Das LEERE ist gar nichts anderes als die Welt der Unterschiede und umgekehrt, unsere Welt der Unterschiede ist nichts anderes als das wahre Wesen, das Eine, Gleiche ohne jeden Unterschied. – Nach Hsüä-dou:

Sowenig dem Dasein wie dem Nichtsein verfallen:
Wer stimmt beides zum einzigen reinen Akkord?

Im Jahre 869, am ersten Tag des dritten Monats, ließ Dungschan sich das Haupthaar scheren, zog sich die Meisterkutte über, befahl die große Glocke anzuschlagen, setzte sich im Lotos vor die Versammlung seiner Mönche und nahm von ihnen Abschied. Dann verhüllte er sein Haupt zum Zeichen, daß er nunmehr in die Verwandlung eingehen wolle. Die Jüngerschaft, die an ihm wie an einem geliebten Vater hing, brach in lautes Weinen aus, und des Schluchzens und des Klagens darüber, daß der Meister doch noch rüstig sei, war kein Ende. Plötzlich schlug der schon Totgeglaubte die Verhüllung auf und sprach laut und streng: DAS GESAMTE EXERZITIUM EINES MÖNCHES, DER SEIN VATERHAUS HINTER SICH LIESS, HAT ZUM LETZTEN ZIEL: An nichts sein Herz zu hängen. DASS MAN IM GANZEN LEBEN, AUCH WENN ES ERHELLT WURDE, EINEN HAUFEN MÜHE UND ARBEIT HAT, IM TODE ABER ENDLICH RUHE FINDET, WAS SOLL DARAN SCHON ZU BETRAUERN SEIN? DAS WÄRE DOCH HÖCHST EINFÄLTIG!

Im Zen historisch geworden ist seine darauffolgende Anordnung: Seine Mönche sollten, um sich vom Anhaften an

Schmerz und Sehnsuchtsweh zu heilen, eine siebentägige »Einfaltstrauer« halten. Am siebten Tage abends ordnete der Meister noch als strenge Regel an, daß künftig beim Abscheiden eines Abtes jeglicher Aufruhr und Klagelärm untersagt sei, nahm am achten Tage früh das übliche heiße Bad, setzte sich danach still zur Versenkung hin und war alsbald verschieden.

*

In Dung-schans Stufenlehre hieß es am Schluß bei fünf: Fast alle Menschen begehren hinaus aus dem gewöhnlichen Lauf. (Brecht formulierte gesellschaftsbezogen: »So, wie es ist, bleibt es nicht!«, was für einen ironischen Skeptiker ein willkommener Anlaß zur Rückkopplung war: »So, wie es bleibt, ist es nicht!« – Adorno konstatierte: »Es gibt kein richtiges Leben im falschen.«) – Dung-schan warnt davor, das Richtige, Wahre utopisch weit nach vorne in ein Traumland zu verlegen, und meint: »Erkennten die Menschen das ›Richtige‹ als ihr eigenes wahres Wesen, so müßten sie zugleich begreifen, daß es nirgendwo zu finden ist als im ›Einseitigen‹, in der Fülle der Erscheinungswelt mit ihrem steten Wechsel von Entstehen und Vergehen, Dasein und Nicht-Sein, Geborenwerden und Sterben, Gesundheit und Krankheit, Reichtum und Armut, Kälte und Hitze.«

Das ist freilich eine bittere Rechnung, die all das, wovor jedem graut, von vorneherein miteinkalkuliert. »Weder dem Dasein noch dem Nirvana verfallen«, oder umgekehrt und positiver ausgedrückt: willige Bereitschaft ebenso zum Sterben wie zum Leben, zum Leiden wie zur Freude. (Ein Christ sollte sich darin in Demut betend ergeben.) Im Zen wird »Samadhi« nach inständiger Versenkung zur Erhellung und unbegreiflicher Sinnerfüllung. Das indische Wort bedeutet zunächst etwas wie »Zusammenfügung«, Ordnung ins Chaos in einer Art »idealer Unordnung« bringen und zuletzt entschlossene Vertiefung nach Innen unten, durch die assoziative Wortwelt, tiefer noch als die Bilder- und Traumwelt, »bis dich DAS, der Nabel der Welt erleuchtet«. Ein Erklärer sagt: »Versenke dich in den Samadhi: bei Kälte ist der ganze Himmel und die ganze Erde kalt, bei Hitze ist der ganze Himmel und die ganze Erde heiß. So nimmst du Kälte wie Hitze völlig in dich auf und spürst sie – und dich nicht mehr.«

Wir zitierten schon aus Versen des Dichters Hsün-hau:*
Nicht Föhre und nicht Bambusgrün beschatten mein Gehäuse.
Sind Herz und Sinne ausgelöscht, ist Feuer an sich kühl...
Wie tief ins »Hara« sich solche Verse auch späteren Generationen eingeprägt haben, zeigt ein japanisches Ereignis um 1582. In Kriegswirren kam ein Zen-Abt in den Verdacht, in seinem Kloster gegnerischen Führern Zuflucht gewährt zu haben. Auf die Weigerung des Meisters Kai-sen, jemanden herauszugeben, wurde der Wald um das Kloster in Brand gesetzt. Bald stiegen am Gebälk Rauch und Flammen in die Höhe. Der Meister versammelte seine Leute auf dem Altan des Tempelvorbaus und rief ihnen zu: »Wie wollen wir nun hier im Feuerkreis das Rad der Lehre drehen?« Der Reihe nach gab jeder Mönch eine der Lage adäquate Antwort.

Zuletzt, als schon die Flammen den Saum seiner Kutte erfaßten, rief Kai-sen ruhig und fest: »Versenkung braucht nicht unbedingt Gebirge und Gewässer. Sind Herz und Sinne ausgelöscht, ist Feuerglut ganz kühl.«

Damit versenkten er und jeder der Seinen sich in den Feuer-Samadhi ohne Wiederkehr.**

* S. 256.

** Eine vorchristliche Analogie bietet die Geschichte um die Felsenfestung Massada, als die von den Römern eingeschlossenen Juden sämtlich Selbstmord begingen, um sich weder sinnlos wehren noch ergeben zu müssen.

Die drei Trommelschläge des Ho-schan

In einer Unterweisung äußerte sich Ho-schan: »Wer übend lernt, den nennen wir Adepten. Wer im Üben und Studieren so weit gekommen ist, daß er nichts mehr zu lernen braucht, daß er ausgelernt hat, den nennen wir Nachbar im Zen. Und wer diese beiden Stufen hinter sich läßt, den betrachten wir als einen, der in der WAHRHEIT darüber hinaus ist.«*

Ein erfahrener Mönch trat vor und fragte: »Was bedeutet ›in der Wahrheit darüber hinaus‹?«

HO-SCHAN antwortete: DEN TROMMELSCHLAG VERSTEHEN!**

Der Mönch forschte jedoch weiter: »Ich will nicht nach dem Satze fragen: ›Da, wo Geist ist, da ist Buddha‹; aber was heißt der Umkehrsatz: ›Es ist nicht Geist, es ist nicht Buddha?‹«***

HO-SCHAN sagte: DEN TROMMELSCHLAG VERSTEHEN! Der Mönch fragte noch weiter: »Wenn jemand kommt, der überwärts gerichtet ist, wie soll man da vorgehen?«

HO-SCHAN sagte:

Den Trommelschlag verstehen!

* Gegenüber diesen drei Stufen im Zen unterschieden begeisterte Dogmatiker des Buddhismus nicht weniger als 52 Stadien auf dem Pfad zur Erleuchtung.

** Nach der nackten Stammform übersetzt, lauten die drei chinesischen Worte »Djiä da gu«: »Verstehen Schlag Trommel«, die Gundert im Deutschen präzisierte.

*** Vgl. S. 177; Nan-tjüan: Es ist nicht Geist, es ist nicht Buddha, es ist gar nichts.

Gesang:

Ein Meister läßt den Mühlstein drehn,
ein anderer Mönche Erde tragen;
zur Stoßkraft brauchen sie
ein Wutgeschütz von hundert Tonnen.
Doch keiner reicht an Ho-schans Wort:
DEN TROMMELSCHLAG VERSTEHEN!
Freund, nimm es bloß nicht obenhin!

In einem Ausspruch von Yün-men heißt es: »Während Novizen tief hinhören, ohne was zu begreifen, nennt man *ausgelernt* den, der kaum hinhört und schon tief begreift. – Wer diesen Aushang verstehen will, das muß ein Mensch sein, der schon überwärts gerichtet ist. Natürlich haben diese drei Wort fast nichts mit rationalem Denken zu tun und lassen kein Quentchen Raum für diskutierende Erörterung. Erfaßt sie aber einer einfach so auf der Stelle, dann ist dem zumute, als schlage es dem Faß den Boden aus.«

*

Von Meister Ho-schan handelt nur dies eine Beispiel im BI-YÄN-LU. Schon als Knabe kam er zu Hsüä-feng, der »von der Unschuld und Tiefe seines Blickes derart ergriffen war, daß er alsbald eine Liebe zu ihm faßte und die Eltern überredete, den Jungen im Kloster erziehen zu lassen.« Beim Tode Hsüä-fengs war der Novize gerade siebzehn Jahre und suchte den Meister Djiu-feng auf. Da unsere Sammlung von diesem Meister nichts enthält, und er nicht nur für Ho-schan von großer Bedeutung ist, sei von ihm berichtet.

Aus konfuzianischem Beamtenadel war Djiu-feng früh in den Mönchsstand gegangen und bei Meister Schi-schuang zum »befreienden Verständnis durchgedrungen«. Aus welchem Holz der junge Mönch geschnitzt war, kam zutage, als nach des Meisters Tod zu entscheiden war, wer fortan das

Lehramt übernehmen sollte. Die ganze Bruderschaft erklärte sich einstimmig für den bisherigen Vorsitzer. Nur der junge Djiu-feng verlangte, erst müsse man die Probe machen, ob der Vorsitzer den verstorbenen Meister auch wirklich verstanden habe. Was er damit meine, fragte alteriert der Vorsitzer. Darauf legte Djiu-feng ihm die Frage vor: »Der Meister pflegte oft zu sagen: ›Hingehen und es ruhen lassen; hingehen und aufhören; hingehen in einem einzigen Gedanken von tausend Jahren; hingehen und wie dürres Holz, wie kalte Asche werden; hingehen ins herbstlich Kühle, Fröstelnde; hingehen und sich unsichtbar machen wie ein weißer Seidenkokonfaden!‹ Nun erkläre uns: In welchen Bezug gehört das, was der Meister mit diesen Worten beleuchtete?«

Ohne zu zögern erwiderte der Vorsitzer: »Damit hat er die Gegend der Einfarbigkeit angesprochen.«*

Djiu-feng widersprach entschieden und erklärte, solche Ausdeutung erweise, daß der Vorsitzer den Sinn des Meisters nicht begriffen habe.

Der Vorsitzer, zum Äußersten entschlossen, sprach: »Du läßt mich nicht gelten? Gut, so bringt Weihrauch her, ihn zu entzünden. Sollte ich den Sinn des Meisters nicht begriffen haben, werde ich ihm, wenn die Weihrauchsäule aufsteigt, nicht entrinnen ...« (d. h., er wollte vor dem im Weihrauch gegenwärtigen Meister den Atem anhalten und dessen Urteil abwarten). Ein Mönch entzündete Weihrauch, der Vorsitzer steckte die Stange in die Asche des Kohlebeckens, und langsam stieg die Rauchsäule einem Faden ähnlich in die Luft. Der Vorsitzer saß still und starrsinnig, wartete ge-

* Wenn der Geist die Wahrheit: *Es ist alles leer*, im Innersten erfährt, verblassen alle Unterscheidungen der Form und Farbe; er sieht nur *eine* Farbe, die nichts als Licht ist. »Zen-Höhenluft ist dünn«, sprach Meister Yuho Seki zu mir in Eigen-ji, »wundere dich nicht: Nach Erhellung wird dir 99% aller Rede-, Schreib-, Bildkunst zu DASlosem Schrott.«

bannt mit gewaltsam angehaltenen Atem – und war nach einer Weile tot. In das Entsetzen der Mönche mischte sich Bewunderung. Djiu-feng strich dem in die Verwandlung Eingegangenen über den Rücken und sagte leise: »Daß einer im gewaltsamen Atemanhalten sitzend stirbt, das gibt es auch bei indischen Asketen und den Arhats des kleinen Fahrzeugs.« Doch dann erhob er seine Stimme: »Auf jeden Fall ist klar erwiesen, daß unser Vorsitzer den Sinn des alten Meisters nicht einmal im Traum gesehen, geschweige denn im Wachen begriffen hat!«

Diese dramatische Geschichte bekam im Zen den Namen: »Djiu-fengs Ablehnung«, und das zu lösende Problem des Aushangs ist, ob der junge Mönch wirklich »recht« hatte und wieso. Denn jene Sätze des Schi-schuang enthalten in der Tat dem Wortlaut nach das, was man als »Gegend der Einfarbigkeit« bezeichnet, welcher der Vorsitzer, dem eigenen Verständnis nach, treu bis in den Tod blieb. Und doch hatte Schi-schuang mehr als diese erste große Stufe der Einfarbigkeit angesprochen.

So, wie sich Djiu-feng hier erwiesen hat, felsenfest in der Zen-Erkenntnis, klar und unerbittlich bis zur Schroffheit, so war er auch als Meister im Gebirge der »Neun Gipfel«: genau der richtige Mann für den späteren Meister Hoschan. Als Novize von Hsüä-feng geliebt und mit besonderer Sorgfalt ganz im Geiste der Stille aufgezogen, fand er im Kloster zu den Neun Gipfeln einen »Hausbrauch« vor, der dem ihm vertrauten aufs innigste verwandt war. Dem Blick des Meisters aber, der auch mit Drachen, Tigern und Wölfen umzugehen weiß, entging der feurige Lotos im unauffällig stillen Wesen des Ho-schan nicht.

Eines Tages rief ihn Djiu-feng zu sich und sprach ihn an: »Du bist da den weiten Weg von Fu-dschou hergewandert und weißt tagein tagaus nichts Besseres zu tun, als mit dem Haufen der Kuttenmönche den lieben langen Tag hinzudösen. Worauf soll das hinauslaufen? Wie soll das je zur Befreiung führen?« Der Mönch erwiderte: WENN ES AUF FINSTERE NACHT AUCH GLOCKENHELLER TAG WIRD, BLEIBT DOCH EIN BLINDER IMMER BLIND.

Djiu-feng sagte daraufhin gar nichts. Und eben durch das vielsagende Schweigen des Meisters wurde Ho-schan plötzlich »sehend«: mit einem Schlage vergaß er sein verstandesmäßiges Wissen und die darauf basierende »blinde« Betrachtungsweise.

*

Ho-schan wurde so berühmt, daß auch Kaiser Li daran dachte, sich nach diesem Dschan-Meister umzusehen.

Im Bericht von seiner Begegnung mit Ho-schan heißt es: Kaiser Li fragte den Meister: »Wo kommt Ihr her?« Antwort: »Vom Ho-schan-Berg.« Li fragte weiter: »In welcher Gegend liegt denn dieses Gebirge?« Ho-schan erwiderte: »Untertanen kommen zur Kaiser-Residenz, um ihre Aufwartung zu machen. Berge bewegen sich grundsätzlich nicht von der Stelle.« Der Kaiser empfand vor dieser rätselhaften Antwort Hochachtung, spürte, daß hier »ein Berg zum (kaiserlichen) Propheten kam«, daß auch der Ho-schan eine (transzendente) Residenz ist, und bat ihn, im Dschan-Kolleg »zum glückhaften Licht« zu lehren. Dazu verlieh ihm Li den Ehrentitel Zen-Meister »vom durchsichtig klaren Quell«.

Nach langem Wirken zog sich Ho-schan wieder ins Gebirge zurück, ins Kloster »zur eisvogelblauen Felswand«.

An die siebzig Jahre alt, wollte er sein Leben genug sein lassen. Ohnehin mit dem Tod immer auf »du« – auch was damals den gewaltsamen Freitod des Vorsitzers anging –, wollte der Meister zur rechten Zeit in die Verwandlung eingehen. (Etwa 900 Jahre später lehrt Nietzsches Zarathustra: »Viele sterben zu spät und einige sterben zu früh. Noch klingt fremd die Lehre: Stirb zur rechten Zeit!«)

Der Bericht: »Im zweiten Monat des Jahres zog sich Ho-schan in sein Gemach zurück. Am zweiten Tag des dritten Monats wies er den Aufwärter an, die Schiebetür zu seinem Zimmer weit zu öffnen, ließ die Bruderschaft versammeln und nahm Abschied mit den Worten: »Die jungen Mönche und jene, die noch nicht lange hier sind, kennen Ho-schan kaum. Jetzt ist Gelegenheit, ihn kennenzulernen! Gebt gut auf euch acht!«

*

Wie sehr auch heute noch die drei Worte »Den Trommelschlag verstehen«* in asiatischen Zen-Kreisen hochgehalten werden, zeigt die Tatsache, daß das rätselhafte »Djiä da gu« z. B. in Japan einfach so stehengelassen wird – ohne Übersetzung (als »Kai ta ku«).

* Der dunkel-mächtige Klang der großen Zen-Trommel ist »unbeschreiblich«; im Lotos-Sutra steht: »Der Trommelschlag mahnt die vier Himmelsrichtungen, nach dem GESETZ zu suchen.« Imperativ-Übersetzungen wie »hör auf die Trommel!«, »nimm sie in dir wahr« usw. bedürfen des Hinweises, daß ein chinesisches Wort – im Gegensatz zu unseren Sprachen – keiner Wandlung fähig ist, keine Endungen hat, keine Differenzierung von Einzahl und Mehrzahl, keinen Unterschied von 1., 2., 3. Person kennt, keine Deklination des Hauptworts, keine Konjugation des Zeitworts. – Subjektives und Objektives ungetrennt, erweist sich erst am Äußersten, ob einer den »metaphysischen Trommelschlag« in sich erklingen hört – und versteht.

Dschau-dschous siebenpfündiger Leinenrock

Hinweis: Wieder einmal, wie schon in einigen früheren Beispielen, begegnen wir dem alten Meister Dschau-dschou. Hat dieser Meister in Hinsicht auf das Buddha-Gesetz eigentlich bestimmte Überlegungen und Maßstäbe oder nicht? Eines Tages richtete ein Mönch an Dschau-dschou die Frage nach dem Sinn des Herkommens des Patriarchen aus dem Westen.

Der Meister erwiderte: DER LEBENSBAUM DA VORN IM GARTEN.

Der Mönch versetzte: *Ehrwürdiger, verwendet nicht die Außenwelt zur Verdeutlichung des Menschlichen*, und wiederholte seine ursprüngliche Frage nach Bodhidharma.

Dschau-dschou sprach:

Der Lebensbaum da vorn im Garten

Das erinnert Yüan-wu an den alten Mu-ping, der auf die Frage eines Mönches nach dem wesentlichen Sinn des Buddha-Gesetzes antwortete: WIE RIESIG IST DOCH DIESER WACHSKÜRBIS.

Nun das Beispiel:

Ein gelehrter Mönch fragte Dschau-dschou: ALLE DIE ZEHNTAUSENDE VON DINGLICHKEITEN GEHEN ZURÜCK AUF EINES. WELCHES IST DER ORT, AUF DEN DIESES EINE SELBST ZURÜCKGEHT?

Dschau-dschou antwortete so:

Als junger Mann webte und schneiderte ich mir
für's Leben eine Leinenkutte, die hatte ein Gewicht
von nicht weniger als sieben Pfund...

Wo es nötig ist zu reden, redet er, und er findet in der Welt kaum seinesgleichen. Wo es gilt zu handeln, handelt er blitzschnell, ohne von dem Ganzen seiner ungeheuren Kraft etwas zu verlieren. Das ist, wie wenn einer aus dem Stein Feuer schlägt, dem auf die Brust gerichteten Speer die Spitze abbricht, bis dem Angreifer die Zunge stottert; so zeigt er den Mönchen eine ganz schmale, schnurgerade Fährte und geht doch selbst siebenmal geradeaus und achtmal in die Quere.

*

Ein Mönch fragte einen der alten Meister, bei denen Dschau-dschou in die Lehre gegangen war: *Tief im Gebirge zwischen Felsenhängen, wo kein Sterbensmensch zu finden ist, gibt es da wohl auch noch ein Gesetz des Buddha, oder dort nicht?*

Jener erwiderte: JA, DAS GIBT ES. Darauf der Mönch: *Und was ist dort das Gesetz des Buddha?*

Der Meister sprach:

Daß die großen Felsblöcke dort groß und
die kleinen Steine klein sind

Versteht ihr Mönche solches Kauderwelsch, aus welcher Tiefe oder Höhe es herkommt und wohin es euch führen will?

Hsüä-dou kennt den Ort, auf welchen all das hinausläuft. Mit gutem Bedacht erschließt er einen Pfad dorthin und zeigt ihn euch im Gesang:

Da umgarnt einer des Alten gefährliches Schlagholz
Mit philosophisch-listigem Fragengeflecht.
Des siebenpfündigen Leinenrockes Übergewichtigkeit,
Nur wenige Mönche werden's verstehn.
Wer Leichtes bevorzugt, schleudert das Monstrum fort,
Weit in die Fluten des West-Sees
Und gönnt sich die reineren Winde zur Fahrt stromab.

Indem der gelehrte und audienz-erfahrene Mönch das ganze Geflecht der Zehntausenden von Dharmas (d. h. Gesetzen im Sinne von Dinglichkeiten) zusammenflicht, um sie auf Eines und dessen letzte Causa zurückzuführen, soll der Meister in die Zwickmühle geraten.

Doch längst »im reinen Wind stromab« hat der Meister nicht mehr viel von Grundsätzen und Dialektik und auch nichts vom Geheimnisvollen, Wunderbaren im Kimonoärmel. Und wenn einer von *der* Gelehrtenart, die auf der Schulter eine ganze Ladung Zen daherträgt, zu ihm nach Dschau-dschou kommt, geht er auf diese Schulterlast auch nicht mit einem Jota ein, klappt dem Mann mit einem überraschenden Schlag in ganz andere Richtung seine ganze Weisheit zusammen und entläßt ihn rein und bloß, ohne nur ein Tusche-Tüpfelchen von Sachhaltigkeit. So existiert in Zen-Kreisen die Redensart: Der ganz Erleuchtete ist wieder wie zu jener Zeit, als er noch unerhellt war.

Neunmalkluge neigen daraufhin zur Argumentation: also bedürfe es gar keiner Erleuchtung; also gebe es weder Irrtum noch Erkenntnis, weder Gedanken noch Absichten – und vergessen, daß erst der Durchbruch zum großen inneren Erwachen gewonnen sein muß, bevor einer »aller Dinge ledig ist«. Wenn danach noch immer Berge Berge sind und Wasser Wasser wie zuvor und überhaupt alle Dinglichkeiten samt und sonders in gegenwärtige Erscheinung treten, dann erst gibt das einen Menschen, der DURCH und aller Dinge ledig ist.

Auf die Frage eines Zen-Beflissenen nach einem meisterlichen Beispiel für dieses DURCH-Sein berichtete Prof. D. Susuki (der wie ein moderner Patriarch Zen aus dem Osten zu uns brachte) von einem Meister, der bemerkt hatte, daß einer seiner Mönche nächtens aus dem Kloster auf einem Schleichpfad zu verschwinden pflegte. Als der Mönch nun vor der nächsten Morgendämmerung von seinem Ausflug heimkehrte und über die Zaunlücke auf die vorgesehene Steinstufe trat, fühlte er zu seinem namenlosen Schrecken etwas Lebendiges unter seinen Sohlen: Es war der Meister selbst, der an dem Trittstein kauerte und seine Hände aufgelegt hatte. Ohne Kommentar endeten die Eskapaden.

*

Zum Verständnis: Erinnern wir uns an Ho-schans Zitat aus dem Traktat des Mönches Dschau im vorigen Beispiel, wonach dem lernenden Adepten und dem Ausgelernthaben noch eine dritte Stufe folgen kann, auf welcher der *Ausgelernte* noch »in der Wahrheit darüber hinaus ist«. Unter all den Meistern des Bi-Yän-Lu gehört Dschau-dschou mit unantastbar sicherer Überlegenheit zur absoluten Kategorie derjenigen, die über die Wahrheit noch hinaus sind. Das eben ist auch der Grund, weshalb es gerade für den gebildeten, gescheiten Europäer so schwer, ja fast unmöglich erscheint, aus solchen nur so hingeworfenen Meisterworten zenklug zu werden.

Der fragende Mönch kennt alle wichtigen Sutren und das Problem der Einheit, dessen allgemeine Lehre schon die Upanischaden erwähnen und der Buddhismus verfeinerte: daß alle »Dharmas«, alle Dinglichkeiten, mit allen ihren Unterschieden, Gegenläufigkeiten und Verflechtungen letztlich EINES sind. (In anderer Variante war diese Lehre auch in China längst zu Hause, so wie sie in Europa seit der

Zeit der ionischen Philosophen den Ausgangspunkt kausalen Denkens bildet.)

Der Mönch, der hier vor Dschau-dschou tritt, hat sich offenbar von dem kühnen Gedanken einer Rückbewegung aller Dinge auf ein Letztes so mitreißen lassen, daß er vor dem *Letzten Einen* nicht haltmacht und auch das auf eine ultima ratio hinterfragt. Diese Frage scheint ihm unausweichlich – und auch »eine heimliche Waffe, um damit dem großen alten Tiger auf den Schwanz zu treten«. Beiden Kontrahenten ist die gängige Antwort wohlbekannt, nämlich: wie die Dharmas allesamt auf EINES zurückgehen, so umgekehrt das EINE auf die Dharmas – ein logischer Unsinn, der ja das Gesetz von Ursache und Folge auf den Kopf stellt. Damit soll der Meister ihm wirklich nicht kommen. Nun, der hochbetagte, weißhaarige Tiger hört sich die Gelehrsamkeit an und weiß im selben Augenblick, wie es um den Fragenden steht. Er antwortet nicht einmal mit der Floskel von Yüan-wu: »Hat mit der SACHE nichts zu tun.« Er ignoriert die dialektische Sackgasse; gleichwohl greift er dem Mönch unter die Arme und hat etwas für ihn bereit: das kommt freilich ganz woanders her und führt woanders hin als dahin, wo jener gebannt hinstarrt. Der Mönch will ins Transzendente schwärmen, z.B. Buddha als ultima Schöpfergott-Ratio. Dem alten Dschau-dschou dagegen fällt komischerweise die Jugendsünde des unverwüstlichen Leinenrocks ein, den er sich *fürs Leben* webte und schneiderte – und der dann mit ganzen sieben Pfund auf seinen Schultern lastete. Die Parallele wie der Kontrast scheinen klar zu sein.

»Dieser öffentliche Aushang«, sagt Yüan-wu, »ist an sich leicht zu verstehen: Die Antwort des Meisters ist ein Ruf zurück aus der Verstiegenheit dialektischen Spekulierens zur Erde.« Yüan-wu wiederholt: »Zum verstehen leicht, doch schwer zu durchschauen«; denn das Fazit ist mehr als der Zuruf: übernimm dich nicht (wie ich in deinem Alter) mit irgendwelchen Dinglichkeiten!

Darum auch rät der Gesang: Fort mit der übergewichtigen Kutte, mit geistigem Übergepäck in die Fluten des West-Sees. Wer durch die Anstrengungen des Geistes, der Exerzitien, die schwere Fahrt stromauf bestanden hat, für den ist in der Tat Der höchste Weg gar nicht mehr so schwer: aller Dinge ledig, rein und freischwebend ist jener, der über alle Wahrheiten hinaus ist, auch der mühelosen Fahrt stromabwärts im ruhigen Wind würdig. Denn der wirklich Erhellte kann sich so gehen lassen, wie zu der Zeit, als er noch naiv unerleuchtet war.

Djing-tjings rauschende Regentropfen

Hinweis: Es bedarf nur eines leichten Schlages von Holz auf Holz*: und schon ist das Gemeine überwunden und das Heilige überstiegen. Mit einem meisterlichen Satz entscheidet sich's, so daß alle Fesseln fallen und alles Anhaftende sich löst.

Djing-tjing hatte als Meister einen großen Ruf, der sich nicht zuletzt auf die Begebenheit gründete, wo er in der Zen-Halle einen Mönch fragte: »Was ist das draußen vor dem Tor für ein Klang?« Der Gefragte gab die Auskunft: »Es ist die Stimme der Waldtaube.« Darauf sprach Djing-tjing: »Wenn du Mönch dir nicht als Folge deines Daherredens die Hölle ewiger Qualen zuziehen willst, so lästere nicht das Rad der rechten Lehre dessen, der so ist, wie er ist.« (Denn für diesen gibt es nichts, was er nicht selber wäre. Er macht sich alles zu eigen und reinigt es damit: Auch die Stimme der Waldtaube ist des Buddha Stimme.)

Das ist, als liefe der Meister auf glattem Eis und schritte über gezückte Schwerterklingen, das eigene Schwert ruhig an seiner Seite. Mitten im »Gewühl der Klänge, Farben und Gefühle« schreitet er über Klänge, Farben, Gefühle frei hinweg. Anstatt des erstaunlichen Verfahrens, unbekümmert in die Kreuz und Quere zu gehen – wie es Dschaudschou zuvor übte – gilt es in diesem Auftritt für den Meister, im Bruchteil eines Augenblicks einfach wie ein Wolkenbruch loszulegen.

* Ein edler Holzton mahnt zur allgemeinen Stille bei der Mahlzeit und dient in Zen-Klöstern auch zur Ankündigung des Auftritts eines Meisters.

Hier das Beispiel:

Ein Mönch trat vor den Meister, um sich ihm zu öffnen und neue Weisung zu empfangen. Djing-tjing stellte ihm als erstes die Frage: *Was ist das draußen vor der Halle für ein Geräusch?*

Der Mönch zögerte, hielt sich aber doch ans Tatsächliche und erwiderte: DAS RAUSCHEN VON REGENTROPFEN.

Djing-tjing wies den Mönch zurecht:

Die Erdgebundenen stellen das wahre Verhältnis auf den Kopf,* den Dingen nachjagend irren sie ab vom Selbst

Der angeschlagene Mönch konterte: WIE DAGEGEN HÄLT ES DER EHRWÜRDIGE?

Djing-tjing erwiderte nachdenklich:

Das Rauschen der Regentropfen dringt nach und nach so weit in mich ein, daß ich vom Selbst nicht abirre

Der Mönch fragte nach einer Weile den Meister: »Wie ist das zu verstehen: ›Nach und nach so weit, vom Selbst nicht abzuirren‹?«

Djing-tjing erwiderte:

DER ERSTE AUFSCHWUNG INS LEERE IST NICHT ÜBERMÄSSIG SCHWER; was aber dann letzten Endes wieder auf einen zukommt, ist fast unmöglich in Worte zu fassen

Zum Verständnis: Ungewöhnlich ist in diesem Aushang, daß der Meister als erster mit seiner Frage sofort den Finger in die Wunde des Mönches legt. »Im Bruchteil eines Augenblicks« holt der Meister genau die Frage aus dem Kimonoär-

* Ein Hirn-Umsturz, radikaler als jede »kopernikanische Wendung«!

mel, die alles an Dilemma in sich schließt, was zu erkennen diesem Mönch nottut.

Die Frage trifft den nicht unerfahrenen Mönch im Innersten. Als ob der Meister nicht selber den Regen rauschen hörte. Also sucht er etwas bei mir, was über das banal Dingliche hinausgeht. Etwas Hohes, dessen ich so auf Anhieb nicht fähig bin. Und bevor ich mich auf transzendentem Glatteis blamiere, bleibe ich besser beim schlichten Tatbestand, der ja so lächerlich nicht sein kann. Und so sagt er ziemlich trotzig, wenn auch vielleicht etwas verschämt, das Selbstverständliche: »Das Geräusch von Regentropfen«. Natürlich wird der Meister sich nicht damit zufriedengeben, weil das nur halbwegs richtig ist; aber noch dümmer wäre zu sagen, es sei nicht das Rauschen von Regentropfen.

Prompt zückt der Meister sein blankes Schwert und konstatiert: »Die Erdgebundenen stellen das wahre Verhältnis auf den Kopf; den Dingen nachjagend, irren sie ab vom Selbst.« Für Realisten* stellt der Meister Tatsachen auf den Kopf und bringt den Mönch ungerechterweise in die Bredouille. Immerhin dreht jetzt der Mönch, zur Freude von Yüan-wu, den Spieß um und geht selbst zum Angriff auf den Meister über, wenn auch höflich in der Form. Hätte sich dies in der Schule von Dö-schan oder von Lin-dji zugetragen, wäre es wohl schon zu Schlägen oder wenigstens zum Scheltruf »Ho'!« gekommen; doch der alte Tiger Djing-tjing ignoriert die Lanzenspitze des Mönches und steigt tief in das Schlammwasser zu ihm hinunter – und spielt auf ein Sutra an, das unter anderem von den Versenkungsübungen des Bodhisattva Avalokiteshvara handelt. Dort ist die Rede von der (interferenten) »Strömung« zwischen Schallquelle und Gehörsinn. Während der naive Sinn im Augenblick des Hörens gleich zum Dinglichen, hier also zur Schallquelle

* Hierzu sei auf Karl Popper verwiesen, der kritisch-rational »das Wissen« letztlich von Sinnesdaten unabhängig sieht.

Regentropfen, hinströmt (vom Selbst abirrt und den Dingen nachjagt), heißt es vom Bodhisattva, er ziehe schon von Anfang an den Schall derart stark ins eigene Innere, daß er darüber ganz den Gegenstand, von dem der Schall ausgeht, vergißt. Indem an sich Gegensätzliches in EINES zusammenfällt, eint er sich also mit dem Schall und ebenso mit allem, was die Sinne ihm zutragen, und das ist alles leer, nichts anderes als Nirvana. Trifft den Bodhisattva Regen auf der Haut, wird er eins mit der Nässe, fängt er Feuer und verbrennt gar, so ist auch das »an sich kühl«. Denn er ist in alledem vollkommen frei und a priori in sich leer.

Gesang:

Die Halle leer; Geräusch von Regentropfen;
Da Rede stehn, fällt auch Erfahrenen schwer.
Auch wenn der Meister längst »die Strömung
eingezogen«,
Versteht's der Mönch genauso wenig wie vorher.
Versteht das Regenrauschen und versteht es nicht. –
Und von den Bergen des Südens zu den Bergen
Des hohen Nordens wälzen sich Wolkenbrüche.

Manche stellen für das *Einziehen der Strömung* fünf Stufen auf, auch für das Hindurchdringen durch Klang und Farbe; nämlich erstens Klärung des Blickes für den WEG, zweitens Klärung von Klang und Farbe, drittens Klärung nach Buddhas Lehre von Herz und Geist, viertens klares Vergessen der Gefühle, und fünftens Klarheit über die weitere Ausbreitung der großen Erkenntnis. Das ist als Medizin gewiß gut gemixt und feingestoßen; was hilft es jedoch einem Mönch, der schon bei der ersten Stufe vor einem leeren Mörser dasitzt? Immerhin weiß er, daß er irrt, wenn er die Dinge nur beim Namen nennt und das Geräusch von Regentropfen gegenständlich betrachtet. Wer den Buddha in sich hat, läuft dem Regen nicht nach (abirrend vom

Selbst), sieht ihn nicht als fremdes Ding, das ihn heute freut und morgen ärgert: er nimmt den Regen in sich auf als ein unfaßbar leeres Stück Nirvana – mit sich und allem im ruhigen Frieden.

*

In einem vorderen Beispiel (s. S. 29) vernahmen wir von Dschau-dschou, »der höchste WEG sei gar nicht so schwer«. Ähnlich Djing-tjing: »Der erste Aufschwung«, also der Dingwelt zu entrinnen, das Nirvana zu gewinnen, »ist noch verhältnismäßig leicht.« Der Sprung ins Dunkle, die Abkehr vom kleinen Ich, die Lösung vom Trug der Dinge, der WEG in die Offene Weite, Einkehr ins wahre Selbst als »Totenkopf mit Augäpfeln«, die Stunde der zweiten Geburt, mag noch als geradezu *leicht* angehen. Und dies darum, weil im Hochgefühl der gelungenen Loslösung, der neuen unendlichen Freiheit das Ego des Menschen wie versunken, die Welt der Dinge wie »ephemer«, nichtig scheint. Dies aber ist genauso eine Illusion wie jene erste, die das kleine Ich und seine Umwelt als objektive Wirklichkeit nimmt. Auch andere Meister hörten wir vor dem Anhaften im Nirvanischen warnen. Bedeutsam hier erscheint, daß Meister Djing-tjing den RÜCK-WEG, der ja für unsere Ratio zu einer »Verdoppelung der Sinnesumkehr« wird, als im höchsten Grade schwer und an sich UNSAGBAR bezeichnet.*

* In der Dimension aller Erlösungsreligionen bedeutet das: Es ist ein Geschenk, eine Gnade, (von einem Saulus) ein gläubiger Christ, ein sein ganzes Leben auf Allah beziehender Moslem, ein an die Trinität von Brahma, Vishnu, Shiva glaubender Hindu oder ein den Buddha anbetender (Vulgär-)Buddhist zu werden. In der Tat ist es ein großer Sprung, den Knäuel von ichzentrierten Begierden mitsamt der Blindheit im Wahn der Welt zu Gunsten einer Transzendenz zu opfern. Doch schon sitzt der Gläubige dem nächsten Irrwahn auf, erhebt sich über »Heiden« und »ungläubige Hunde« mit seinem doch wieder alleinseligen Ich, das nun selbst noch im Jenseits mög-

Wie steht es nun im Zen um uns und unsere Welt? Sie wurde als Wahn erkannt, doch haben wir nichts anderes und leben mit unserem Leib und unserer Seele darin. Je mehr wir der Welt Ade sagen, um so drängender kommt sie ständig auf uns zu. Anstatt wie früher den Dingen nachzulaufen, gilt es, sich die Dinge der Erscheinungen zu eigen zu machen, sie ins eigene Innerste hereinzuholen, mit ihnen eins zu werden: »Das Rauschen der Regentropfen dringt nach und nach so in mich ein, daß ich nicht mehr vom Selbst abirre.« Die Losung heißt – statt Hybris über dies Jammertal: Welt, dringe in mich, in meine prinzipielle Leerheit ein mit all deinen Schrekken, all deiner Schönheit; das alles kann mir nichts anhaben. – Yüan-wu erinnert an jene höchste Stufe der Geduld, die in den Mahayana-Sutren als Kraftquell für jenes sieghafte Verhalten gegenüber der Erscheinungswelt genannt wird: »Das willige Ja zur unerschaffenen Dinglichkeit.«

Vom Samsara loszukommen und das Nirvana zu gewinnen, dazu war einst Buddha vom reichen Familienglück in die Hauslosigkeit gegangen; desselben Zieles wegen haben sich ihm Jünger angeschlossen, sind ihm später unzählige nachgefolgt, und die philosophischen Denker unter ihnen haben ihre Geistesschärfe, ihren Weitblick, ihren Tiefsinn vor allem darauf verwandt, das Verhältnis von Nirvana zu Samsara auszuleuchten, klarzustellen. Sie alle haben es erfahren, was Hsüä-dou in seinem zweiten Vers dichtet: »Da Rede steh'n, fällt auch Erfahrenen schwer.«

lichst als Ichperson weiterlebt. Von urchristlicher Seite wurde vor allem von Pater Lassalle, von Graf Dürckheim, neuerdings von Pater Willigis erfolgreich versucht, durch Zen das Christentum zu erneuern, besonders durch die Za-Zen-Meditation. Und doch ließe sich noch leichter ein christlicher Ansatz im Zen integrieren als vice versa. Eher würde ein (urbuddhistischer) Zen-Meister nebenbei noch einen, wahrscheinlich heiteren, Gemeindepfarrer abgeben als ein an den Papst gebundener Priester nebenbei auch noch einen Zenmeister: Das verträgt sich niemals.

Auch Wilhelm Gundert ist das nicht leichtgefallen, was er auf mehr als zehn Seiten des Bi-Yän-Lu »zum Verständnis des Beispiels« sagt. Und noch einmal sei hier eine hohe Laudatio eingeflochten: Obwohl er nie sein im Grunde pietistisches Christentum leugnete, hat Gundert gerade in diesem Beispiel den Buddha in sich so angenommen, daß ein Zenbuddhist das kaum besser erklären könnte. Spätestens hier hat Gundert den abendländisch-christlich-rationalen Denkansatz aufgegeben, hintangestellt: ein christlicher Missionar, den Jesus in sich, als Nachfolger des Buddha.*

Vor allem in bezug auf das Nirvana, das Eingehen in die Verwandlung, alle Vergänglichkeit schlechthin, war Gundert *auch Buddhist*. Eine seiner Lieblingsgeschichten zum Thema Staub zu Staub war folgende:

Ein japanischer Klostervorsteher sieht in der Teeküche seine Frau weinen. »Warum bist du so traurig?« fragt er sie.

»Weil alle Dinge so vergänglich sind.«

»Da mußt du noch härter werden«, belehrt der Zen-Meister seine Frau, »und dich daran gewöhnen, daß alles auf dieser Welt seinen vergänglichen Gang geht.«

Da zieht die Frau plötzlich aus ihrem Kimono-Ärmel Porzellanscherben hervor, hält sie ihrem Alten unter die Nase und sagt: »Deine Lieblings-Teeschale ist eben ins Vergängliche gegangen ...«

Zum Glück war der Alte Meister genug, um ins allgemeine Gelächter einzustimmen. Was wäre ihm sonst auch anderes übriggeblieben; trotz seiner Gelehrtheit hatte er nämlich eine sehr gute Verbindung vom Kopf zur Hara-Mitte seines Wesens.

* Nicht zufällig beziehen sich die urchristlich-gnostischen Rosenkreuzer auch auf Buddhas Lehre und LEERE.

Yün-men zum unerfaßbaren Wahrheitsleib

Hinweis: Yün-men wurde schon zuvor (s. S. 228) nach dem klaren, reinen Wahrheitsleib des Buddha befragt, nach dem Höchsten, dem selbst die Buddhas unterworfen sind, dem Absoluten also, von dem sich gar nichts sagen läßt, als daß es ist, was es ist: Das GESETZ, das der Buddha als ewige Wahrheit verkündet hat, als allumfassende Leib-Einheit dargestellt. Im Suvarna-Sutra heißt es: »Der Wahrheitsleib ist ohne jedes Merkmal; je nach der dinglichen Erscheinung nimmt er Gestalt an. Er ist wie der Mond im Wasser.«

Schon die Weisen des chinesischen Altertums wie Kung Fu-dsi wußten um das Übergreifende, Umfassende, das alles Denken und Vorstellen übersteigt. Im XVII. Buch seiner Gespräche wird berichtet, daß der Meister sprach: »Dazu möchte ich lieber nichts reden.« Da fragte ein Hörer: »Wenn der Meister nichts redet, was haben wir Schüler dann aufzuzeichnen?« Der Meister erwiderte: *Wahrlich, redet etwa der Himmel? Die vier Jahreszeiten nehmen ihren Lauf, das ist alles. Die Erde, wie sollte sie Worte machen. Zehntausende von Dingen gehen aus ihr hervor; mehr ist darüber nicht zu sagen.*

Nun das Beispiel:

Ein Mönch fragte Yün-men: WAS IST DER WAHRHEITSLEIB?

Yün-men antwortete:

Nicht einmal sechs erfassen ihn

Nur einige wenige Kenner des ZEN werden mit dieser Antwort hochzufrieden aufstehen und in den Klostergarten, vielleicht zu den blühenden Päonien, gehen.

Wenn andere auch nur an einen Zustand denken, in dem sich gar keine Spur irgendeines Merkmals unterscheiden läßt, sinken sie bereits auf Stufe zwei herunter. Und stellen sich noch andere den Augenblick vor, an dem sich feinste Spuren von Gestalt bereits gebildet haben, sind sie schon auf Stufe drei herabgeglitten. So berichten wir erst einmal eine andere Geschichte:

Der Exeget Fu (von Tai-Yüan) kam einmal bei der Auslegung des Vimalakitri-Sutra an die Stelle, welche dort vom Sinn des Wahrheitsleibes handelt. Zu seinen Füßen saß ein Mann, der vom Dauismus zum Dschan (Zen) übergegangen war. Auf die Worte des Fu richtete er an ihn die Frage: »Herr Dozent, was Ihr hier vorgetragen habt, handelt vom Wahrheitsleib sämtlicher Buddhas. *Was aber ist des Herrn Lektor eigener Wahrheitsleib?*«

Fu gab zu bedenken: »Wie sollte das Prinzip des Wahrheitsleibes von Fall zu Fall verschieden sein?« Der Zuhörer versetzte: *Das ist, wie wenn jemand vom Essen redet, das Reden jedoch am Ende nicht über den Hunger hinweghilft. Man muß in seinem eigenen Herzensgrund ins klare kommen, selbst erwachen.*

Fu erwiderte: »Ich habe nur den allgemeinen Begriff des Wahrheitsleibes vorgetragen; vielleicht könnt Ihr mir meinen eigenen Wahrheitsleib deuten.« Daraufhin sprach der Zenfreund: »Stellt zunächst einmal die Sutrenvorträge ein und setzt Euch für mehrere Tage sill in Versenkung in ein leeres Zimmer; dann werdet Ihr des Wahrheitsleibes teilhaftig.«

Fu befolgte einfach wörtlich diesen Rat. Tag um Tag saß er aufrecht in der Stille. Eines Morgens, als Trommel und Horn die Stunde des Drachen (acht Uhr) ankündigten, ging ihm mit einem Schlag das Große Licht auf. Später sagte er: JETZT WEISS ICH ES VON INNEN HER, DASS ES VON ANFANG AN KEIN EINZELDING GIBT; AB JETZT VERBRINGE ICH MEIN LEBEN DAMIT, MICH MIT DER LEERE (DES ERFÜLLTEN

NICHTS)* ZU DURCHTRÄNKEN UND MIT IHR EINS ZU WERDEN.

Schon im 9. Jahrhundert fragte ein Mönch Meister Djia-schan nach dem Wahrheitsleib. Der Meister konstatierte: DER WAHRHEITSLEIB IST OHNE MERKMAL. Der Mönch fragte weiter: *Und wie ist das Wahrheitsauge?* Djia-schan erwiderte: DAS WAHRHEITSAUGE IST VON MAKEL FREI.**

In einer anderen Audienz antwortete Hsüä-feng auf die Frage, wo das Wahrheits- und Weisheitsauge zu finden sei: DIE GANZE ERDE IST NICHTS ALS EIN EINZIGES WEISHEITSAUGE! WO WOLLT IHR DA HINGEHEN, UM EURE NOTDURFT ZU VERRICHTEN?

Zum Verständnis: Beim »klaren, reinen Wahrheitsleib« geht es um den imaginären Kern buddhistischen Lebens, um die Wahrheit, die der Buddha einst im Schatten jenes Ashvattha-Baumes (ficus religiosa) erkannt und als ewiges Gesetz verkündet hat. Sie ist das absolut Höchste, höher noch als ihr Verkünder und höher auch als jene visionären Wesenheiten, die dem Meditierenden in der Versenkung erscheinen. Umschrieben (in einer Art negativer Theologie) wird dieser höchste Gesetzes- oder Wahrheitsleib als unkörperliche, unteilbare Einheit, absolute Reinheit, alles erfüllende Leere, die ganze Fülle der Erscheinungswelt umgreifend. Im ungreifbaren Begriff »Wahrheitsleib« berührt sich das buddhistische Denken wohl am engsten mit der

* »Leere enthält nichts objektiv Erkennbares; doch ist sie nicht a priori ein Nullum, vielmehr ein reines Nihil, erfüllt vom Nirvanischen.« Vgl. Himatsu: »die fülle des nichts« (Pfullingen o.J.) wo nicht weniger als fünf Stufen des Nichts zu dessen »Fülle« führen.

** Mahayana-Lehrer unterscheiden fünferlei Augen: 1) das biologische zur Wahrnehmung der Außenseite der Objekte; 2) das innere Auge, das durch die Gegenstände hindurchsieht; 3) das wahre Auge, das die gestaltlose Leere von Ich und Welt durchschaut; 4) das Wahrheitsauge zum seherischen Wahrnehmen der Identität des Leeren mit der Erscheinungswelt; 5) das Buddha-Auge, das all diese Eigenschaften in höchster Vollkommenheit in sich vereint.

Gottesvorstellung christlicher Mystiker, denen gut und böse EINES und Gott EIN REINES NICHTS ist. Im Gegensatz zu christlicher Dogmatik – die Gott als transzendenten »Gegenstand« außer und über uns beschreibt – ist der göttliche Wahrheitsleib ein ausschließlich in der Person verankertes *subjektives Absolutum*, wie ein ZEN-Satz lautet: *Mit dem Finger auf das eigene Herz weisend, wirst du im Anblick deiner innersten Natur zum Buddha.* Nähe zum Christentum entsteht, wenn es in der Bibel heißt: »Ich lebe, doch nicht ich lebe, sondern Jesus lebt in mir.« Allerdings »gibt« es im ZEN als insofern gottlos keinen transzendenten Gottvater daneben. DER UNENDLICHE WAHRHEITSLEIB DES BUDDHA IST ALSO LETZEN ENDES NICHTS ANDERES ALS die höchste Stufe des Nichts im Zen.*

Statt des Leibes des Gottes Christus, statt des »Gottes« Buddha Wahrheitsleib daher die im ZEN entscheidende Rückfrage: »Was aber ist des Herrn Lektor höchsteigener Wahrheitsleib?«

* Nach der Sichtweise des Zen entsteht aus mehr oder minder anthropozentrischen Gottesvorstellungen allzu leicht die Gefahr intoleranter Macht: Statt daß andere Glaubenswahrheiten toleriert werden, kommt es – durch Identifizieren des Ich mit diesem Gott – alsbald zu einer einzig und allein seligmachenden Dogmatik, zur weltlichen Machtideologie; und als konsequentem Folgeschritt eben zur gewaltsamen Bekehrung, Verdammung, ja Vernichtung Andersgläubiger. Als signifikantes Beispiel brauchen wir uns nur die historische Tatsache vor Augen zu halten, daß es kaum mehr als vier Jahrhunderte her ist, daß die Könige von Spanien und Portugal in einem vom Papst abgesegneten Vertrag die gesamte nichtkatholische Welt zur Unterwerfung (und Ausbeutung) unter sich aufteilten. Als Gipfel der »Nächstenliebe« mit Kreuz und Schwert wurden nebenbei ganz China und Japan in diesem hybriden Machwerk den Portugiesen zugeschlagen! – Und heute: Wie leicht entstehen Kämpfe in Nordirland, ein jeweils heiliger Krieg zwischen Moslemstaaten, zwischen hindugläubigen Tamilen und Spätbuddhisten, eben weil neben dem jeweils einzigen Gott keine anderen Götter geduldet werden.

Hsüä-dous Gesang:

> Einer, zwei, drei-vier-fünf-sechse-
> Selbst der Patriarch aus dem Westen vermag
> es mit seinen blauen Augen nicht auszuzählen.

Der weitere Teil des Gesanges befaßt sich mit dem »Gefasel«, der am Bährenohrenberg begrabene Bodhidharma sei mit einer Sandale in der Hand auf dem Heimweg nach Indien von Sung-yün gesehen worden. Zurückgekehrt erstattete Sung-yün an hoher Stelle Bericht. Als man daraufhin das Grab geöffnet habe, sagt die Legende, sei darin nur eine einzige Sandale zu finden gewesen.

»... Und sei, die Kutte aufgeschürzt, nach Westen heimgekehrt. In Indien wirst du weit und breit vergeblich nach ihm suchen. Seit letzter Nacht weilt er dafür »am Zitzenhorn«* zu Gast.«

Eben weil der Wahrheitsleib keine Merkmale hat und an keinen Ort und an keine Zeit gebunden ist – ein Meister sagte, vor diesem GESETZ sei selbst Buddha nicht mehr als ein gewöhnlicher Tagelöhner –, vermag sich das Geheimnis zu ereignen, daß seine reine Klarheit von einem Träger auf einen anderen übergeht. So ist es nicht verwunderlich, daß auch der Buddhismus immer wieder zur objektiven Vergöttlichung des Wahrheitsleibes neigt, wie oben in dem Wunderglauben an eine Auferstehung des Bodhidharma.

Hsüä-dou meinte, wenn je einer diesen Wahrheitsleib mit einer Zahl hätte erfassen können, wäre es Bodhidharma gewesen. »Nun gibt es«, kritisierte Yüan-wu, »Leute, die es ganz genau wissen und erklären, dieser öffentliche Aushang beziehe sich einfach auf die sechs Wurzeln der Wahrneh-

* Zitzenhorn (Ju-feng): ein Gipfel im Schneemuldengebirge, auf welchem das Kloster des Hsüä-dou stand.

mung, die sechs Arten von Staub (welche die reine Leere verdecken) sowie die sechs Arten des Bewußtwerdens. Da all diese Sechse aus dem Wahrheitsleib hervorgegangen seien, wäre es ihnen auch unmöglich, diesen ihrerseits zu erfassen. Solch gefühlsmäßige Erklärung klingt schön und gut, hat aber zu meiner Freude mit der Sache nichts zu tun – und wirft obendrein ein ganz falsches Licht auf den großen Meister Yün-men.«

Was für ein wirres Kauderwelsch diskursiven Denkens um das unendliche Geheimnis des WAHRHEITSLEIBES IN DIR SELBST. »Nach Bodhidharma wirst du in Indien weit und breit vergeblich suchen – seit letzter Nacht weilt er dafür am Kloster Zitzenhorn zu Gast...« Sagt mir einmal: WO WEILT ER DENN JETZT? Dabei schlug Meister Yüan-wu mit der Faust auf das Pult und rief: SEID IHR DENN BLIND?

Hofmeister Wang und die verunglückte Teezeremonie

Hinweis: Der kaiserliche Hofmeister Wang war in Sachen Zen Privatgelehrter und hatte während seiner Amtszeit viel für das Dschau-tjing Kloster getan. Wegen einer politischen Fehlkalkulation hatte der Hofmeister um das Jahr 932 vom Kaiser seinen Abschied genommen, kurz bevor er sich an den klösterlichen Ort des Friedens und der Besinnung in den Teeraum begab. Hsüä-dou hat gerade dieses Beispiel ausgewählt, um auch einmal die verschiedenen Stufen von mehr oder weniger gescheitertem Zen aufzuzeigen. Als warnendes Beispiel sollte es zur Mahnung dienen.

Wir legen vor:

Hofmeister Wang kam in das Dschau-tjing Kloster zum Tee-Zubereiten. Unter dem Abt Ming-dschau hatte damals der Vorsitzer Hui-lang das Gerät und den Kessel zu bedienen. Da Hui-lang den politischen Seitensprung des kaiserlichen Hofmeisters mißbilligte, passierte ihm unabsichtlich das Ungeschick, den Teekessel umzustoßen.

Der indignierte Hofmeister fragte, in Anspielung auf einen am Fuße des Teeherdes eingravierten Kobold: »Was ist denn das da unten?«

Der ungeschliffene Zen-Mönch Hui-lang erwiderte: »Der den Herd hütende Festhalte-Geist.«

Der Hofmeister etwas ironisch: »Wenn das schon der hütende Herdfesthaltegeist ist, weshalb stößt der dann den Teekessel um?«

Hui-lang versetzte darauf: »Tausend Tage treuer Dienst im Amt, und eines schönen Morgens eben mal ein Fehltritt.«

Der Hofmeister schüttelte sich die Asche vom Ärmel, stand auf und ging wortlos fort.

Ming-dschau sagte zum Vorsitzer Hui-lang: »Viele Jahre hast du bis zu diesem Tage Dschau-tjing Reis gegessen, und am Ende begibst du dich unter die Halb-Barbaren, um auf sumpfigem Gelände aus Wurzelstümpfen faules Holz herauszuhauen.«

Hui-lang erwiderte: »Und was meint Ihr, Ehrwürdiger, hätte ich denn sagen sollen?«

Ming-dschau konstatierte: »Du hast dem Unhold in dir nachgegeben!«

Hsüä-dou bemerkt dazu: ZUM TEEKESSEL HÄTTE ICH DAMALS MIT EINEM FUSSTRITT NOCH DEN GANZEN TEEHERD UMGESTOSSEN.

Beim chinesischen Tee-Zeremoniell brannte auf einem kleinen Herd, in tiefe Lage reiner grauer Asche eingebettet, das Holzkohlenfeuer. Nach alttibetischer Sitte gab man damals dem Tee noch Mehl, Salz und Ingwer bei. (Der heutige japanische Tee-Weg im Zen, begründet im 11. Jahrhundert zur Erlangung von Harmonie, Ehrfurcht, Reinheit, Stille in Buddha, ist dem Satori-Erlebnis in der Zenmeditation vergleichbar. – Das Teepulver erscheint spinatartig.)

Das Erlernen der innerlich reinen Zeremonie dauert viele Jahre. Um so gravierender die – wenn auch unbewußte – Aggression, die alle Beteiligten beim Umstoßen des Teekessels durch Hui-lang empfinden mußten, zumal durch den ins Feuerbecken herauslaufenden Tee eine Wolke von Dampf und Asche hochstieg. Statt andächtiger Behutsamkeit in jeder kleinsten Bewegung ein Affront. Der Rettungsversuch im verunglückten Tee-Gespräch durch den Hofmarschall zeugt von Güte und Zen-Erfahrung: an sich hätte Meister Ming-dschau seinen Vorsitzer zurechtweisen, ja rausschmeißen müssen. Und darauf noch der alttestamentarisch anmutende Giftpfeil des Hui-lang gegen den Hofmeister, mit dem sich der Vorsitzer im Verlieren aller Selbstbeherrschung vor aller Augen selbst umbringt. Auf diese jedem Gastrecht – und wie erst jedem Zen – ins Gesicht schlagende Gehässigkeit hin (zu der der Hauswirt wieder versäumt durchzugreifen) klopft sich der Hofmeister in aller Ruhe den Aschenstaub von seinem Kimonoärmel, erhebt sich in Würde und bewahrt im Fortgang sein Gesicht. Was für ein trauriges Versagen im Zen-Kloster: eine Schmach. Was nützen Tee-Gespräche, wenn der Geist versiegt ist. Hier sollte man einfach auf jedes Tee-Zeremoniell verzichten und den Meister mitsamt seinen Gesellen in den Meditationsraum schicken, um in den strengen Stunden des Za-Zen »den Strom der Mannigfaltigkeiten abzuschneiden«. Noch deutlicher wird Hsüä-dou im Gesang. Da nimmt er die drei Partner im Teeraum einen um den anderen vor und verschont auch »den einäugigen Drachen« Mingdschau nicht:

Des Gastes Frage klingt wie das Sausen des Beils.
Hui-lang pariert nur böse, zornig, ungeschickt.
Leid tut mir auch der Drache mir nur einem Auge.
Hätte er wenigstens *ein*mal Drachenzahn und
Kralle gezeigt.
Ein richtiger Drache schläft in seinem Teiche
nicht ein ...

Blitz, Donner und Gischt: heraus mit
Tigerzahn und Pranke!

Die Anspielung auf das Sausen der geschwungenen Axt geht auf Dschuang-dsi zurück:

Ein Mann aus der Stadt Ying hatte eine Wand verputzt. Ganz oben blieb eine winzige unverputzte Höhlung übrig; darauf schleuderte der Maurer mit seiner Kelle eine winzige Mörtelportion derart treffsicher hinauf, daß das Loch zu war. Dabei hatte sich ein Spritzer des Mörtels auf seine Nase gesetzt. Der Zimmermann, der daneben stand, sagte: »Auf dein Meisterstück werde ich dir mit meiner geschwungenen

Axt den Mörtel von der Nasenspitze wegnehmen, auch wenn er nicht größer als ein Fliegendreck ist.« Der Maurer zuckte nicht mit der Wimper, die Axt beseitigte den Mörtel, die Nase blieb unverletzt. Seitdem wird in China von einem »Kunststück, zu dem zwei gehören« gesprochen. (Da der Vorsitzer Hui-lang, seinem Haß anhaftend, nicht mitzuspielen in der Lage war, half die sausende Axt des Hofmeisters nichts.)

Yüan-wu, der dieses Un-Beispiel, wie Zen eben nicht sein soll, beißend kommentiert, erinnert an den »Text der einen Nacht«: »Wer erkennen will, was Buddhaschaft bedeutet, der muß genau auf Zeit und Stunde, Ursache und Anlaß achten...« Und dann drängt es ihn, Beispiele von hoher Schule des Zen zu zitieren:

Bau-dschou fragte den Dialektiker Hu, genannt der »Scharniernagel«: »Schon öfters hörte ich von dem ›Scharniernagel‹ reden. Steht der nun leibhaftig vor mir oder nicht?« Hu erwiderte: »Ja, der bin ich.« Da fragte der Meister den Mönch Hu: »Kannst du denn auch das hohle Leere festnageln?« Hu konterte: »Bitte, Meister, haut es mir in Stücke und bringt mir diese her!« Und schon sauste des Meisters Schlagholz auf seine Schulter. Hu muckte dagegen auf und sah nicht ein, warum er sich das gefallen lassen sollte. Da sprach Bau-dschou: »Irgendeines Tages wird sich wie von selbst ein schwatzhafter Zen-Meister finden; das wird dann für deinen Unverstand die Korrektur sein.«

Später kam Hu zu Dschau-dschou und beschwerte sich bei ihm. Der fragte nur: »Aus welchem Grunde wohl hat man dich geschlagen?« Hu antwortete: »Ich weiß wirklich nicht, wo der Fehler bei mir lag.« Dschau-dschou sagte: »Offenbar ist gegen diese eine *Naht* noch nichts zu machen; aber überleg' doch mal: Willst du von Bau-dschou noch immer verlangen, daß er das hohle Leere in Stücke schlage und dir herbringe?« Da ließ Hu seine Mundwinkel hängen und schwieg betroffen. Dschau-dschou sagte noch: »Schlag deinen Nagel erst einmal in diese Naht.« Da geschah es, daß Hu alles im Innersten einsah.

Darauf folgt eine andere Zen-Geschichte: Der spätere Meister Mi-tji kehrte von einer langen Wanderung zurück. Ein erfahrener Alter fragte ihn: »Tritt man in einer Mondnacht auf ein abgeschnittenes Stück eines Brunnenseils, meint jeder, es sei eine Schlange! Jetzt, Meister, möchte ich gerne wissen, wie in dem Augenblick, als Ihr den Buddha geschaut habt, Ihr ihn genannt habt?« Mi-tji antwortete: »Wenn es vorkommt, daß er mir sichtbar wird, so ist er auf der Stelle allen anderen Menschen gleich.«* Da brummte der alte Mönch: »Auch so ein tausend Jahre alter Pfirsichkern!«

Nun noch ein letztes Beispiel: Der Landesmeister Dschung (vgl. S. 114ff.) fragte den Purpurträger und Geheimen Hofrat Lin (Dsi-Lin, 8. Jh.): »Wie ich hörte, hat der Herr Geheime Hofrat das ›Sutra von den Fragen der an Gedanken überreichen Gottheit Brahma‹ ausgelegt. Ist das richtig?« – »Ja, das stimmt.« Der Meister fuhr fort: »An sich sollte man an die Auslegung von Sutren erst herangehen, wenn man den Sinn des Buddha klar begriffen hat.« Der Hofrat entrüstete sich: »Wenn ich diesen Sinn nicht verstünde, wie könnte ich es wagen, Sutren auszulegen?«

Darauf ließ der Landesmeister seinen Adlatus eine Schale Wasser mit ganzen sieben Reiskörnern darin und mit einem einzigen Eßstäbchen bringen und sie dem Würdenträger darreichen, schaute ihn an und wartete. Der Geheime Hofrat äußerte, das verstehe er nicht. Da sprach der Meister: »Wenn Ihr noch nicht einmal dieses Symbol eines alten Lehrers versteht, was für einen Sinn des Buddha werdet Ihr dann in die Sutren hineininterpretieren?« (Der Hofrat gab sich redliche Mühe, ein vierkantiges Stück Holz unbedingt

* »Triffst du den Buddha unterwegs..., so schlag ihm – als falschem Gebilde – schleunigst den Kopf ab.«

in ein kreisrundes Loch hineinzupassen; hoffentlich hat er sich das Gleichnis der Wasser-Reiskörner-Schale in den Hinterkopf geschrieben.) Wie ein Alter sagte: »Streichst du dir den Gewinn aus einem Wort des Lebens ein, wirst du es ewig nicht vergessen.« – Die Worte und Reden des Mönches Hui-lang und leider auch die des schwach gewordenen Ming-dschau sind wie tot: die kann man vergessen. Wenn ihr Mönche etwas Lebendiges in diesem Aushang erblicken wollt, so stellt euch einfach bildhaft vor, wie Hsüä-dou an Stelle des von Dampf und Asche besprühten Hofmeisters spontan »mit einem Fußtritt den ganzen Teeherd umstößt«. Das ist im Sinne des Yüan-wu, der noch ergänzt: »Herd und Kessel umgestoßen und hell aufgelacht!«

San-scheng, der Netzdurchbrecher

Aus sieben unterirdischen Gängen
Und acht geheimen Schächten
Die Siegestrommeln hervorgeholt.
Die Fahnen der Belagerten herabgerissen.
Wälle nach allen Seiten aufgeworfen
Und vielfältig geschichtet,
Immer Ausschau nach vorn,
Nach hinten Wachsamkeit:
Auf dem Kopf des Tigers sitzen
Den Tigerschwanz fest in der Hand.
Und doch macht das alles allein
Noch immer nicht den Meister in der Kunst.
Kommen aber welche daher, die über
All dies Meßbare noch hinaus sind,
Sagt mir, was dann! Seht her: ein Beispiel:

San-scheng fragte Hsüä-feng: *Was ist für einen Goldbeschuppten* (Drachenkarpfen), *der das Netzwerk durchbrochen hat, die beste Nahrung?*

Von Meister zu Meister erwiderte der alte Hsüä-feng: DAS WERDE ICH DIR SAGEN, SOBALD DU *dein* NETZWERK DURCHBROCHEN HAST. San-scheng entgegnete: DA STEHT EIN SEGENSFREUND FÜR TAUSEND UND FÜNFHUNDERT SEELEN VOR MIR, UND VERSTEHT NICHT, WAS ICH SAGE. Der Abt Hsüä-feng sprach darauf: *Der alte Mönch hat eben mit den Aufgaben der Klosterleitung viel um die Ohren ...*

Randbemerkungen: Die Nahrung für Goldbeschuppte? Da fragt einer selbstherrlich frei gerade heraus und in die Quere. Zugegeben: eine Gleichnisfrage von höchster Höhe.

Aber ein Drachenkarpfen, der sein Netzwerk durchbrochen hat, wozu muß so einer noch nach Nahrung fragen? Daher auch sofort der Konterschlag von Hsüä-feng: Das werde ich dir sagen, sobald du durch dein Netzwerk durch bist. Spielerisch sägt der alte Hsüä-feng am »Durch-Sein« von Meister San-scheng, genau wissend, daß der sein Siegel vom großen Lin-dji bekam. Seht euch diese beiden Schulhäupter an, den jungen und den alten Meister, wie sie einander gegenüberstehen, jeder eine Felswand von tausend Klaftern!

Ein Kleingeist hätte wohl, in seinem guten Ruf vor allen Kuttenbrüdern offenbar herabgesetzt, beleidigt oder trotzig-aggressiv reagiert, oder kleinlaut auf die Einweihung durch Lin-dji verwiesen. Nichts da von Gekränktsein oder Zorn bei Meister San-scheng. – An einer Stelle sagt Zarathustra: »Nicht durch Zorn, durch Lachen tötet man.« Und spielerisch angreifend (indem er unterstellt, der andere habe ihn nicht verstanden) pariert San-scheng lässig den Seitenhieb des Alten und bringt ihn mit einer ebenso unverschämten Gegenunterstellung in die Bredouille – und die Lacher auf seine Seite.

Im Degengefecht dieser beiden am Großen Tod ausgereiften Meister wechselt harter Griff blitzschnell ins Lokkerlassen: sich ebenbürtig, haften beide auch nicht an Sieg oder Niederlage. Das Scharmützel ist an sich längst geschlagen, als der widerspenstige Abt freundschaftlich einlenkt: »Der alte Mönch hat eben mit den Aufgaben der Klosterleitung viel zu tun.« Nur ein leiser Anruf an den noch ungebundenen jüngeren Meister schwingt da mit: Warte nur, bis du Abt und Segensfreund von fünfhundert Mönchen bist!

Ansonsten, jenseits von gewonnen oder verloren, sind beide großen Meister gemeinsame Mitstreiter auf dem Buddha-Weg: Freunde.

*

San-scheng war während seines Aufenthaltes bei Lin-dji Klostervorsteher. Kurz vor seinem Übergang in die Verwandlung gab Lin-dji der Bruderschaft noch die meisterliche Weisung: »Laßt bitte, wenn ich fortgegangen bin, das Wesentliche meiner Wahrheitsschau nicht untergehen!« Da trat San-scheng vor den Meister und sagte: »Ehrwürdiger, wie könnten wir das Wesentliche Eurer Wahrheitsschau wohl untergehen lassen?« Lin-dji fragte ihn: »Und was, zum Teufel, wirst du antworten, wenn später jemand dich danach fragt?« Daraufhin erscholl ein donnerndes Ho'! von San-scheng. Als es verklungen war, sagte Lin-dji trocken: »Wenn man das hört, fürchte ich, daß die Quintessenz meiner Wahrheitsschau am Ende in der Gegend dieses blinden Esels untergeht.« San-scheng verneigte sich vor dem großen Meister in anbetender Verehrung: Als Lin-djis echter geistiger Sohn verstand er den liebevollen Sinn einer solch unsentimentalen Zwiesprache mit dem Meister in dessen Abschiedsstunde von der Welt. – Hsüä-dou zu San-scheng:

Gesang:

Goldbeschuppter Netz-Durchbrecher –
Ihn hält's nicht im Wasser, Nein!
Er wiegt den Himmel, schaukelt die Erde,
Schüttelt die Flossen, schwingt den Schwanz.
Ein mächtiger Walfisch, pustet er Wellengischt.
Nach Donnerrollen erhebt sich ringsum reiner Wind.
Über den Wolken und hier unter uns Menschen;
Doch derer, die's merken, sind wenige, allzu wenige.

Von dem Mönch Hui-jan, dem späteren »Netzdurchbrecher« und Meister San-scheng, ist nur wenig überliefert. Die wichtigste Station in seinem Leben war Meister Hsiang-yän. Diesem hatte einst der große Bai-dschang aufgegeben, sich auf seinen Zustand zu der Zeit, da seine Eltern noch nicht voneinander wußten, zu besinnen. Unfähig, diese Aufgabe zu lösen, ging er zu We-schan, der ihm sagte: »Alles, was du mir da vorträgst, sind nur Sprüche aus Kapiteln, die du dir gemerkt hast. Werde erst einmal das kleine Kind, welches du als Neugeborener gewesen bis.« Noch einmal durchforschte der Unglückliche alle Sutrenschriften, ohne doch ein Wort der Lösung zu finden. Er verbrannte dann alle seine Bücher, diente, weil er sich für Zen und Meditation untauglich glaubte, jahrelang als Reiskoch und baute sich zuletzt als Einsiedler eine Binsenhütte. Als er eines Tages den Weg zu seiner Hütte fegte und mit dem Besen einen Stein wegschleuderte, traf dieser einen Bambusstamm, was eine eigentümliche Resonanz gab. Und bei diesem Klang erwachte er mit einemmal zum Licht. Er dichtete:

> Ein Schlag, und all mein Wissen ist vergessen.
> Kein Flickwerk mehr von Zucht und Besserung.
> Es wiegt und schwingt in mir zum Pfad der Alten.
> Kein Rückfall mehr in Suchen und Verzagen.
> Ich trete nirgends in die Spur von andern.
> Nur in der innern Stimme liegt die Hoheit.
> All jene, die den Sinn, den WEG erreichten,
> Sie alle nennen's allerhöchstens REGEN.

We-schan hörte davon und bestätigte: der ist »durch sich durch«. Diesen Meister Hsiang-yän unbedingt kennenzulernen, war dem Mönch Hui-jan (dem späteren San-scheng) die weite Wanderung wert. »Woher kommst du«, fragte Hsiang-yän.. »Von Lin-dji«, war die Antwort. »So, so«, sagte Hsiang-yän, »dann hast du wohl auch das unerhörte Schwert des Lin-dji mitgebracht?«

Wortlos griff Hui-jan nach seinem Knietuch und schleuderte es auf den Meister – der darüber nur lachte. Weiter ging's zu Meister Dö-schan. Von ihm kannte Hui-jan dessen Auftritt bei We-schan (vgl. S. 49 ff.), den er nicht gegrüßt, statt dessen aber theatralisch sein Tuch vor dem Meister hingebreitet hatte. Diese Haltung hatte Hui-jan offenbar imponiert. Und als er vor den alten Dö-schan trat, hob er ebenso feierlich sein Knietuch hoch und begann umständlich, es auszubreiten. Ärgerlich wies ihn Dö-schan zurecht, was er mit dem alten Lumpen da wolle: »Meinst du etwa, man setze dir dafür Gemüse oder Reis vor? Für so einen wie dich gibt's hier kein Reiskorn zu holen.« Hui-jan lachte nur und sagte: »So ist es mir gerade recht! Wenn es hier Reis für mich gäbe, hätte ich gar nicht daran gedacht, das Knietuch auszubreiten. Damit hatte ich was anderes im Sinn.«

Dö-schan begriff sofort, worum es dem Mönch ging, nahm den Schlagstock und holte aus, um ihn auf Hui-jan niedersausen zu lassen; doch der, keine Sekunde verlegen, fing das Holz blitzschnell am Ende auf und stieß damit den alten Meister auf die Lehne seines Stuhls zurück. Im Zurückfallen lachte Dö-schan hell und belustigt auf; Hui-jan rief nur: »Ach, du lieber Himmel, ach, du blauer Himmel«, und ging seines Wegs.

Zum Lachen brachte Hui-jan auch Meister Yang-schan Hui-dji. Der fragte ihn gleich zu Beginn der Audienz nach seinem Namen. Hui-jan sagte: »Ich heiße Hui-dji.« Yanschan erstaunt: »So heiße doch ich!« – »Ach so, natürlich: ich bin Hui-jan«, sprach der Besucher.

In dieser dreifachen Weise hatte sich Hui-jan, der spätere Meister San-scheng, gegenüber anderen Meistern als ebenbürdig erwiesen. Das Gleiche in unserem Beispiel, wo er, von Hsüä-fengs Angriff ungebrochen, die Gegenattacke eröffnet: Das also ist der berühmte Meister, Abt über mehr als tausend Mönche; und wenn ich dann, in der Hülle einer Gleichnisfrage, ihm mein Innerstes öffne, merkt er kaum, wovon ich rede! (Den Vorwurf des Abtes: »wenn du durch dein Netz durch bist«, übergeht San-scheng, wie nicht gehört.) Das Schlußwort des Abtes »über seine vielen Aufgaben«, diesen an sich harmlos einlenkenden Satz, hält Yüan-wu für noch »giftiger« als die erste Antwort. Und doch versöhnlich, da beide großen Meister hier ganz bewußt das Gesetz von Sieg und Niederlage, sich selbst überwindend, überschreiten: im ebenbürtigen, halbrationalen* Geheimnis.

* In einer früheren Schrift (Achim Seidl, »Psychosophie«, München 1982, Kap. 4) habe ich vier verschieden abgestufte »Rationalitätsgrade« der Sprache untersucht, die sich durch folgende Beispiele darstellen lassen:
a) 4/4 Ratio: 1 plus 2 = 3; oder auch: Die Erde ist eine Kugel.
b) 3/4 R: Ein gewagter Satz bei Bloch: »Der Fortschrittsbegriff ist einer der teuersten und wichtigsten ...«; oder physikalisch: Die gegenläufigen Lichtwellen – und/oder Korpuskeltheorien, jeweils »beweisbar«.
c) 1/2 R: Wenn z. B. Niels Bohr meint: »Gott würfelt«; Einstein dagegen: »Er würfelt nicht.«
d) 1/4 R: Märchen, Mythos, Träume, oder die oben erwähnten Zen-Gedichte. Natürlich wurde auch im Abendland nicht nur im Mythos und in der Dichtung, auch in der höheren Mathematik auf alle erdenklichen Weisen versucht, dem rationalen Prokrustesbett der fast unvermeidlichen Subjekt-Objekt-Trennung in der Sprache zu entkommen; z. B. auch hier durch Tautologie: »Eine Rose ist eine Rose« (G. Stein), oder verschärft: »Die Farbe ist auch lila, wenn Lila lila ist«, oder nach Dada: »Die rote Rose ist grün« (konträr); seltener kontradiktorisch: »Die rote Rose ist nicht rot«.

Yün-mens Staub-und-Staub-Samadhi

Der Meister übersteigt die Stufenleitern, übergeht alle Notbehelfe, tut sie ab. So fügt sich Regung zu Regung: so trifft sich Wort mit Wort.

Solange einer das Tor der großen Freiwerdung nicht durchschritten und die wolkenlose Klarheit OFFENER WEITE nicht erlangt hat – wie könnte der den Buddhas und den Patriarchen wohl die Waage halten und wie den Sinn des großen, uns vererbten Heilsfahrzeugs im Spiegel seines Wesens ahnen lassen?

Sagt mir, ihr Mönche: Wenn es eine seelische Regung abzufangen gilt, sei es in Anpassung an ihren Wellenschlag, sei es im Gegensatz dazu, sei es geradeaus, sei's in die Quere: wie findet sich das rechte Wort für einen schlagenden Bescheid? Seht her!

Das Beispiel:

Ein Mönch trat vor und fragte Yün-men: WAS BEDEUTET IM GRUNDE DER STAUB-UND-STAUB-SAMADHI? (also die Einigung des Sinnes mit dem ganzen Weltgeschehen – vom winzigsten, atomaren »Staub«-Partikelchen bis zur Unendlichkeit in Raum und Zeit)

YÜN-MEN erwiderte:

Im Napfe Reis, im Eimer Wasser

Gesang:

Im Napfe Reis, im Eimer Wasser.
Da bleibt gelehrten Wortemachern
Im Schnabel das Geistreiche stecken.
Das Polgestirn, des Südens Sterne leuchten,

Der Wogen Gischt schlägt weiß zum Himmel,
Du wägst es ab – doch läßt es sich nicht wägen;
Hältst an. – Da steht ein jeder splitternackt.

Der japanische Meister Hakuin (17. Jh.) moniert an dieser Stelle, daß überhaupt eine Antwort erfolgt oder ein Gesang gedichtet wird: »Das ist schon der alte Fehler bei den Buddhas und den Patriarchen.« Und Yüan-wu meint zum Dichter Hsüä-dou, selbst *der* müsse sich, auch wenn ihn das ichlose Mitleiden mit anderen dazu gezwungen hat, sich ins Gras fallen zu lassen, »drei Jahre lang den Mund ausspülen« zur Strafe, daß er nicht besser einfach geschwiegen hat.

In dem früheren Gesang zum Ausspruch von Yün-men »Ein einziger Zuspruch« dichtete Hsüä-dou (vgl. S. 92 f.):

Ein einziger Zuspruch, sagt er;
Einsam steht es und steil,
Treibt selbst noch in eiserne Schädel
Den überwärtigen Donnerkeil...

Die hundert Beispiele, welche zunächst Hsüä-dou aus der mündlichen Überlieferung ausgewählt und mit Gesängen ins Licht gestellt und die, zwei Generationen nach ihm, Yüan-wu gründlicher erschlossen hat, wurden handschriftlich (später auch im Druck) in zehn Kalligraphien zu je zehn Kapiteln geheftet und dann zu zwei Bänden von je fünf Heften gebunden.

Mit dem fünfzigsten Beispiel schließt die Hälfte der Sammlung (Gundert arbeitete daran über zwanzig Jahre), und nicht ohne Bedacht kommt hier noch einmal Groß-Meister Yün-men zu Wort, und sei es nur, um wiederum klarzustellen, daß es im Zen nicht auf Worte, sondern auf das Unsagbare hinausläuft. Dementsprechend ist der Dialog lapidar kurz, der Gesang von äußerster Zurückhaltung, und ebenso wortkarg erläutert Yüan-wu zur Sache nichts: im chinesischen Text hat das ganze Kapitel nur 33 Zeilen.

Yün-men steht als Abt, wie überhaupt das Zen als »Schule«, zunächst auf dem Boden der buddhistischen Überlieferung, wie sie in den Sutren und Traktaten schriftlich festgehalten ist. Sie alle handeln vom Weg zur Buddhaschaft, dem Pfad der Befreiung: von der Not des Lebens und dem Elend des Sterbens.

Meist ist der Weg zur Buddhaschaft überaus lang und führt scholastisch über viele Stufen, systematisch in zweiundfünfzig gegliedert (daher eingangs die Rede von den »Stufenleitern«).

Der Weg führt zunächst über fünf Treppen von jeweils zehn Staffeln. Erstens die Stufen gläubigen Vertrauens. (Dazu gehören u. a. ein gläubiges Herz, ein andächtiges Herz, fortschreitende Verfeinerung, ein reines Herz, ein weises Herz, ein Herz, das nicht in Verbote zurückfällt, ein Herz, das sich dem Heil der Menschen weiht...)

Zweitens die Stufen der »geistigen Wohnstatt«; drittens die Stufen geistigen Wirkens (z. B. Werke der Freude, der Freiheit von Groll, Werke von unerschöpflicher Güte, ohne Haften am eigenen Tun). Viertens die Stufen zum Bodhisattva: Fortschreitende Zuwendung von Segensfrüchten an das die Welt erfüllende und tragende Element oder »Reich der Wahrheit« durch ein Wesen, das ERWACHT ist. Und endlich die zehn Standorte, die ein Bodhisattva bei zunehmender Erfahrung und Läuterung im Laufe der Zeit erreichen kann. Auf der fünften Leiter zeigt sich, wie lang der Weg vom Bodhisattva zum Buddha noch ist. Er beginnt mit dem Stande freudiger Begeisterung. Da faßt den Wanderer das Erbarmen mit dem Jammer menschlicher Verirrungen, er gelobt (im Großen Fahrzeug) zu helfen und zu retten, legt allen Haß und alle Verachtung ab, und die Erkenntnis von der Eitelkeit und Leerheit der Dinge führt dazu, daß er, einseitig auf die ganze Wahrheit eingestellt, es auf der *zweiten* Stufe erreicht, alle Niederungen der Welt streng zu meiden. Auf der *dritten* Stufe strahlt er Licht aus. Dies führt ihn *viertens* zum Stande »flammender Weisheit« mit radikaler Abkehr von jeder Spur eines Irrwahns. Die Frucht hiervon ist *fünftens* Unanfechtbarkeit, die ihn befähigt, sich vorurteilslos allen Menschen gleichzustellen. So öffnet er sich *sechstens* »erbarmungsvoller Güte« im »Stand der Gegenwärtigkeit«, er sieht die Menschen alle in den Kreislauf von Geburt und Tod verstrickt; für seinen Blick sind alle Lebewesen gleich und »Stufen« spielen keine Rolle mehr. So erreicht er weiter nacheinander die Standorte der »Wirkung in die Ferne«, der »Unerschütterlichkeit«, des »guten Wissens«, und *fünfzigstens* den Stand der »Dharma-« oder »Wahrheitswolke«, d. h. der Dharma- oder Wahrheitsleib hüllt ihn wie eine Wolke ein und schenkt durch ihn den anderen Menschen Freiheit in sich selbst.

Damit steht der Bodhisattva der Buddhaschaft schon sehr nahe. Noch ein Schritt, und er erlangt ein »Erwachtsein«, das dem aller Buddhas gleichwertig ist, den »Stand reinster Makellosigkeit«. Und dieser kann zuletzt in den der »wunderbaren, unbeschreibbaren ERLEUCHTUNG« übergehen, in die eigentliche BUDDHASCHAFT.

Beim Aufstieg über all diese Stufen geht es also jeweils darum, etwas zu erfassen, was man auf der vorigen Stufe noch nicht hatte. Bodhisattvas unterstützen mit sogenannten »Notbehelfen« den nach oben Strebenden. Zum allgemeinen »Notbehelf« zählt schließlich alles, was man unter »Religion« versteht: Lehren, Gleichnisse, Mythen, Sakramente, Liturgien, Anbetung und Anrufung von Buddhabildern, Feste, Feiern, fromme Sitten, alles sittliche Bemühen wie auch Versuche, das Geheimnis der höchsten Wahrheit in der Buddhaschaft in Worten und Begriffen zu erklären.*

* Ein weitverbreiteter Irrtum ist, anzunehmen, der Weg zum Zen stehe am ehesten Atheisten, Materialisten, Rationalisten offen. Das Gegenteil ist der Fall, auch aus christlicher Sicht: Erst muß religiös

Kurz gesagt: mit den Worten »Stufenleitern« und »Notbehelfe« zu Beginn des Beispiels umfaßt also Yüan-wu nichts Geringeres als das geistige Ringen von Jahrhunderten buddhistischer Geschichte. Dieses Ringen sollte zwei Pole umgreifen: als Höchstes die Buddhaschaft, gegen alles, was drunter liegt, mit feinsten Unterschieden abgegrenzt. Andererseits wurde mit äußerster Weitherzigkeit der großen Vielzahl der Gläubigen ein mit Gottheiten ausgeschmücktes Religionsgebäude geboten, in dem jedermann sich geborgen fühlen konnte, ohne daß der Vorbehalt, dies alles sei »nur Notbehelf«, ernstlich störte.

Yün-men als Großmeister des chinesischen Zen »übersteigt all diese Stufenleitern«, erkühnt sich, »ohne Notbehelfe« direkt nach der Buddhaschaft zu greifen.

Zum Staub-und-Staub-Samadhi:

Er ist in seiner Größenordnung für den Buddhismus vergleichbar dem, was in der abendländischen Philosophie das Höhlengleichnis von Platon darstellt, oder auch der astronomischen Zahl, wonach es nicht weniger als hundert Milliarden solcher Sternansammlungen im Weltall gibt (von jeweils vielen Milliarden Sternen) wie unsere Milchstraße.

Betrachtet man die Welt »der nur als Schatten erscheinenden Dinge« als eine Ballung unzählbarer »atomarer« »Stäubchen«, so ist für die Erkenntnis ihrer LEERHEIT schon viel gewonnen. Die buddhistische Philosophie hat sich deshalb (wie im Abendland Demokrit) mit der Frage nach dem kleinsten Teilchen enorm beschäftigt, freilich ohne Mikroskop, dafür mit seherischem Spürsinn aus visionären Meditationen. So stellten die Scholastiker ein kleinstes Unsichtbares und darüber stufenweise sieben weitere auf, deren

und/oder philosophisch die Sinnfrage gestellt, der Geschmack des Seins, ja eine Art Gottheit gespürt werden, bevor auch das – als immer noch am Ego anhaftend – ins nirvanische Nichts überschritten wird, um erhellt wieder zur Erde zurückzukehren.

jedes siebenmal so groß wie das nächstkleinere sei. Erst das letzte dieser Stäubchen, als die 7^7-oder 823543fache Vergrößerung des kleinsten Unsichtbaren ergebe dann das winzigste Unsichtbare, den »feinen Staub«, den allerdings nur Buddhas oder Bodhisattvas wahrzunehmen imstande sind. Wie in der Bibel werden Menschen und Dinge als eine Welt von »Staub« erkannt, der im Buddhismus nicht nur »wieder zu Staub wird«, vielmehr positiv als feinstes Stäubchen das Licht der Wahrheit widerstrahlt. Dem kontemplativen geistigen Auge vermag daher eine unbeschreiblich potenzierte Lichtesfülle zu erscheinen, indem jedes Stäubchen nicht bloß direkt das Licht der Wahrheit widerspiegelt, sondern ebenso die Spiegelungen dieses Lichts in allen ungezählten Milliarden anderer Stäubchen.

Von solcher Andacht in Lichtesfülle handelt ein Abschnitt des genannten Sutras, mit einigen Versen eines Bodhisattva:

In einem einzigen Stäubchen drin
Läßt er sich tief versinken.
In allen Staubes gesamter Fülle
Vollendet er die Lichterschau.
Und ob auch jenes Stäubchen dann
So klein bleibt wie es war,
Erstrahlt in ihm doch weit hinaus
Die ganze Wunderwelt des Seins.

*

Nach nicht weniger als *der universalen Lichtesfülle der Wahrheit*, einem Hochgefühl ganz ohnegleichen, fragt der Mönch. Ohne viel nachzudenken, wie es scheint, hat der erhellte Yün-men auch schon seine Antwort aus dem Kimono-Ärmel gezogen: Das bedeutet weiter nichts als »die Handvoll Reis in deinem Bettelnapf und das Wasser in deinem Eimer«. So kann einer nur antworten, der von Sutren noch nie etwas vernommen hat, oder eben einer, der um das Staub-und-Staub-Samadhi ganz genau Bescheid weiß, der in seine Wunder eingedrungen und von seiner Lichtstrahlung erfüllt ist. (Christliche Mystik spricht von »gleißendem Licht«. – Und auch wenn es weit hergeholt erscheint: im Höhlengleichnis des Platon löste sich einer von den Schattenspielen der Erscheinungen und erblickte die Lichtesfülle der Sonne außerhalb der Höhle und deren Zwischenwand – und will den in der Höhle Gefangenen vom Licht und den Urgestalten der Dinge berichten.)

Dem Mönch mag die Antwort des Meisters wie ein kalter Wasserguß vorgekommen sein: welch ein Abstieg aus der reinen Höhe! Wie alltäglich banal!

Geradeso will Yün-men es verstanden wissen. Und Yüan-wu verstärkt das noch durch den Vorwurf, daß viele Mönche aus dem Staub-Samadhi »eine Höhe der Absonderung« machten, als sei die Lichtwelt des Alls nur für Initianten da, zu höchster geistiger Erbauung. So sondern sie in visionären Gedanken diese Lichtwelt vom trüben Alltag ab, während es gerade dieser Alltag ist, in dessen Spiegelung, richtig hingesehen, das Licht DES EWIGEN GESETZES leuchtet. Reden läßt sich darüber nur durch »Nichtreden«. So wird die Meisterantwort ein heilsamer Schlag ins Gesicht, »ein Meißel, um den träumerischen Mann zu hobeln«, mit dem Zuruf: Bleibe du nur bei deinem Reis und Tee, und laß Samadhi vorderhand Samadhi sein; hab' auf dich selber acht bei jeglicher Hantierung. Und eines Tages, wenn du gar nicht an Samadhi denkst, kann auch in dir das große Licht aufgehen, und dann nimmst du es, in jedem Stäubchen vervielfacht, WAHR IN SEINER BUDDHANATUR,

in deiner Buddhanatur

Kakemono, 15. Jh.
Allmählicher Durchbruch des symbolisch reinen Bambus zum klaren Licht

Nachwort

Wider nichts und für das Nichts

In russischer Kriegsgefangenschaft erfuhr ich in Sibirien indirekt etwas von der Fernwirkung eines Zen-Meisters. Nicht weit von unserem Arbeitslager trafen wir auf Kriegsgefangene, die von Ostasien nach Sibirien geschafft worden waren. Anders als wir hielten diese zusammen wie Pech und Schwefel. Nicht nur daß keiner der Asiaten den Lagerleiter für die Russen spielen wollte, die Japaner erzwangen (nach einigen Opfern an Erschlagenen) bessere Bedingungen, erhielten Reis, bekamen Handschuhe, durften öfters zur Entlausung duschen. Auf die Frage, wie sie das alles fertiggebracht hätten, verwiesen die Japaner auf einen insgeheimen Meister des »Zen« unter ihnen, der mit seinem Stoizismus und mit oft absurd erscheinenden Ratschlägen vielen brutalen Praktiken einfach den Wind aus den Segeln nahm.

Dazu eine Episode. Bei wahrhaft sibirischer Kälte wurde uns Gefangenen befohlen, einen Haufen Steinquader auf die andere Straßenseite hinüberzutragen und dort aufzuschichten. Wie wir schon von den Japanern erfahren hatten, war zu erwarten, daß am nächsten Tag dieselben Steine wieder an den alten Platz zurückgetragen werden mußten. Seinen Landsleuten hatte der Zen-Meister geraten, diese bewußte Schikane lachend und mit gespielter Freude – statt in sinnloser Wut zähneknirschend zu heulen – bereitwillig auszuführen. So auch wir. Die Wirkung war erstaunlich: Wir bekamen schon am nächsten Tag sinnvollere Arbeit und sogar etwas mehr Suppe und Brot.

1948 spindeldürr entlassen, setzte ich mein Jurastudium fort und hatte Zen fast vergessen. Erst nach »doctoraler« Anwaltstätigkeit und einem Zweitstudium der Philosophie (sowie einer Ausbildung in Psychotherapie) las ich von Daisetz Susuki »Zen-Buddhismus und Psychoanalyse« (geschrieben mit Erich Fromm und R. de Martino) und erinnerte mich an Sibirien – übrigens aus der Sicht des Zen, einfach vom Erleben und Überlebendürfen her ein unerhörtes seelisches »Kapital«. Hinduistische und buddhistische Studien folgten, und ich unternahm, um Atmung und Meditation an den Urquellen zu erfahren, eine Jeep-Fahrt nach und durch Indien, später dann Reisen in den Fernen Osten.

Nach genug Zen-Erfahrung in japanischen Rinzai- und auch Sôtô-Zen-Klöstern gründete ich Ende der siebziger Jahre das Zen-Haus »Obermühle« in Habach (Oberbayern) – eine Art »Kloster auf Zeit« mit einem japanischen Zen-Priester für Za-Zen-Meditation und Zen-Flöte (Shakuhachi), mit Fachleuten für Kyudo (jap. Bogenschießen), Aikido und die Tee-Zeremonie. Die heitere Religiosität dieses (von den Behörden immerhin bis Mitte der achtziger Jahre als »gemeinnützig« geduldeten) Refugiums beruhte auf der Vernunft und Toleranz aller Hochreligionen – jedes Zimmer war einer anderen Glaubensprovenienz zugedacht, bezog urchristliche Elemente personaler Begegnung und Mystik mit ein und basierte letztlich auf der Tiefe zenbuddhistischer Seins- und Nichts-Erhellung und – auf dem einfachen Alltag.

Von Wilhelm Gundert hatte ich zum erstenmal Anfang 1960 im Feuilleton der Süddeutschen Zeitung gehört. Eines Tages sprach mich Chefredakteur Jack Sperr darauf an, daß Carl Hanser ein Werk der Weltliteratur, »Bichän-Dingsbums oder so« verlege. Ich sollte Professor Gundert, den Übersetzer und Herausgeber, genauer ausfragen, ja »ihm auf den Zahn fühlen, was da dran sei«. Erst später kam es zu einer außergewöhnlichen Zen-Begegnung.

Ich hatte zu dieser Zeit schon über eineinhalb Jahre Indienerfahrung hinter mir, mit falschen, halben und echten heiligen »Sadus«. Die wenigen echten hatten mir beigebracht, wie man durch gewisse Atemtechniken gleichsam aus dem Körper auszusteigen vermag, was mir in der

Kriegsgefangenschaft bei schlimmen Verhören (auch der ehemaligen Marineleute) durch die GPU ganz unbewußt schon damals gelungen war. Übrigens eines *der* Ziele von Brahmanen: Dem indischen Sadu wird die ganze Welt als »Maja« zur bloßen Täuschung, zur Scheinwelt; Sinn also macht nur, dieser Schimäre möglichst zu entfliehen. Am besten setzt man sich bei Sonnenaufgang am Ufer der »Mutter Ganges« mit einer Handvoll Reis unter einen Sonnenschirm, versenkt sich den ganzen Tag über ins nirvanische Totenland und taucht erst bei Sonnenuntergang wieder in dieser Welt auf – um zu schlafen. Ob nebenan Kinder verhungern oder die Welt untergeht, ist – wie das eigene Leben oder ein Tod in der Inkarnationsreihe – vollkommen gleichgültig. Mein Weg war das nicht.

Der fernöstliche »Weg«, der transzendierendes Abheben nur insoweit anzielt und gelten läßt, als es zum Beispiel in den sichtbaren Zen-Künsten auf den Boden unserer Erscheinungswelt gebracht werden kann, war mir zunächst nur aus Schriften und vom Hörensagen bekannt. Vor allem in der Begriffswelt von Platon, Kant und Hegel geschult, begann ich über Schopenhauer etwas davon zu erahnen. Die Kindheitsheiligen hatte ich zwar abgeschafft, ich war jedoch damals noch auf dem sublimen, an Vaterautoritäten orientierten Weg, lebendige, vor allem des Wortes mächtige Geistes-»Götter« zu verehren und aufzusuchen.

In aller Freundschaft wußte das auch der Feuilleton-Chef der Süddeutschen Zeitung und nutzte die Stunde. Er bot mir in der Kulturbeilage die Chance zu einer ganzen ersten Seite; dazu sollte ich sparsam an einem verlängerten Wochenende, »weil das alles so nah beieinanderliegt«, hintereinander Martin Heidegger in Todtnauberg, Karl Jaspers in Basel und Graf Dürckheim in Todtmoos-Rütte interviewen. Dann, auf der Rückfahrt von Basel, sollte ich unbedingt im Ulmer Vorort bei Wilhelm Gundert vorbeischauen, der in zehnjähriger Arbeit eben den ersten Band des »Bi-Yän-Lu« (auf der zweiten Silbe zu betonen) fertiggeschrieben hatte.

Am Todtnauberg geriet ich zu Fuß auf halber Höhe in ein Sommergewitter und erschien triefend vor Heideggers Augen und seiner Bergbehausung. Sicher hätte ich bei einem Zen-Meister sofort ein Handtuch und heißen Tee bekommen. Dafür kam Heidegger, alles Uneigentliche ignorierend, sofort in tiefem Ernst auf das »Vorlaufen zum Tode« aus seinem Werk »Sein und Zeit« zu sprechen und fragte, wieweit ich im Krieg und in Gefangenschaft meinen Tod »erlebt« und begriffen hätte. Mit gewichtigen Satzmonologen verabschiedete er mich bald darauf souverän; eine Zuschrift mit angedeuteten Antworten auf meine Fragen folgte freundlicherweise später.

Um so herzlicher wurde ich nachmittags von Graf Dürckheim und seiner Lebensgefährtin, Maria Hippius, aufgenommen. Dem »Grafen« hatte ich vorher in meinem Schreiben berichtet, daß ich – bei allem Hier-und-Jetztsein – mit einem Bein an sich immer in Tibet stünde und ziemliche Schwierigkeiten hätte, es zum anderen Standbein nach Mitteleuropa zu bringen. Als wir uns Auge in Auge gegenübersaßen, schwiegen wir beide lange. Wortlos nahm er dann meinen rechten Unterarm und sprach mich auf meinen lädierten Tennis-Ellbogen an – und heilte ihn binnen einer Stunde durch enorme Hände-Vibration. Später riet er mir, als Zen-Mann einfach auch das europäische Bein nach Tibet zu bringen. Von da ab war, bis zu seinem jahrelangen qualvollen Sterbebett, gute Freundschaft. Sie war nur einmal, vor mehr als zwanzig Jahren, getrübt. Ein Verleger hatte vorgeschlagen, ein gemeinsames Buch zu schreiben, drei Fünftel des Textes von Dürckheim, zwei Fünftel von mir als Fragesteller. Mit einem Tonband zeichnete ich tagsüber ganz »ideale« Zen-Gespräche auf und schrieb den Text bis in die späte Nacht. Wir teilten viele Begeisterungen, von Meister Eckehart bis zu Kierkegaard, bis wir unvermeidlich auf die Kardinalfrage stießen, wie sich jeder von uns zum Christentum verhielte. Es kam zum Krach; er polterte: »Sie sind ja ein atheistischer Buddhist!« Und ich rief laut zurück: »Und Sie sind ein antibuddhistischer Christ!« Er: »Jawohl, und ganz im Sinne des Johannes-Evangeliums!« Da schüttete ich zen-enttäuscht das ganze Kraut aus und warf ihm vor, in seiner »himmelnd abgehobenen Sprache kaum noch was mit Zen zu tun zu haben«, ja, ich verstieg mich zu der Chuzpe, ihm anzubieten, seine Bücher »ins Deutsche zu übersetzen«. Bei aller gegenseitigen Hochachtung war ein deutlicher Riß entstanden. Es war fast wie bei Pater Lassalle, der sogar den katholischen Priester mit dem Zen-Meister zu vereinigen suchte – und dann doch zugeben mußte, daß im Kollisionsfalle der jesuitische Gottesmann in ihm den Primat habe. Zum 70. Geburtstag von Dürckheim versöhnten wir uns: Ich hatte in der Festschrift für ihn den Beitrag »Psychische Analyse zur Person als Elixier des Initiatischen« verfaßt.

Auf meiner Rundreise hatte mich Karl Jaspers für 12.45 Uhr auf eine Viertelstunde in die Baseler Austraße bestellt. Anfänglich in seiner Bibliothek von »existentieller Kommunikation« recht weit voneinander entfernt, kamen wir uns über seine von mir studierte dreibändige »Philosophie« und dann vor allem über seine bohrenden Fragen zu Koans im Zen-Buddhismus bald näher. Schließlich, gegen 4 Uhr nachmittags, erschien Frau Gertrud etwas resigniert mit Kaffee und Kuchen und sagte beiläufig, daß der mittagliche Sonntagsbraten nun endgültig verbrutzelt sei. Es kam zu einer fast freundschaftlichen Verbindung.

Abends dann in Ulm. Kaum in seinem Dachausbau angelangt, setzte mich Gundert an ein enormes Vergrößerungsglas: Mit meinen jüngeren Augen sollte ich herausfinden, ob denn ein Zeichen-Wirrwar chinesischer Kalligraphie aus ingesamt 25 oder 26 Strichelchen bestünde. Ich zählte geflissentlich, brachte mal 24, mal 27 und dann 25 heraus. Gundert fluchte leise, wohl auf japanisch, bis ich voller Rätselverve das Ganze noch mal mit Lineal und spitzem Bleistift systematisierte, jedes kleinste Zeichen an dünnen Außenlinien festnagelte und schließlich dreimal hintereinander eine Zeichenkombination von genau 26 Pinseltupfern erkannte. Der alte Weise Gundert, schon über achtzigjährig, bekam auf einmal Sprühaugen und sprang zu meiner Verwunderung vor Freude in die Höhe: »Hab' ich's doch geahnt«, rief er, »all die anderen Übersetzer haben sich geirrt und voneinander abgeschrieben«; er machte mir klar, daß 26 Tusch-Striche etwas völlig anderes bedeuteten als 25 Zeichen. Wie zum Dank sprach Gundert zu meinem Erstaunen auch NAMU AMIDA BUTSU (Anrufung des Buddha vom unendlichen Licht), und ich wiederholte gern dasselbe.

Später erzählte mir Gundert, wie er zunächst als junger Missionar in einem japanischen Dorfkreis tätig war und über viele Jahre nicht wenige Leute zum Evangelium gebracht hatte; aber auch den zum Christentum bekehrten Menschen dieser Gegend hätte er nie abgewöhnen können, bei jeder passenden Gelegenheit Buddha anzurufen. (Anhänger der »Lehre vom reinen Land« glauben, wichtiger als sogar die Meditation sei die immer sich wiederholende Anrufung des Buddha.) Über das Resignieren hinaus gewöhnte sich schließlich auch Gundert das ständige NAMU AMIDA BUTSU an. Auch diese Tatsache ebnete den (ursprünglich pietistischen) Weg zur »Haupturkunde des Zen«.

Unversehens war es ziemlich spät geworden; unbedingt sollte ich Alt-Chinesisch erlernen. Auch meine Psychotherapie und »Psychosophie« (München, 2. Aufl. 1982), deren Grundzüge ich ihm vortrug, ließ Gundert immerhin als »Vorstufe« zum Zen gelten. Mit fernöstlichen, wunderschönen Gedichten wurde ich herzlich verabschiedet.

Nach langen Berufsjahren als Psychotherapeut und Dozent – die großen Ferien verbrachte ich oft in Zen-Klöstern, das »Bi-Yän-Lu« unterm Arm – schrieb ich Ende 1967 in der Süddeutschen Zeitung eine leidenschaftliche Laudatio auf Gunderts zweiten Band: »... En passant lohnt immer ein köstlicher Perlenfund die chinesische Lesemühe: eingestreute Frage- und Antwortspiele – auf Leben und Tod. Abendländische Wertvergleiche quer durch die Kulturbank sind kaum erlaubt, aber nach subjektiver Hochrechnung könnten manche dieser Koan-Gespräche aufwiegen: einen halben sokratischen Dialog oder ein Kapitel aus dem Alten Testament, die Vorrede zur 2. Auflage der ›Kritik der reinen Vernunft‹, – von hinten herein gedacht eine Grammophon-Platte von Karl Valentin und ich weiß nicht wie viele Zitate aus Maos roter Bibel. – Das Wort, eine Schlange um zu töten und ein Serum zum Lebendigmachen.«

Am Ausklang dieser Buch-Eloge riskierte ich einen Blick in die Zukunft: »Zen wird leider, von San Francisco über London bis Schwabing, ziemlich sicher der nächste Seller. Der Verlag sei daher offen zum Sakrileg aufgemuntert, zumal der Historiker Gundert schon wissenschaftliche Treue bewies: man sollte für esoterische Hippies und eingeweihte Intellektuelle eine strenge Perlensammlung in einem kleinen Stundenbuch aus dem großen ›Bi-Yän-Lu‹ wagen...« Das war vor über zwei Jahrzehnten.

Das letztemal erlebte ich Wilhelm Gundert kurz vor seinem Eingehen in die – doch wohl urchristliche – Verwandlung. Der Verleger hatte mich gebeten, den inzwischen Neunzigjährigen, der immer noch unbeirrt akribisch jedem Detail nachging, davon zu überzeugen, jetzt doch alles wissenschaftliche Rankenwerk hintanzustellen und nur noch die beispielentscheidenden Fragen und Antworten ins Deutsche zu bringen; denn es gebe sonst niemanden auf der Welt, der das in der Weise könne.

Gundert hörte sich das an und sagte nach einer Weile: »So, der alte Hanser will also, daß ich noch die Quintessenz aller restlichen Beispiele übersetze... ja, wie stellt der sich denn *das* vor...? DA MÜSSTE ICH JA NOCH MINDESTENS SIEBEN WOCHEN LEBEN!«

Ganz unvorbereitet, da der greise Gundert ja lebendig vor mir stand, traf mich diese Rede wie ein Blitz aus heiterem Nirvana; ich war entgeistert und unheimlich erhellt zugleich. Wir sahen uns an. Und da im Zen, beim »großen Trommelschlag des Herzens«, lieber schallend gelacht als laut geweint wird: so lachten wir beide spontan eben Tränen.

Bald danach – im sanften Hinübergleiten – starb Gundert.

> Der Augenlider offene Weite ungebrochen,
> eines Abends einfach sich wegtragen lassen
> in schwarzes galaktisches Licht...

Das war vor mehr als 20 Jahren; selbst inzwischen alt geworden, also in der Herbstzeit, WO DER GOLDENE WIND SEIN GANZES WESEN OFFENBART, kommt mir ein Stoßseufzer des alten Schopenhauer in den Sinn: »Gesundheit ist nicht alles, aber ohne Gesundheit ist alles nichts.« Einige der ganz großen Zen-Meister nahmen diesen Satzinhalt lächelnd beim todernsten Wort: Sie gingen, noch im hohen Alter gesund, zur rechten Zeit und ohne Tragik mit einer abgrundtiefen Meditation in die große Verwandlung ein.

Da bleibt unsereinem nur eine bewundernde Verneigung.

*Achim Seidl**

* Dr. Joachim Seidl, geboren 1926, studierte Jura und arbeitete zunächst als Anwalt, ist heute nach einem Zweitstudium der Philosophie, Psychologie und Psychotherapie als Therapeut und Dozent in München tätig und publiziert unter dem Namen Achim Seidl (Anm. d. Verlags).

Achim Seidl / Klaus Holitzka

Die Leere des Zen

Texte und Bilder zum Bi-Yän-Lu

112 Seiten mit 50 farbigen Abbildungen, Leinen

In der »Leere des Zen« verdichten sich fünfzig erstaunliche, von der »Smaragdenen Felswand« inspirierte Tuschzeichnungen Klaus Holitzka mit den Koans des »Bi-Yän-Lu« und den glossierenden Texten Achim Seidl zu einer heiter-gelassenen Reflexion über das Nichts.

»Das Bi-Yän-Lu«, schrieb Hermann Hesse, »ist ein Geschenk höchsten Ranges, dessen Gehalte und vielfache Zauber auszuschöpfen mein Lebensrest viel zu kurz ist. Es würde aber auch ein ganzes, unangebrauchtes Leben dazu nicht hinreichen. Chinas und Japans beste und frömmste Geister haben seit mehr als achthundert Jahren aus dieser Quelle geschöpft, ohne sie auszuschöpfen, haben sich an diesem Weisheitsbuch wund und wieder gesund studiert, an seinen Rätseln gekaut, seine Tiefen ahnend verehrt, seine Süßigkeit geschlürft und seinen hintergründigen Humor mit wissendem Lächeln erwidert.«

»Den Tusche-Weg« nennt Klaus Holitzka seine Zen-inspirierte Malerei: »Der Tusche-Weg erfordert als Qualitäten: schlichte (schmucklose) Erhabenheit der Form, Natürlichkeit der Mittel und Stille durch innere ausgeglichene Ruhe... Schwarze Tusche hält sich enorm zurück; alle Dinge ruhen tief und versunken in ihr. Der leergelassene Bildgrund ist wesentlich mehr als ein unbemalter Teil des Papiers: Das Weiß ist Symbol der formlosen, farb- und eigenschaftslosen *Leere*, die gleichzusetzen ist mit dem leeren Hintergrund des Seins der *Offenen Weite*.«